阅

阅读成就思想……

Read to Achieve

聪明的期权投资者

期权交易中的价值投资策略

[美]埃里克·所罗门（Erik Kobayashi-Solomon）◎著
贺　炜◎译

THE INTELLIGENT OPTION INVESTOR

APPLYING VALUE INVESTING TO THE WORLD OF OPTIONS

中国人民大学出版社
· 北京 ·

前 言

比起算法交易模型、投资银行交易部门、对冲基金以及任何出现在有线商业新闻节目上的人或者关注此类节目的人，你都具备很大的优势。本书旨在为你揭示这种优势在哪里、如何利用它做出自信且成功的投资决策。在这个过程中，本书还向你解释了期权的运作方式以及市场对股票价值的估计。

即使你读完本书之后还是坚持做股票投资而不做任何期权交易，但是了解期权的运作方式也将为你带来巨大的好处。理由很简单：通过了解期权，你能够了解市场上其他人对于某只股票未来价格的预期。了解未来股票的价格是由市场决定的，就好像打牌时遇上一个总是把手放在桌子上的对手一样。这样，你就能够一边看着自己手里的牌，一边把它们与对手的牌进行比较。只有当你确定有把握赢牌时，才会出手开始这一局。

由于期权定价方式的特殊性，将期权纳入你的投资组合，你会享受到更大的好处。期权价格是由进行交易的市场参与者设定的，但是这些市场参与者都是基于相同的统计模型做出买卖决策的。这些模型很像香肠馅绞肉机，其中既无智慧，亦无洞察，只不过是参考几个简单的数据，用机械的方式把它们综合在一起，得出一个特定形式的期权价格。

期权模型不关注企业的运营细节，这种忽略可能导致某些情况似乎好得不够真实。例如，我曾经遇到这样的情况，投资者可以承诺以低于其实际持有现金的价格购买一家有实力的盈利公司，也就是说，投资者只需花 0.9 美元就能获得 1 美元，外加公司未来利润的一部分！尽管这样的机会不是每天都有，但是对于那些有耐心、有远见的投资者来说，它们的确会出现。

这个例子揭示了智慧的期权投资的核心问题，以下包含三个步骤的过程可以解释该问题的本质：

1. 了解一只股票的价值；
2. 巧妙地将此估算值与期权市场隐含的、机械的估算值进行比较；
3. 将股票和期权组合投资于最佳机会，使风险–回报平衡向有利于自己的方向倾斜。

本书旨在立足以上三个步骤，为你提供成为一位聪明的期权投资者所需要的知识。

本书包含了大量的信息，但也剔除了很多信息。我不打算写一本关于期权的大百科全书、一本名字很炫的期权策略手册或者一篇关于财务报表分析的专著。与其他关于期权的学术类著作的封面不同，比如约翰·赫尔（John C. Hull）的《期权、期货和其他衍生产品》(*Options*，*Futures*，*and Other Derivatives*)①，你在本书封面上看不到一个完整的符号或者数学证明。了解期权如何定价是成为一位聪明的期权投资者的重要一步，而做偏微分方程或者数学证明题是不行的。

不同于为专业人士编写的期权书籍，比如谢尔登·纳坦恩伯格（Sheldon Natenberg）的《期权波动率与定价：高级交易策略与技巧》(*Option Volatility and Pricing*)②，你在本书中既找不到对于复杂策略的解释，也找不到关于“希腊人”③在不同条件下如何变化的图表。场内交易员需要知道这些事情，但是那些对企业的财务成果进行长期投资的期权投资者与场内交易员在动机、资源和时间观念方面有很大的差异。事实证明，聪明的期权投资者做得更好，他们不用担心场内交易员每天必须考虑的大多数事情。

---

① 该书被称为期权学术研究的圣经。

② 该书被称为专业期权交易商的圣经。

③ “希腊人”是交易员用来管理期权组合风险的期权敏感性指标。它们是以布莱克–斯科尔斯–默顿期权定价模型（Black-Scholes-Merton Option Pricing Model）中使用的希腊符号来命名的。

不同于有关期权日内交易的指南书，本书没有一个字谈及图表模式、市场时机、快速致富计划或者其他流行的虚假说教。做出明智决策是成为聪明的期权投资者的一个重要组成部分，狂热、随意和未经考虑的交易必须被摒弃。

不同于证券分析类书籍，你在本书中找不到对财务报表每类科目的详细讨论。成为聪明的期权投资者的一个重要步骤是，了解一家企业如何为其所有者创造价值以及如何衡量这种价值；而卖弄晦涩的会计惯例则不然。

巴菲特曾说："成功投资不需要极高的智商、不同寻常的商业洞察力或者内部消息，而是需要在一个健全的思维框架下做出决策以及不被情绪左右的能力。"为了诠释该观点，本书旨在为你提供一种可靠且健全的框架，这种框架能够评估企业价值，并且有助于你对如何借助期权市场来投资企业做出理性的、基于事实的决策。

本书分为三个部分。

- 第一部分解释了什么是期权、期权如何定价以及它们能够告诉你市场对某只股票未来价格的看法。这部分内容对应前面列举的期权投资的第二个步骤。
- 第二部分不仅提出了一个基于少数动因来确定公司价值的模型，还讨论了一些影响投资者情绪的行为和结构陷阱以及如何避免它们，从而成为更好、更理性的投资者。这部分内容对应前面列举的期权投资的第一个步骤。
- 第三部分将理论应用于实践：介绍如何面对屏幕上的期权定价，看懂必要信息；讲解如何在包含现金、股票和期权的投资组合中衡量和管理杠杆；深入详解聪明的期权投资者需要了解的一些期权策略，以产生收入、促进增长并保护期权投资组合的收益。这部分内容对应前面列举的期权投资的第三个步骤。

本书没有假设任何关于期权或者股票估值的先备知识。也就是说，这不是一本"期权入门读物"或者"我的第一本估值读物"。

投资菜鸟们将学到所有的技能，他们需要成功、自信地投资股票和期权市场。在期权方面有些经验或用过持保看涨期权（covered call option）、保护性看跌期权（protective puts）和类似方法的人，将能了解如何从这些投资中改善其投资结果以及如何以其他方式使用期权。专业的基金经理和分析师将可以全面了解如何有效地将期权投资纳入他们的组合策略，并且可能会被鼓励从新的角度考虑估值和行为偏差的问题。

本书用既独特又简单易记且生动活泼的方式对估值和期权进行了极为有效的讲解。过去，你经常读到一些充斥着无用图表和无关公式的期权书籍，从中你可能学不到任何东西。但是现在，无论你是投资新人，还是经验丰富的对冲基金经理，我相信你读完本书后会从一个新的角度看待股权投资。

THE INTELLIGENT OPTION INVESTOR
APPLYING VALUE INVESTING
TO
THE WORLD OF OPTIONS

目 录

THE

INTELLIGENT

APPLYING
VALUE INVESTING
TO THE
WORLD OF
OPTIONS

OPTION INVESTOR

第一部分

聪明的投资者的期权

不要相信你听到或者读过的任何有关期权的东西。

如果你听了媒体的报道就会知道，期权是现代金融创新的产物，它是如此复杂，以至于只有那些拿到了数学高等学位的人才能正确地理解它们。

以上陈述中的每个论点都是错误的。

如果你听到权威人士和交易员在有线电视商业频道上喋喋不休，你就会认为除非你明白什么是认沽期权反向比率价差（put backspreads）和铁鹰套利（iron condors）以及其他数不清的期权策略，否则你永远无法玩转期权。你还将了解到期权是一种短期交易工具，你必须成为一位敏锐的能够“读懂图表”的“技术分析师”，而且为了保证不失手，还要每周几次（如果不是一天几次）在多头和空头之间来回转换。

以上这段话的每个论点都错得离谱，相信这些话可能会让你住进贫民窟。

真实的情况是，期权是一种简单且有方向性的工具，我们在日常生活中通过无数次的使用早已对其很熟悉了。期权是人类已知的第二个古老的金融工具，它们不仅可用，而且还应当用于长期策略，而且大多数期权应当尽可能地保持交易的稳定性。

本书的第一部分将帮助你充分了解期权是什么、它们是如何定价的以及这些价格是如何基于市场条件的变化而波动的。

全面了解这一理论背景的理由很充分：期权市场用于确定期权价格的框架是基于可证明的错误前提，虽然在某些情况下“大致正确”，但是在其他情况下却是可笑的错误。聪明、有耐心的投资者会利用这些缺陷，他们懂得应当避免哪些情况，也知道应当寻找哪些情况。

如果不了解市场用于评估期权价值的框架以及该框架何处无效，我们就无法利用这些缺陷。简单地说，本书第一部分就是要帮助你了解市场用于评估期权价值的框架。

本书采用了大量图表对期权理论、定价和投资策略进行解读。这样做是为了更有效地将期权可视化。

第 1 章 关于期权的基础知识

本章介绍了什么是期权以及如何以一种明智的方式看待期权，同时还说明了有效使用期权能给投资者带来巨大的灵活性和力量。

本章分为以下三个部分。

1. 期权概述：期权的特征、日常生活中的期权和期权简史。
2. 期权方向性：探讨股票和期权之间的异同。这个部分还介绍了本书将期权可视化的独特方法、期权行业的术语以及一些聪明的期权投资者经常使用的专用术语。
3. 期权灵活性：解释了期权比股票对投资者更有益的原因，列举了聪明的期权投资者最常用的几种策略。

即使你对期权有所了解，也应当至少阅读本章的最后一部分。你会发现聪明的期权投资者几乎没有使用其他书籍中介绍的典型的曲棍球棍图。本书采用的是敞口区间（range of exposure）的概念，书中其他部分（比如对期权定价、公司估值和期权策略等的讨论）都建立在敞口区间的概念之上，因此跳过这个概念可能会导致后续的混乱。

本章是成为聪明的期权投资者重要的第一步。有的人虽然知道期权如何运作，却没有资格成为聪明的期权投资者。当然，不了解这些基本事实的人就无法成为聪明的期权投资者。我们将在本书后面的章节中对以下讨论的概念进行更细致、更深入的介绍。就目前而言，了解期权是什么、如何看待期权以及为什么期权可能是有用的投资工具就足够了。

期权的特征及其历史

在本节的最后，你应当了解期权的四个特征，能够说出日常生活中常见的几种期权的名字，并且了解一些期权作为一种金融产品的悠久历史以及现代期权市场是如何运作的。

本节中介绍的术语如下所示。

布莱克-斯科尔斯-默顿模型（Black-Scholes-Merton，BSM）
罗列近似项
中央对手方（Central Counter-Party，CCP）

期权的特征

我并不是要给期权下定义，而是将列出所有期权都具有的四个最重要的特征，并提供一些常见的例子。一旦你明白了期权的基本特征，看过一些例子，并且花些时间思考，你就会发现在生活中，几乎每个场景中都有期权元素。

期权：

1. 是一项合约权利；
2. 在特定时间内有效；
3. 允许投资者从另一项资产的价值变动中获利；
4. 只要它有效，它就有价值。

这个定义很宽泛，适用于各类期权，比如芝加哥期权交易所（Chicago Board Options Exchange，CBOE）以及那些我们熟悉的期权。

日常生活中的期权

生活在发达国家的人们最熟悉的期权类型是保险合约。假设你想为自己价值三万美元的汽车投保。你与保险公司签署了一份合约（期权特征 1），有效期为一个具体的时间段（期权特征 2），假设有效期为一年。如果你的车在此期间报废了，那么保险公司就会以三万美元的价格买下这辆车的残骸（价值 0 美元或者接近 0 美元），这样你就可以买一辆相同的车。当这一切发生的时候，你作为车主（或者实际资产投资人）会根据受损车辆的市场价值获利三万美元（期权特征 3）。很显然，在整个合约期内，保险公司有义务履行其承诺，赔偿你的损失，而事实上，你有权以你所付的价格把一辆毫无价值的车卖给你的保险公司，这意味着保险在整个有效期内都有价值（期权特征 4）。

还有一类期权，或许它在日常生活中并不那么常见，却很容易被识别出来。假设你是一位还在奋斗的作家，刚刚完成你的第一部小说。这部小说反响平平，但是某一天，你接到一位电影制片人的电话，他要用五万美元买下小说的剧本改编权。这笔钱将赋予制片人将小说拍成电影的独家权利（期权特征 1），以及在未来特定时期内（期权特征 2）获得该电影所有收益的权利，我们假设为 10 年。在这段时间结束后，你作为作者就可以自行重新签订另一份合约了。作为一位毫无成就感、日复一日苦苦挣扎的艺术家，你欣然同意了这笔交易。三周后，一位当红的日间脱口秀节目主持人在其节目中介绍了你的小说，一夜之间，你就成了《纽约时报》的畅销书作者。你的作品在一周之内就从微不足道变得炙手可热。现在电影制片人请科恩兄弟（Cohen brothers）把你的电影搬上了银幕，并邀请乔治・克鲁尼、马特・达蒙和朱莉亚・罗伯茨担任主演。电影上映后打破了票房纪录。制片人付给你多少钱？一分钱都没有。根据合约，制片人有权从根据你的作品改编的电影剧本中获利。当制片人买下这项权利时，你的作品并不值多少钱；突然之间，该作品身价倍增，制片人拥有你的作品增值所带来的上涨潜力（期权特征 3）。显然，文学作品的权利在整个合约期限内的价值不可小觑（期权特征 4）。

请牢记这些特征，我们将在本章中继续探讨这些重要因素是如何在金融市场显露头角的。既然你已经对期权有了一个初步了解，那现在我们来简要回顾一下这些金融工具的历史。

期权简史

很多人认为期权是一项新的金融发明，但事实上，人们在 2000 多年前就已经开始使用期权了。历史上，最早被证实使用了期权的人士中，有一位生活在古希腊、名叫米利都（Miletus）的苏格拉底哲学家。米利都被其同胞指责为无用之人，因为他把时间用于思考哲学问题（当时也包括研究自然现象），而不是用于埋头苦干或者编织渔网之类的事情。

米利都告诉人们，他的知识并非无用，而是能够应用于人们关心的事情，他只不过没有这样做而已。为了证明自己所言不虚，当他通过研究天气发现该地区即将迎来橄榄大丰收时，他找到了所有橄榄油压榨作坊的主人，并向他们支付了一笔钱，预定了收获季节（这样，合约有了预设的生命期，即期权特征 2）的压榨业务（他签订了合约，即期权特征 1）。

的确，米利都的预测都是正确的，当季橄榄获得了大丰收。由于供应量猛增，橄榄的价格必然会下跌，而橄榄压榨的需求量却激增（因为将橄榄榨成油可以储存更长时间）。由于米利都垄断了橄榄油压榨市场，他能够获得巨额利润，把低价值的橄榄转化为高价值的橄榄油（他从标的资产的价值变化中获了利，即期权特征 3）。米利都对橄榄榨油的权利终止于丰收之后，而不是在其依靠研究哲学而发家致富之前（其合约权利在有效期内是有价值的，即期权特征 4）。

这只是一个古老的期权交易的例子（比第一只原始普通股早几千年出现），但是只要有保险公司，期权合约就一直是一种很好理解且被广泛应用的金融工具。你能想象如果买方和卖方不能把运输货物的风险转移给第三方（比如保险公司），跨境贸易的规模有多么小吗？例如，在大航海时代，会有多少船只驶向香料群岛？的确，我们很难想象如果买方和卖方都无法减轻与不确定投资相关的风险，如今贸易会变成什么样子。

几百年来，作为一种私人合约，期权明确了一定数量的某种商品在一定时期内所具经济风险的权利。通常，这些合约是在商品生产商和销售商以及批发采购商之间签订的。双方都对该商品存在敞口（生产商想把产品卖出去，而批发采购商想购买产品），而且双方都想确保自己不受相关商品暂时的价格波动的影响。

但是，这个体系存在一个问题。假设你是文艺复兴时期的一名商人，想给你从印度运往欧洲的香料买份保险，于是你与保险公司签订了一份协议。保险公司要求你预付一定数额的保费，对你的货物进行保值。装有货物的船离开了印度的果阿（Goa），却在马达加斯加失踪，你所有的投资资本都随着船沉入了印度洋海底。然而，当你试图找到你的期权交易对手，也就是你的保险公司时，它似乎已经卷走了你的保费，正在另一个国家过着逍遥自在、夜夜笙歌的日子。用现代金融市场的话说，你的期权投资因交易对手风险而失败。

如今，私人合约仍存在于商品市场和股票市场（类似于上市公司的期权市场）。规定了对于单一股票、交易所交易基金和一篮子项目的上行和下行敞口权利的私人合约，就是机构投资者大量使用这种合约的一个实例。然而，私人合约仍会存在使用者对手方违约的风险，因此，双方通常只有在充分评估了对方的信誉之后才会签约。显然，那些可能只想推测标的股票或者交易所交易基金（ETF）价值的个人投资者无法花时间对每个可能与其有业务往来的对手方做信用核查。[①]如果没有办法确保双方有财力维持其一半的期权交易，公开的期权市场可能就不会存在。

解决这一困境的现代解决方案就是中央对手方。该组织规范了期权合约交易的条款，并确保参与的对手方实现各自的财务目标。中央对手方与证券交易建立了联系，并对与其交易的各方进行规范。它们在交易开始之前为那些必须作为履约保证的抵押品设定了规则，而且如果市场价格变动引起某位对手方的账户低于抵押品的价值，它们就会要求追加资金。在美国，期权交易的中央对手方是美国期权清算公司（Options Clearing Corporation，OCC）。而期权清算公司是芝加哥期权交易所的一个分支机构，该交易所是最古老的期权交易所。

20 世纪 70 年代初，芝加哥期权交易所最初是一家大型期货交易所——芝加哥商品交易所（Chicago Mercantile Exchange）的分支机构，后来才开始对期权合约进行标准化（比如明确每份合约的具体数量、质量以及合约的到期日），并且打造了创建和管理公开市场所需的其他基础设施和监管框架。尽管市场基础设施和机制对于期权市场的经纪人和其他专业参与者非常重要，但是从投资者的角度看，大多数方面并没有那么重要（比如保证金等，我们将在本书后面的章节中对此进行详细介绍）。投资者必须知道的只有一件事，就是期权市场是透明的、监管规范且安全的。如果你有时间，并且想了解更多的市场机制，你应当浏览一下芝加哥期权交易所和美国期权清算公司官网上的信息。

期权合约在芝加哥期权交易所挂牌，意味着投资者需要明白什么是期权的合理价格。费希尔·布莱克（Fischer Black）、麦伦·斯科尔斯（Myron Scholes）、罗伯

① 换句话说，如果所有的期权合约是具体的和定制的，作为个人投资者的你每次想交易期权合约时，都必须先找到一个对手方作为交易的另一方，并且对对手方进行尽职调查，确保他或者她能够履行其讨价还价的义务。很难想象少数个人投资者会对这个过程所带来的逻辑难题非常感兴趣。

特·默顿（Robert Merton）三位学者负责开发并完善了一种名为布莱克–斯科尔斯或者布莱克–斯科尔斯–默顿模型的期权定价模型（在后文中，我将其简称为BSM模型）。

BSM模型充分体现了人类智慧和理论研究的魅力，即使自其问世以来，人们又不断开发出新方法和改良方法，新的期权定价方法的基本假设也仍然与BSM模型的相同。事实上，在本书中，当你看到BSM模型时，就要想到“用于确定期权价格的以统计学为基础的算法”。

所有这些背景信息的重点在于，期权不仅不是新发明的金融工具，而且事实上它具有悠久而光辉的历史，与现代经济自身的发展息息相关。如果你有兴趣了解更多的期权史，可以读一读彼得·伯恩斯坦（Peter Bernstein）的著作《与天为敌：风险探索传奇》（*Against the Gods: The Remarkable Story of Risk*）。

既然你已经了解了期权是什么以及它们在日常生活中是如何被使用的，那么我们现在就来看看基本面投资者对这些金融工具最重要的认识：这些工具利用方向性的天生能力。

方向性

除了展示期权固有的方向性力量之外，本节还介绍了我将在本书的其余部分使用的图形工具，以展示任何投资（无论是股票投资还是期权投资）所固有的风险和回报。

对于还不是很了解期权的你而言，我在本节解释了在进行期权交易时很难规避的大部分术语。然而，即使是熟悉期权的读者也至少应当浏览一下我的解释，这样有可能增加你对期权特征的理解。这些特征不仅能够使期权成为强大的投资工具，而且还会指导你了解将它们可视化的新方法。

本节使用的术语如下所示。

看涨期权	货币性
看跌期权	价内（in the money，ITM）
敞口区间	平价（at the money，ATM）

执行价	价外（Out of the money，OTM）
收益敞口	溢价
接受敞口	美式
取消敞口	欧式
行使期权	

股票的直观表现形式

从直观上看，一笔好的股票投资如图 1-1 所示。

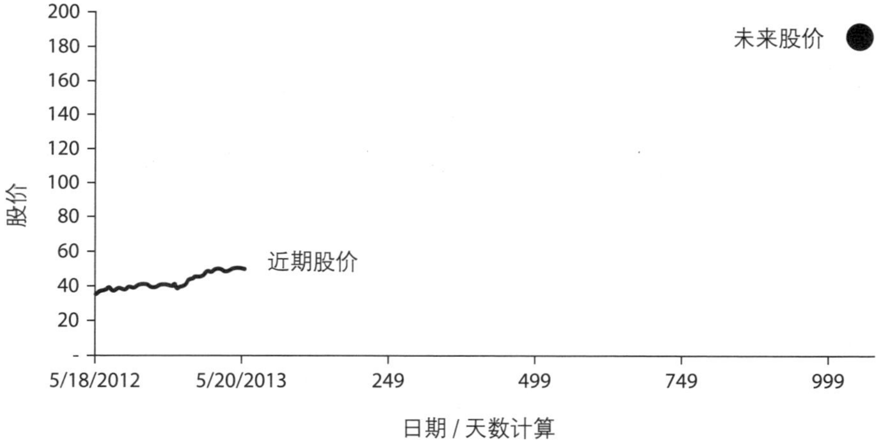

图 1-1　好的股票投资的表现形式

在投资时，你可能会犯下很多错误，但只要你对股票最终方向的判断是正确的，并且采取了相应的行动，那么所有这些错误都将因你的头寸的成功而变得无足轻重。

所以，好的投资本质上是一个识别定价不当的股票并利用该股票方向性的过程。通常，投资者通过买入或者做多某只股票获得该股票的方向性敞口。当投资者买入股票时，其风险和回报情况如图 1-2 所示。

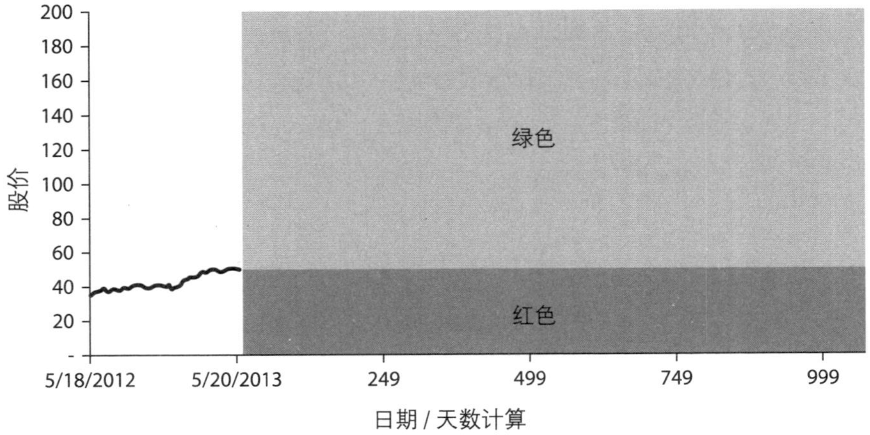

图 1–2　投资者买入股票时的风险和回报情况

一旦按下“买入”按钮，投资者就获得了股票的上涨潜力敞口，即图 1–2 中标有“绿色”的阴影区域。然而，同时，投资者还必须接受下行敞口（该区域标为红色）。①

投资股票的人都很了解股票的方向性。我们知道，当我们投资的股票上涨时，我们会很喜悦；而当它们出现下跌时，我们会感到沮丧。我们也知道，在某种程度上，如果想获得股票的上涨潜力敞口，就必须同时接受其下行风险。

与股票一样，期权是有方向性的金融工具，分两类。这两类可以用方向性术语来定义。

看涨期权：赋予投资者股票上涨潜力敞口的证券（记住“看涨”）。

看跌期权：赋予投资者股票下跌可能性敞口的证券（记住“看跌”）。

期权将股票的方向性一分为二，即上涨和下跌，这对投资者来说有很大的好处，我们稍后将对此进行更多的研究。

现在，让我们分别看一下看涨期权和看跌期权这两种方向性工具。

① 本书还有彩色版，作者在本版中用文字标明颜色，以区分不同区域，并指明各种颜色分别代表什么。
——编者注

看涨期权的可视化表达

我们以类似的方法绘制了一张普通股所有权的风险–回报情况图，了解期权运作方式的好方法是观察一张直观的图。看涨期权如图 1–3 所示。

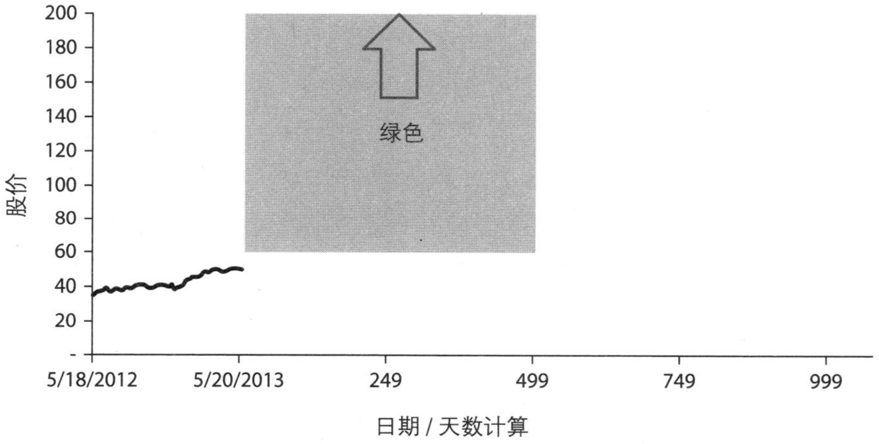

图 1–3　看涨期权

关于这种表现形式，有以下几点需要注意。

1. 阴影区域（绿色）表示的是投资者拥有的经济敞口的价格和时间范围，我称之为敞口区间（range of exposure）。由于我们正在讨论的是看涨期权，而且看涨期权与股票的上涨潜力有关，所以你会发现敞口区间高于当前股价（记住“看涨”）。
2. 与前面提到的期权定义特征之一保持一致，我们的敞口区间受到时间限制。图 1–3 所示期权的有效期为 500 天，此后我们对该股票的上涨潜力不再有经济敞口。
3. 当前股价为每股 50 美元，但是我们的上行敞口仅从每股 60 美元开始。经济敞口的起始价格被称为期权的执行价。在这种情况下，执行股价为每股 60 美元，但我们可能已经以股票的市场价选择了一个执行价，要远高于股票的市场价（比如执行价为 75 美元），或者甚至会低于股票的市场价。我们将在本书的后面章节讨论某些期权策略的最优执行价。
4. 图中阴影区域上部的箭头说明我们的敞口在向上无限延伸。如果由于某种原因，这只股票不是从每股 50 美元涨至每股 60 美元，而是突然间从每股 50 美元蹿升至每股 1234 美元，我们就有了整个上行区间的盈利敞口。

5. 很明显，表示买入看涨期权的图与买入股票的图的上部非常相似。回顾一下股票购买图的上部，并将其与之前的图进行比较：期权的内在方向性应当能完全显现出来。

任何时候，当在类似的图上看见绿色区域时，你应当把这理解为投资者有潜力实现投资收益，而且这位投资者已经获得了敞口。任何时候，只要期权投资者获得了敞口，他或她就必须预先为潜在收益支付预付款。为期权提前支付的钱被称为溢价（正如你为保险支付的费用一样）。

因此，在之前的图 1–3 中，我们通过买入看涨期权（也被称为认购期权长仓）已经获得了股票上涨潜力区间的敞口。如果股票在期权到期前或者到期时进入该区间，我们有权以 60 美元的执行价买入该股票（这被称为行使期权），或者只是在期权市场卖出该期权。行使期权几乎总是错误的，我们稍后会进行讨论。①

相反，如果股票在到期时以低于我们的执行价交易，那么期权显然是毫无价值的，即我们拥有一种尚未具体化的上行预期的权利，因此，现在我们的所有权一文不值。

事实证明，有专门的术语可以用来描述股价与期权敞口区间的关系，如表 1–1 所示。

表 1–1　　用于描述股价与期权敞口区间关系的术语

术语	情形
价内（ITM）	股价在期权的敞口区间内
价外（OTM）	股价在期权的敞口区间外
平价（ATM）	股价在期权的敞口边界处

① 在投资期权时，还有一些与实战有关的基本术语，它们很容易被混淆。实际上，有两种实战方式：一种实战可以在到期前的任何时间进行，被称为美国方式；另一种只能在到期时进行，被称为欧洲方式。令人困惑的是，这些方式与某只特定股票的母国无关，甚至与交易该股票的交易所无关。美式实战适用于所有单一股票期权，而欧式实战则适用于指数期权。因为本书几乎只涉及单一股票期权（比如 IBM 公司的期权和谷歌公司的期权等），所以我不会在这个范围之外大做文章。多数时候，实战方式并不是一件特别重要的事情。

以上每一种情形均用于描述期权的货币性。货币性如图 1–4 所示。

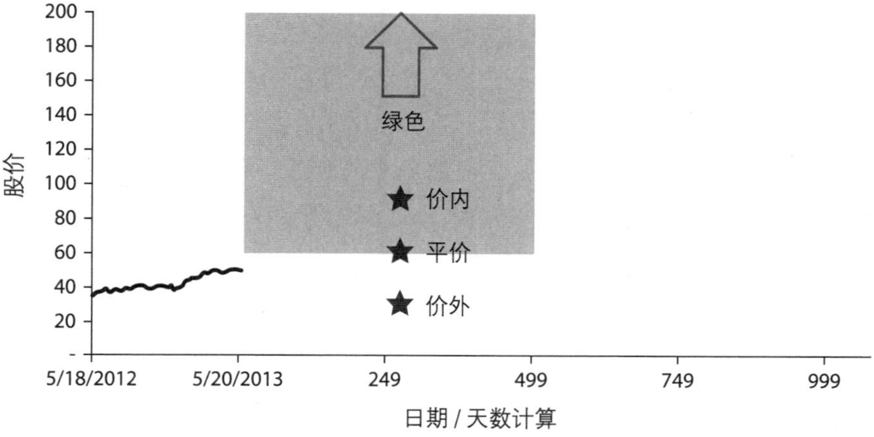

图 1–4　期权的货币性

正如我们将在后文中更详细地讨论的那样，投资者不仅能够使用期权获得某只股票的敞口，而且还可以有选择地接受其敞口。接受敞口意味着如果股票进入期权的敞口区间，投资者就要承担财务损失的风险。如果我们接受股票上行潜力的敞口，可以用图 1–5 来表示。

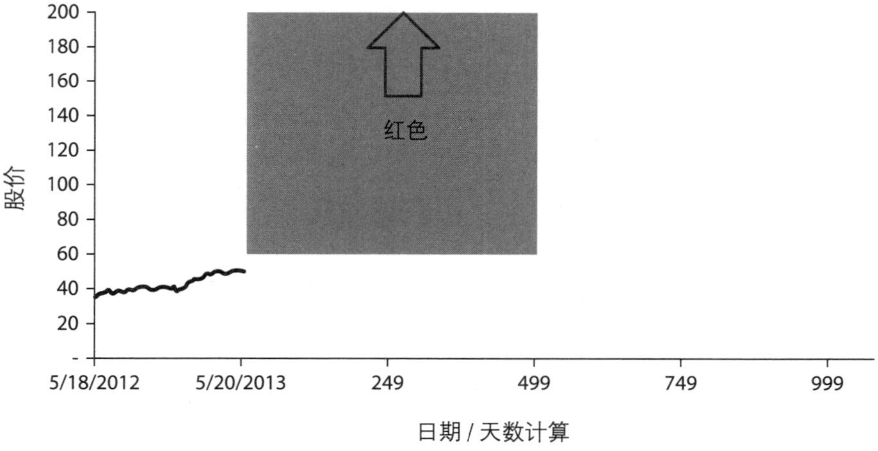

图 1–5　股票上行潜力的敞口

只要你看到像图 1–5 一样标有“红色”的阴影区域时，你就应当将其理解为投资者已经接受了投资有风险的事实，并且应当说该投资者已经接受了风险。只要期权投资者接受敞口，那么他或者她会因为接受风险而预先获得保险。在前面的例子中，投资者通过卖出看涨期权接受了上行敞口（即卖出看涨期权）。在卖出看涨期权的例子中，我们再次看到了表示敞口区间的阴影区域。我们还看到敞口被限制在500 天内，起始执行价为 60 美元。我们在图 1–5 和图 1–3 之间看到了很大的差别，这是因为当通过买入看涨期权得到上行敞口时，我们可能有了无限上行的获利敞口；而在卖出看涨期权的例子中，我们接受了无限亏损的潜在性。毋庸赘言，不应轻易接受这种风险。我们将在本书中讨论投资者在什么情况下可能会接受这类风险，并且会用什么技术来管理这种风险。现在，让我们用图 1–5 来解释期权如何运作，而不是解释为什么有人想要使用这种特殊策略。

让我们回过头看看这个卖出看涨期权的例子，因为对大多数人来说，用这种方式考虑看涨期权会更容易。回顾一下，如果你想获得某只股票定向潜在性的敞口，你就必须支付一笔溢价。在以下各图中，你将以直线标记所支付的保费金额，如图 1–6 所示。

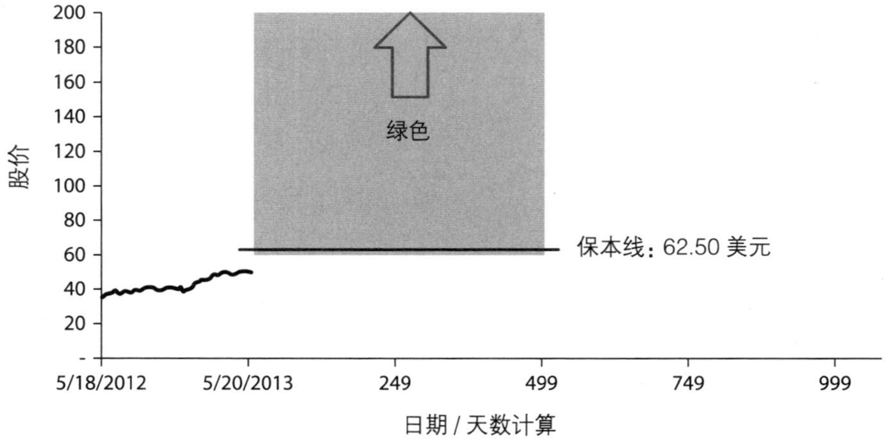

图 1–6　看涨期权的保本线

我将直线标记为“保本线”，假设期权的保费共计 2.50 美元。

你可以把保本线视为股票在到期日前必须跨越的障碍。在到期日时，如果该股票的交易价为 61 美元，那么你就有权以 60 美元购买股票。在这笔交易中，你获得了 1 美元的利润，可以部分抵销期权起初的成本，即 2.5 美元。

需要注意的是，股票不一定要越过这个障碍，你的期权投资才会获利。在第 2 章中，当我们对期权的时间价值有了更多的了解时，我们将讨论这种动态性。

看跌期权的可视化表达

既然你已经了解了我们在图中使用的规则，那么让我们考虑一下如何表示另一种期权，即处理下跌敞口的看跌期权。假设我们想要获得一只股票下跌潜在性的敞口。我们可以采取以下的表示方式，如图 1–7 所示。

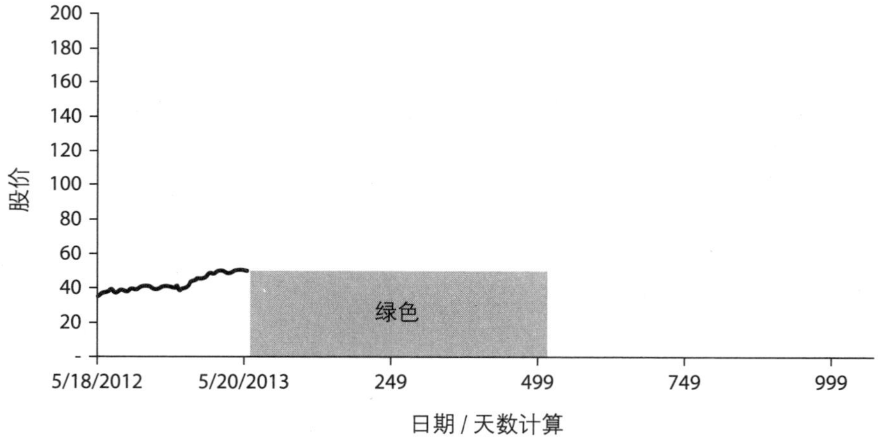

图 1–7　股票下跌潜在性的敞口

首先要注意的是，与看涨期权图相反的是，看跌期权的方向性敞口下限设为 0 美元，因此我们没有画出表示无限敞口的箭头。股票的下行敞口也同样如此，因为股票不可能跌至每股 0 美元以下。

在图 1–8 中，看跌期权的时间区间与看涨期权的一样，均为 500 天，但是我们的敞口的价格区间的起始执行价为 50 美元，即股票当前的市场价，使其成为平价看跌期权。

如果你从敞口区间的角度来考虑货币性，那么价外和价内的差别就显得简单而合理了。以下列举了看跌期权不同货币性的案例。

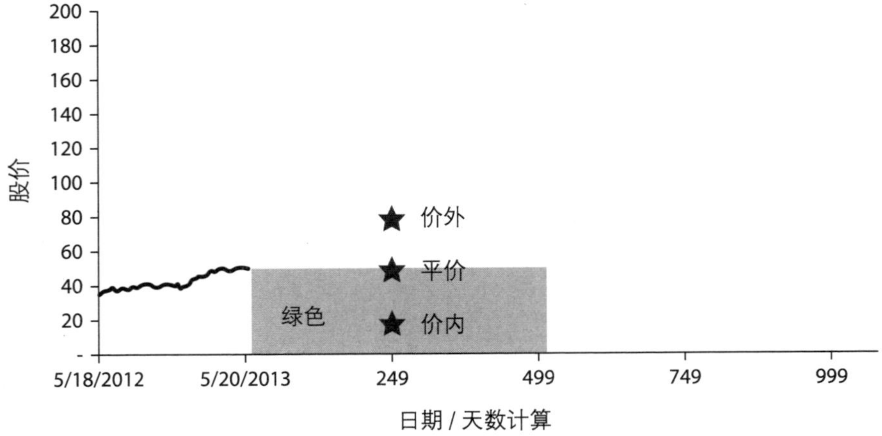

图 1-8　看跌期权的货币性

我们假设某看跌期权的价格 5 美元，导致保本线为 45 美元。这条保本线就像一个障碍，我们希望到期日股票的价格低于 45 美元；如果股票价格低于 50 美元，但高于 45 美元，我们就又能从行使期权中获利了，但是这些利润不足以抵销期权的成本。如图 1-9 所示。

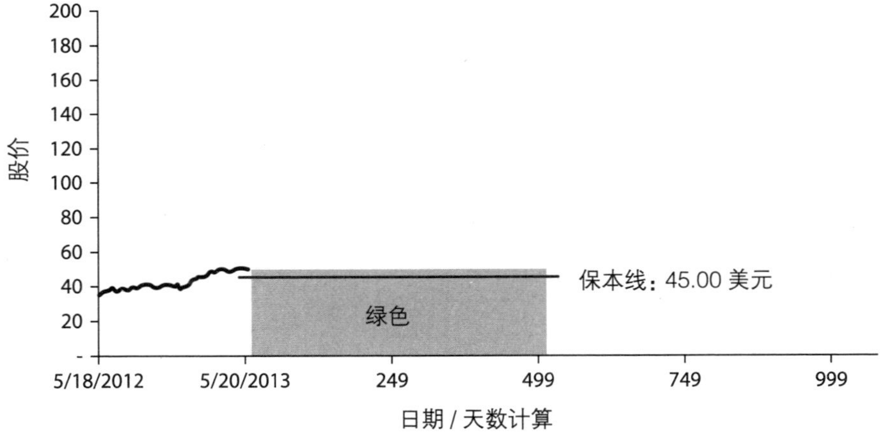

图 1-9　看跌期权的保本线

显而易见，如果我们能够获得股票的下行敞口，就必须也能够接受它。我们能够通过卖出看跌期权来承担下行风险。本书用图 1-10 来表示卖出看跌期权。

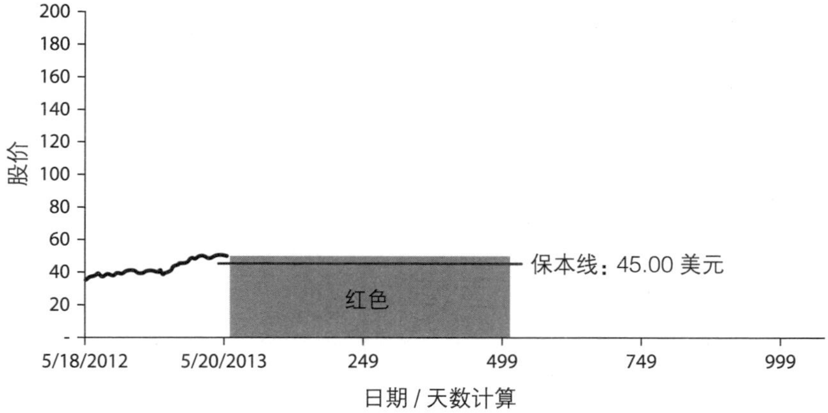

图 1–10　卖出看跌期权

在图 1–10 中，为了接受股票下行敞口，我们得到了 5 美元的溢价。因此，只要到期日时股票的价格高于 45 美元，我们就能从这笔投资获利。

期权抵销敞口的可视化表达

让我们来看一下股票风险与回报的可视化表达方式（见图 1–11）。

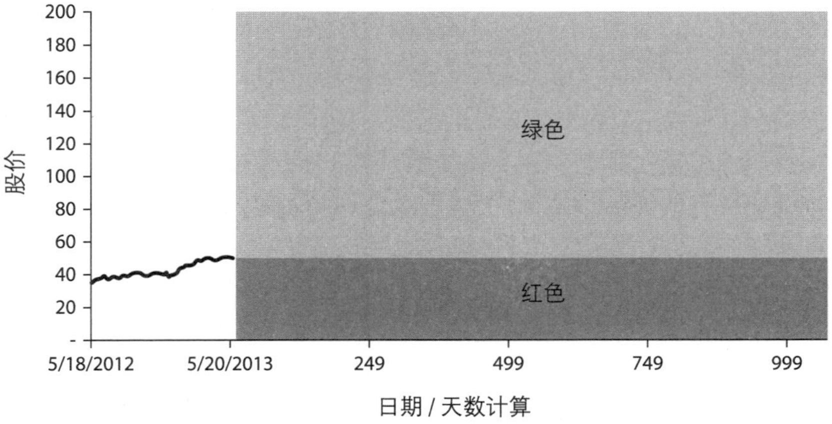

图 1–11　股票的风险–回报图

我们以每股 50 美元的价格买入了一只股票，如果股票上涨，我们将获得未实现的收益，而如果股票下跌，我们将出现未实现的亏损。如果我们同时买入同一只股票的有效期为 365 天、执行价为 50 美元的看跌期权会发生什么事情？

由于我们正在买入看跌期权，我们知道自己正在承受下行敞口。只要是我们获得了敞口，我们就应将敞口涂成绿色。让我们将从下跌敞口获得的收益备兑在之前的风险–回报图（即图 1–11）上，看看我们能够得到什么（见图 1–12）。

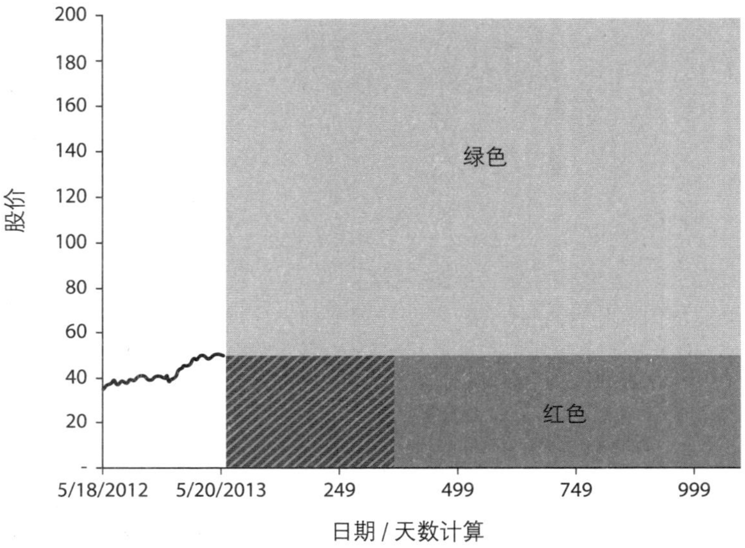

图 1–12　期权抵销敞口示意图

表示我们通过买入看跌期权获得的下行敞口的区域，完全备兑了表示我们买入股票时接受的下行敞口的区域。出现这样的区域时表示，我们同时获得并接受了敞口，这两处敞口抵销，一切经济敞口都不存在了。

从现在起，为了表示经济敞口抵销，我们将该区域涂成灰色，如图 1–13 所示。

任何时候，只要一个敞口与另一个敞口出现叠加，如果股价进入该区间，投资的潜在收益就会上升。我们不会在本书的图中表示出这一点，但是你可以将重叠的收益视为越来越深的绿色阴影（当你获得了敞口）以及越来越深的红色阴影（当你接受敞口）。

既然你知道了如何用图形表示获得并接受上行和下行方向性敞口，以及如何表示当方向相反的敞口重叠时的情形，我们就能够进入下一节内容的学习了。下一节介绍了期权赋予投资者的巨大灵活性，并且讨论了如何将这种灵活性作为好或者不好的力量来使用。

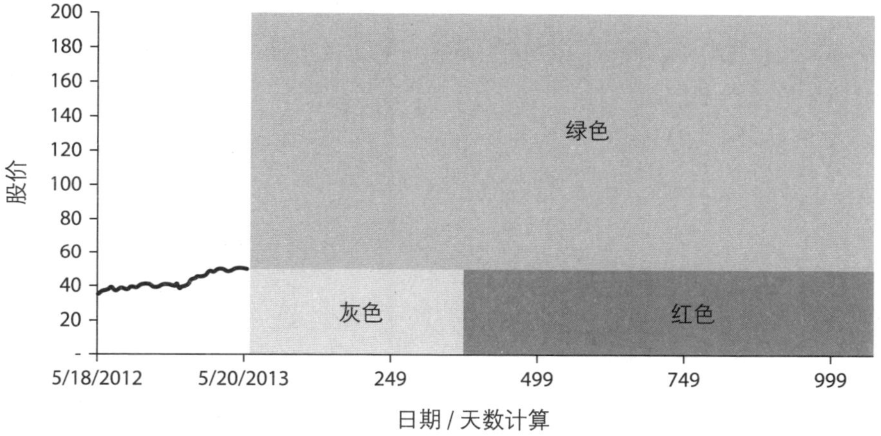

图 1-13　期权抵销敞口示意图

灵活性

本节的主要内容应当从标题中显而易见。我们将看到股票投资者在风险和回报方面仅有的两种选择，而且我们将其与期权投资者拥有的巨大灵活性进行对比。我们还将讨论有效买入价和有效卖出价的概念，这是聪明的期权投资者的两个术语。最后，我们将看一下可能是由一位期权“专家”推荐的一种典型的期权策略，并将注意到这些类型的策略实际上是与期权的方向性本质南辕北辙的，而期权的方向性令期权得以独占鳌头。

本节使用的术语如下所示。

有效买入价（effective buy price，EBP）	持保看涨期权
有效卖出价（effective sell price，ESP）	宽跨式套利
端线（leg）	

股票几乎不给投资者选择的余地

谈到投资，股票投资者只有两个选择：做多或者做空。使用可视化技术，这两个选择如图 1–14 和图 1–15 所示。

如果你想通过做多获得股票上涨潜在性敞口（图 1–14），那你还必须同时接受股票下跌的敞口。同样，如果你想通过做空获得股票的下跌潜在性敞口（图 1–15），你还必须接受股票的上涨敞口。

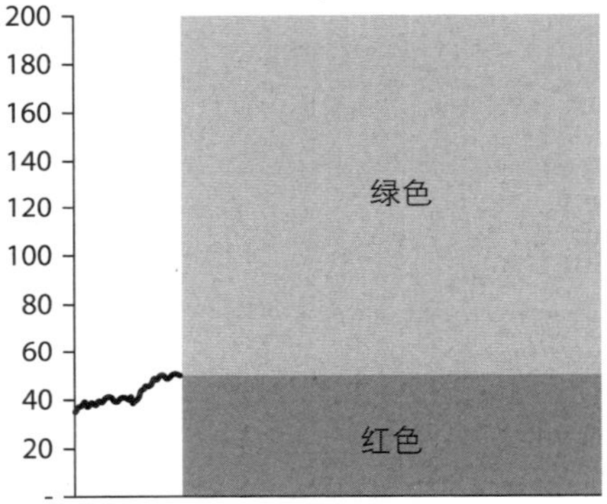

图 1–14　做多（即买入一只股票）

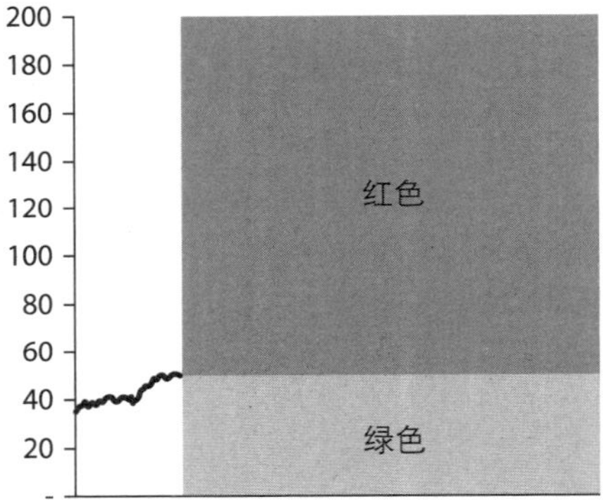

图 1–15　做空（即卖出一只股票）

相对而言，期权投资者在选择接受或者获得何种方向性方面的能力完全不受限制。例如，期权投资者可以轻易决定用某种方式为某只股票设置方向性敞口，如图 1–16 所示。

我完全不明白投资者为什么想要做这样的事情，但关键是期权的灵活性足以使这种不可思议的结构得以建立。

这种灵活性的美妙之处在于，聪明的期权投资者能够挑选自己想要获得或者接受的敞口，来调整自己针对某只股票的风险–回报方案。通过调整风险–回报方案，你能够增加收入，并且确保你的证券投资组合不受下行的冲击。让我们来看看以下几个例子。

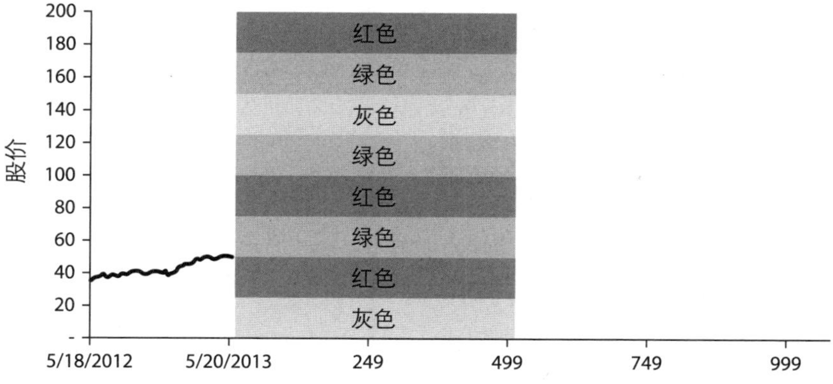

图 1-16 为股票设置方向性敞口

期权给予投资者多种选择

如图 1-17 所示，投资者看好该股票的前景，并用看涨期权获得高于每股 50 美元的上涨潜在性。与其在他或她买入股票时就要全盘接受股票下跌潜在性的敞口（最多损失 50 美元），该看涨期权的投资者可以预付溢价（在本案例中，保费为 5 美元）。

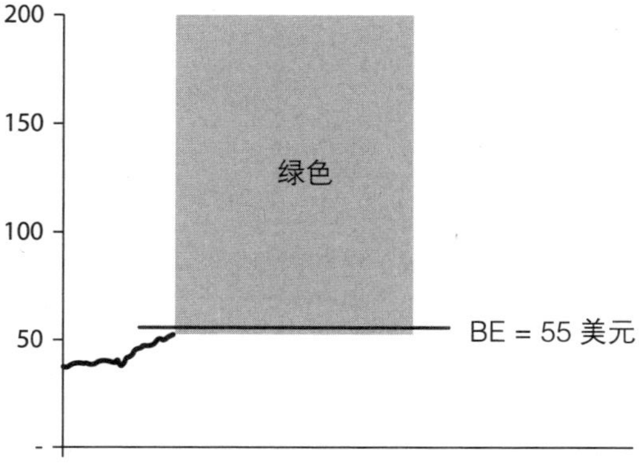

图 1-17 买入增长型看涨期权

如图 1-18 所示，一位投资者看好该股票的前景，所以他或她不介意接受股票低于 50 美元的下跌敞口。作为接受这种风险的回报，这位期权投资者收到了一笔溢价，假设是 5 美元。5 美元就是这位投资者的收入，类似于自助式分红（do-it-yourself dividend payment）。

顺便说一下，在本书的后文中，你将会发现，这也是持保看涨期权的风险–收益图。

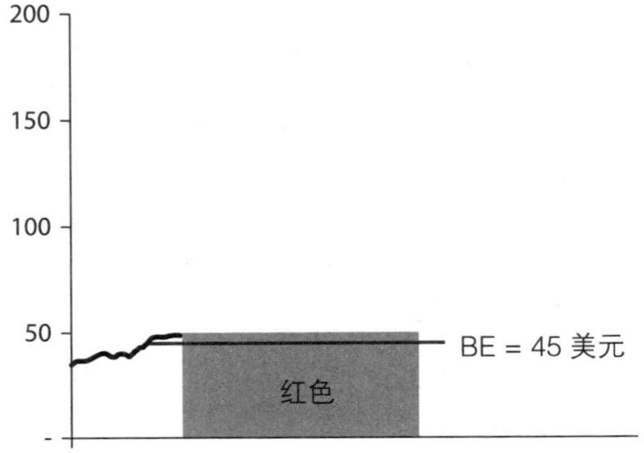

图 1–18　卖出收入型看跌期权

如图 1–19 所示，投资者既想享受股票上涨潜在性敞口，又想在市场下跌时减少损失。通过以低于该股票市场价几美元的价格买入一项看跌期权，投资者就把买入股票时所接受的下行敞口抵销了。有了这种保护性看跌期权，看跌期权合约获得的收益将会弥补股票的任何损失。投资者可以用这些收益以更低的价格买入更多该股票，或者当第一份合约到期时，购买另一份看跌期权合约作为保护。

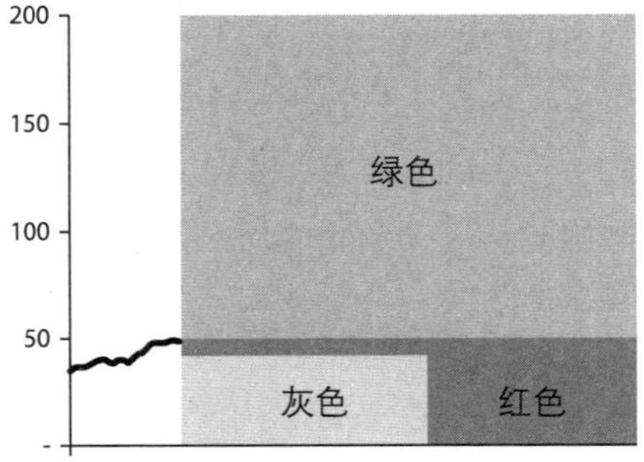

图 1–19　买入保护性看跌期权

如图 1–20 所示，有一位投资者看好该股票的前景，并且通过卖出看跌期权、同时买入长期看涨期权来调整在何处获得和接受敞口。通过这样做，投资者基本上是以卖出看跌期权的方式来补贴买入看涨期权的行为，从而降低了该股票在保本之前需要超出的水平。在这种情况下，我们假设看涨期权的价格为 1.5 美元，看跌期权交易价为 1 美元。看跌期权的现金流入部分抵销了看涨期权的现金流出，因此总保本额就是看涨期权 60 美元的执行价加上 0.5 美元的净利润。

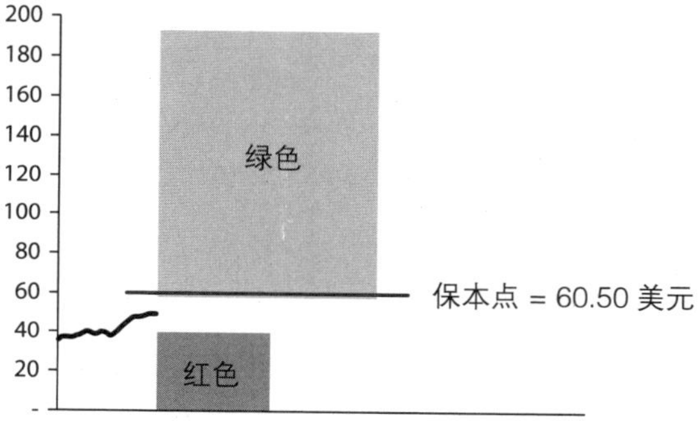

图 1-20　利用看跌和看涨期权调整敞口

有效买入价和有效卖出价

在观察之前的每一张图时，我希望你能够认识到，每张图都与我们的股票做多图和做空图的某一部分相似。

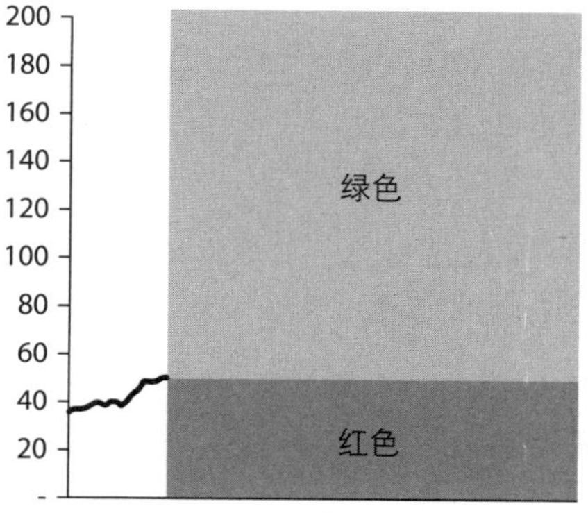

图 1-21　做多股票

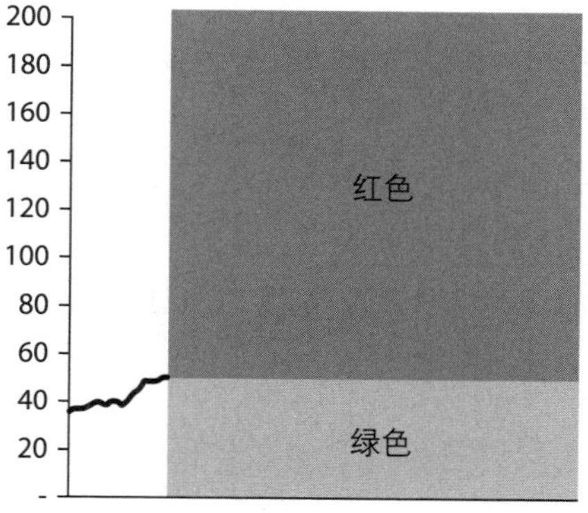

图 1-22　做空股票

例如，图 1–17“买入增长型看涨期权”看起来不正像是图 1–21“做多股票”的上半部分吗？

事实上，我在本书中介绍的很多期权策略仅仅表示了对多头或者空头股票仓位的风险–回报情况的划分，并从中分离出一部分进行分析。为了把不同策略下的保本规则讲得更清楚、更容易记忆，我将使用一个不同于“保本”的术语。

如果一张图中出现了买入股票的风险–回报情况两个要素中的一个或者全部要素，我就将保本线称为有效买入价（EBP）。例如，如果我们卖出一只看跌期权，就要以买入股票的同样方式接受下行风险，如图 1–23 所示。

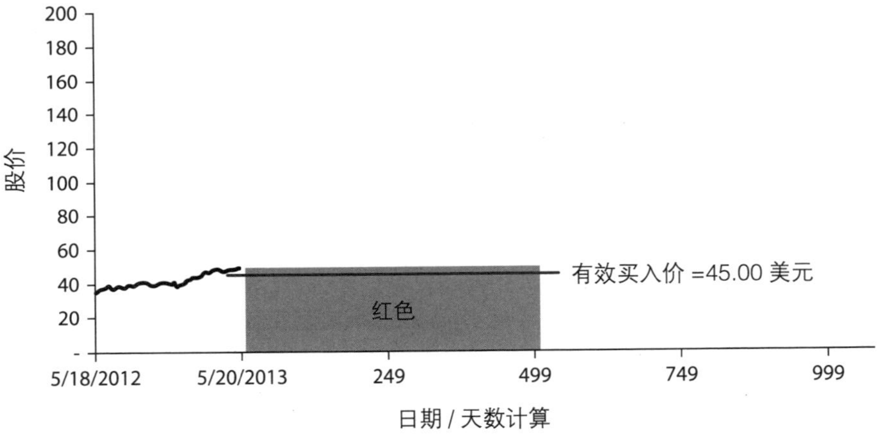

图 1–23　有效买入价

基本上，当接受下行风险时，我们说的是如果股价低于执行价，我们愿意买入该股票。作为接受这种风险的回报，我们会得到 5 美元的保费，而这笔现金流入有效地降低了我们持有股票的买入价。如果当期权到期时，股票交易价为 47 美元，我们就可以认为该情况不是“比执行价低 3 美元”，而是比“买入价高 2 美元”。

相反，如果一张图出现卖空股票的风险–回报情况这两个要素中的一个或者全部要素，我就将保本线称为有效卖出价（ESP）。例如，如果我们买入一只预测股票下跌的看跌期权，我们就用图 1–24 表示。

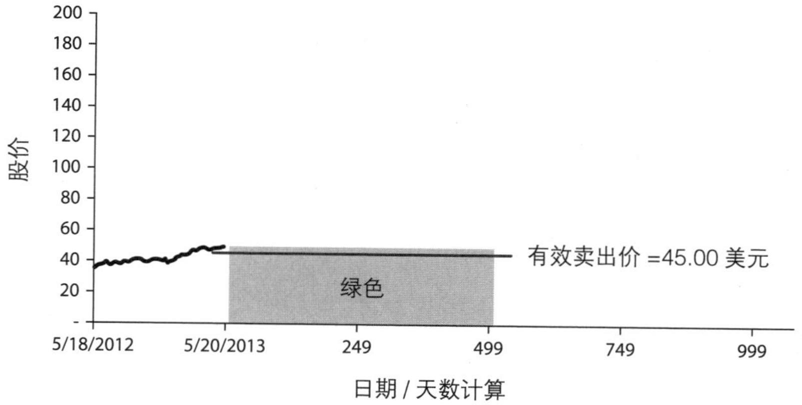

图 1–24 有效卖出价

当一位卖空型投资者卖出股票时，他或她会因股票下跌潜在性而获得即时利润敞口。该投资者的卖出价为 50 美元，而且他希望未来在低价位（比如 35 美元）时再买回这些股票获利。当通过期权获得了股票下跌潜在性利润敞口时，我们获得了与以 50 美元卖出该股票相同的利润敞口，只是我们不必担心如果股票不跌反涨，我们会损失惨重。不过，为了内心的安宁，我们必须支付 5 美元的溢价。这意味着如果持有的头寸到期，我们只有在股价低于 50 美元的情况下交易才能获利，这比我们买入股票时支付的金额少了 5 美元。因此，我们实际上是在以 45 美元卖空该股票。

有些期权策略最终看起来与这两种股票都不一样，即期权的灵活性能够使投资者做到股票投资者无法做到的事情。例如图 1–25 显示了一种通常被称为宽跨式的期权策略。

此时，我们有一只交易价为每股 50 美元的股票，而且我们买了一只看跌期权和一只看涨期权。看跌期权价格为 20 美元，交易价为 0.35 美元。看涨期权价格为 80 美元，交易价为 0.40 美元。请注意，图 1–25 的顶部看起来与做多股票图（图 1–21）的顶部很像，而底部与做空股票图（图 1–22）的底部很像。由于一位股票投资者无法同时做多和做空同一只股票，所以我们无法使用有效买入价或者有效卖出价这样的术语。在这种情况下，我们使用保本点（BE）这一概念。

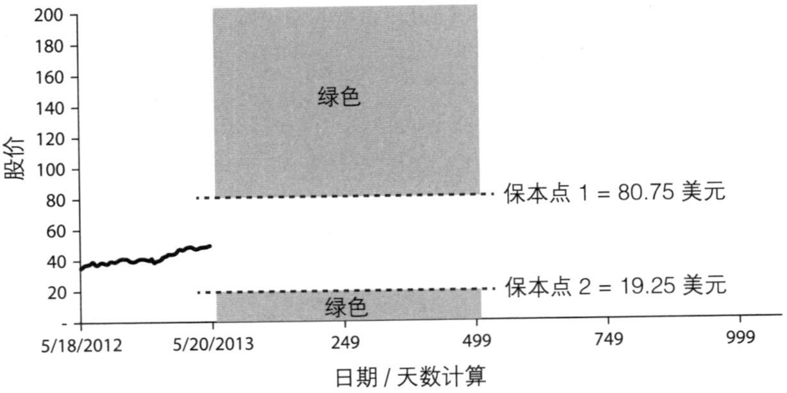

图 1–25　宽跨式套利的期权策略

这种期权策略说明期权比股票更灵活，因为无论股票上涨（进入看涨期权的敞口区间）还是下跌（进入看跌期权的敞口区间），该策略均能使我们获利。如果股票快速上涨，看涨期权就将成为价内期权，而看跌期权将成为价外期权。因此，如果我们是看涨的价内，那么支付给看跌的溢价可能将全部损失，反之亦然。为此，我们要计算两种保本价格，作为我们的期权结构的两条端线之和，其中一条端线被定义为多期权策略（multioption strategy）中的单一期权。只要结清价内的一条端线足够支付另一条端线的成本，我们就可以从这笔投资中获利。我们无法获利的唯一原因是股票在期权到期之前没有出现足够的波动。

没有方向性的灵活性是一场愚人游戏

尽管如前所述，人们在确定投资方向性时存在很大的灵活性，但是期权做市商和场内交易者通常还是试图尽量（场内交易者）或者全面（期权做市商）将自己保护起来，避免受到标的股票大幅波动的影响，或者想办法限制自己获得敞口的成本，并且在一定程度上限制自己从大幅波动中获利的能力。我并不想驳斥这点，但是我要给你看一张图（如图 1–26 所示），这张图描述了一种有时被称为“秃鹰”的“典型的”复合式期权策略。

有一些重要的事情需要注意。第一，要注意时间范围有多短，我们已经从 500 天的敞口变成了两周的敞口。一般来说，一名场内交易者无法得知某只股票的长期价值应当是多少，因此他或她会通过尽可能限制自己的时间敞口，保护自己免受大幅波动的影响。第二，看看场内交易者接受的价格敞口有多小。他或她正试图通过同时做几手期权交易（从保本点角度看，这会将交易者置于更糟的处境）来控制其价格风险，而这些交易的最终结果就是抵销其对股票潜在波动的大部分敞口。

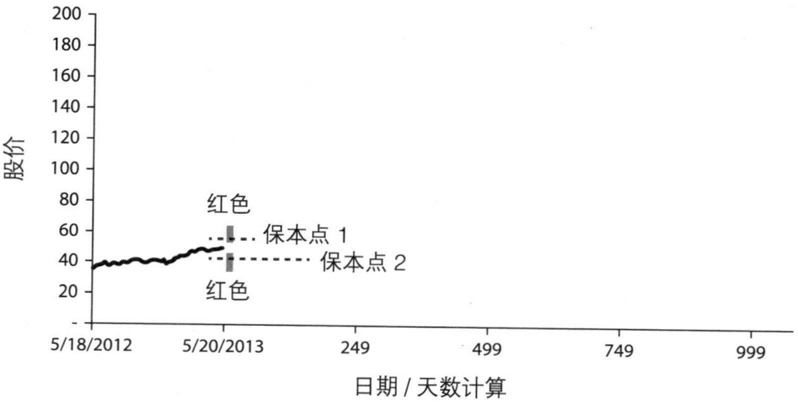

图 1–26　一种"典型的"复合式期权策略

在这种情况下，交易者猜测在下一个短期内，这只股票的市场价将保持在接近每股 50 美元的水平。我无法理解这位交易者的这种想法。在我看来，赢得这种赌局并不比去大西洋城赌轮盘上的弹珠将落在红色区域简单，因为那完全是随机的，而且只有 50% 的胜算。①

令我吃惊的是，在阅读了大量书籍、订阅了各种简报、聆听了电视上行家们大肆鼓吹这种赌局之后，投资者仍然对期权投资兴致勃勃。有了之前的解释，你已经基本掌握了期权的概念、期权内在的方向性及其独一无二的灵活性。在本书的第三部分中，在探究如何建立具体的期权投资的细节时，我们将再次讨论这些话题。

然而，在我们这样做之前，任何期权投资者都必须了解期权在公开市场是如何定价的。我们将在第 2 章中讨论期权定价这一话题。

① 和去大西洋城一样，即使轮盘赌名义上的胜率是 50 ∶ 50，但是从长远来看，你最终是亏钱的，因为你必须向大西洋城的赌场或者华尔街的经纪人支付费用，而且仅仅是为了玩游戏。

THE INTELLIGENT OPTION INVESTOR
APPLYING VALUE INVESTING
TO
THE WORLD OF OPTIONS

第 2 章

BSM 模型

从第 1 章的内容中可以看出，期权实际上就是简单的金融工具，它使投资者能够将股票的金融风险拆分为上行区间和下行区间，并且能够以极大的灵活性获得或者接受这种敞口。尽管期权的概念不复杂，但是尝试弄清楚期权敞口区间所对应的公平价格则颇为棘手。本章第一部分详细说明了期权是如何根据 BSM 模型，即我们在第 1 章中提到的期权定价数学模型定价的，以及这些价格如何预测未来股价。

市场普遍认为 BSM 模型有很多方面是不正确的，而且你在本书的第三部分将看到当理论与实践相遇时，理论有可能会行不通。本章的第二部分对基于 BSM 模型的原则进行了逐条反驳。对于 BSM 模型在为期权定价和预测未来股价方面是一个如此糟糕的工具这一真相，聪明的投资者应当非常高兴才是。正是由于 BSM 模型的诸多缺点以及市场普遍不愿或者无力发现其结构性缺陷，才使我们有机会增加财富。

大多数探讨期权定价的书籍要求读者精通数学知识。我面试过一些拥有金融工程硕士学位的求职者，他们的确具备非常强的数学能力，却仍然无法将这种复杂的内容转换成简单的图形，稍后你将能看见这些图形。

本章对于那些希望成为聪明的期权投资者的人很重要。与你可能有的想法相反，期权定价本身无须聪明的期权投资者过分担心。对于聪明的期权投资者来说，更重要的是期权价格对股票的未来价格意味着什么，以及在什么情况下期权价格可能意味着错误的股票价格。在我们的期权投资过程中，我们需要两条信息：

1. 根据 BSM 模型，被期权市场机械决定的未来价格区间；
2. 通过深入的估值分析而理性确定的估值区间。

本章为推导出前者提供了理论背景。

BSM 模型的主要任务在于预测股价

在本节结尾处，你应当大致了解 BSM 模型如何根据日常实例为期权定价。你还将了解 BSM 模型背后的假设以及这些假设如何、何时相互结合对股票未来的价值提供预测。

本节使用的术语如下所示。

股价效率	远期价格（股票）
对数正态分布	有效市场假说（Efficient Markets Hypothesis，EMH）
正态分布	波动率锥
漂移	

概述

在我们探究期权定价理论之前，我先大致介绍一下期权价格理论。假设你和你的另一半或者其他重要的人在一家不错的餐厅订了位。预定时间很快就要到了，但是你还没出家门。这家餐厅很难订位，如果你未能按时到达，你的座位就会让给别人。现在，假设你此时好像感觉到了关系有些紧张，为了缓解一下忐忑不安的情绪，你决定与你的另一半或者那位重要人物打个赌，看看你是否能及时赶到餐厅，留住你的座位。

如果你是一位想让自己心情轻松的统计学家，在打赌之前，你会尝试回答以下问题，来看看自己有没有可能按时完成这项任务。

1. 距预定时间还有多久？
2. 你距离餐厅有多远？
3. 你会遇到多少个红灯？交通情况如何？

4. 街道限速是多少？
5. 你的车有足够的汽油行驶到餐厅吗？

假设你预定时间是下午 6：00，而现在是下午 5：35。你意识到，由于一些未知因素，特别是交通路况以及途中将会遇到多少红灯，你无法计算出准确的到达时间。你没有尝试选择一个预计到达的具体时间点，而是决定计算出你可能到达的时间区间的上限和下限。

在评估输入要素之后，假设你预计到达的时间区间如图 2–1 所示。

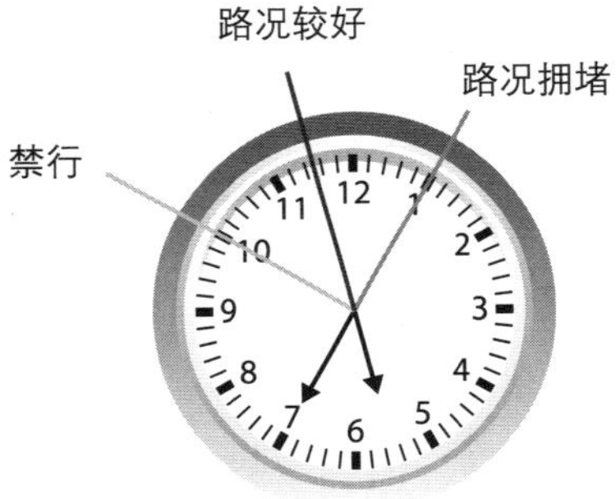

图 2–1　预计到达餐厅的时间区间

换句话说，你认为最佳到达时间是下午 5：50 和 6：05 这 15 分钟内。如果交通拥堵不严重，你会在该时间区间靠前部分到达；如果交通拥堵严重，你会在该时间区间靠后的部分到达或者可能无法及时到达。你打赌按时到达的意愿是否强烈？赌注是多少才合理呢？

这个例子准确说明了 BSM 模型以及其他所有基于统计学的期权定价公式的运行过程。BSM 模型本身对于标的资产和合约有固定的输入数值。把这些变量输入 BSM 模型将为标的证券价格及其到达每个价格的统计学概率生成一个未来价值的区间。该证券到达某一特定价格的统计学概率（特定价格是我们有意买入或者卖出某一期权的执行价）直接与期权价值相关。

既然你已经通过晚餐订位的案例对 BSM 模型有了一定了解，那么让我们进一步研究一个与股票有关的具体例子。

预测未来股价区间的步进式方法：BSM 模型方法

为了理解 BSM 模型生成股价预测的过程，我们应当先看看该模型背后的假设。我们将在第 3 章中探讨这些假设及其经过检验的精确性及含义。但首先，我们要接受布莱克、斯科尔斯和默顿三位先生奉为圭臬的票面价值（face value）。

根据 BSM 模型，我们得知以下几个假设。

- 证券市场是“有效的”，市场价完美地反映了与证券有关的所有公开信息。这意味着股票当前的市场价代表其公允价值。与证券有关的新信息既可能是正面的，也可能是负面的；同样，资产价格既可能上涨，也可能下跌。
- 股价随时间而上行漂移。这种漂移不能超过无风险收益率，否则将可获得套利机会。
- 资产价格的变动是随机的，而且其收益百分比遵循正态（高斯）分布。
- 对卖空交易没有限制，而且所有套期保值者都可以以无风险收益率借款。没有交易成本或者税费。交易从不关闭（每天 24 小时，每周 7 天），而且股价在数学上是连续的（即从不跳空高开或者下跌），套利机会无法持久，而且你可以以无限小的价格增量交易无限小的股票增量。

即使最后一个假设有些难以接受，但前三个假设听起来似乎是可信的，尤其是如果你多少读过一些关于有效市场假说的文章的话。可以这样说，这些假设表达了金融经济学家秉持的“正统”观点。大多数经济学家会说这些假设从宽泛的角度正确描述了市场的运行方式。他们承认，在现实世界中，某些例外情况和市场摩擦多少会使事情偏离轨道，但总体而言，这些假设是正确的。

现在，让我们利用这些假设来构建由 BSM 模型预测的未来股价区间。

从标的资产入手

首先，假设我们手中有一只股票。在经历了一些波动后，该股目前的交易价正好是 50 美元。如图 2–2 所示。

我只展示了一年的历史交易数据和未来三年的工作日。假设我们想用 BSM 模型来预测先锋建筑公司（Advanced Building Corp.）这项资产未来三年可能的价格。

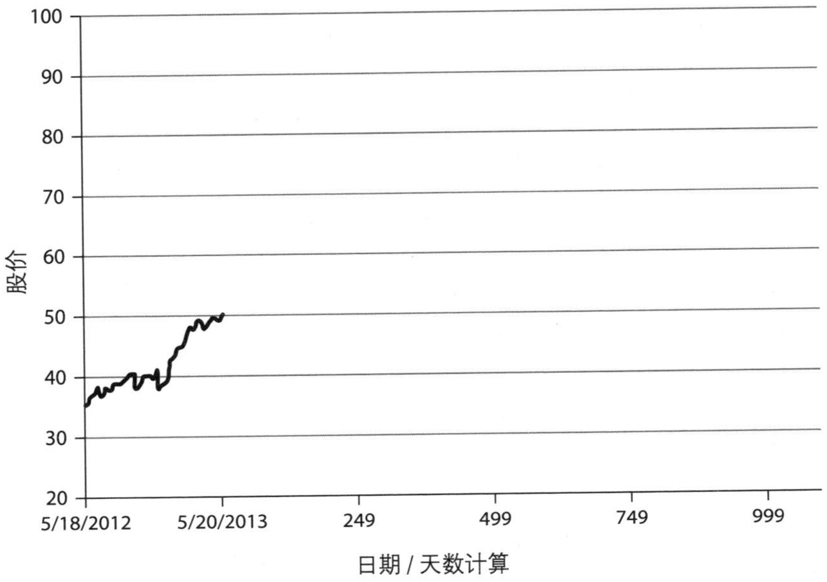

图 2-2　先锋建筑公司的股价图

BSM 模型的第一个假设（即市场是有效的，股价完美地反映了公司价值）意味着，如果没有关于该公司的其他信息，那么对其未来价格的最佳预测不过就是其当前的价格。我们用图 2-3 来表示第一步骤。

图 2-3 中的虚线表示对该股票在未来任何时间点上的价格的预测。然而，从某种程度上说，世界不会停止转动，信息从未停止流动。这些信息中的某些可能将对企业的经济价值产生影响，但正如前面所说的那样，根据有效市场假说，企业接收到的信息是随机的，对估值来说，这些信息既可能是正面的，也可能是负面的。

BSM 模型预测的第一个步骤完全是不成熟的。简单地说，在这个过程中的这个点位上，BSM 模型预测，股票的未来价格最有可能就是股票的当前价格，围绕预期价格的可能价值区间从 0 美元向无限大随机波动。

为了完善这个毫无帮助的区间，BSM 模型必须将其第二个公理与预测方法结合起来。

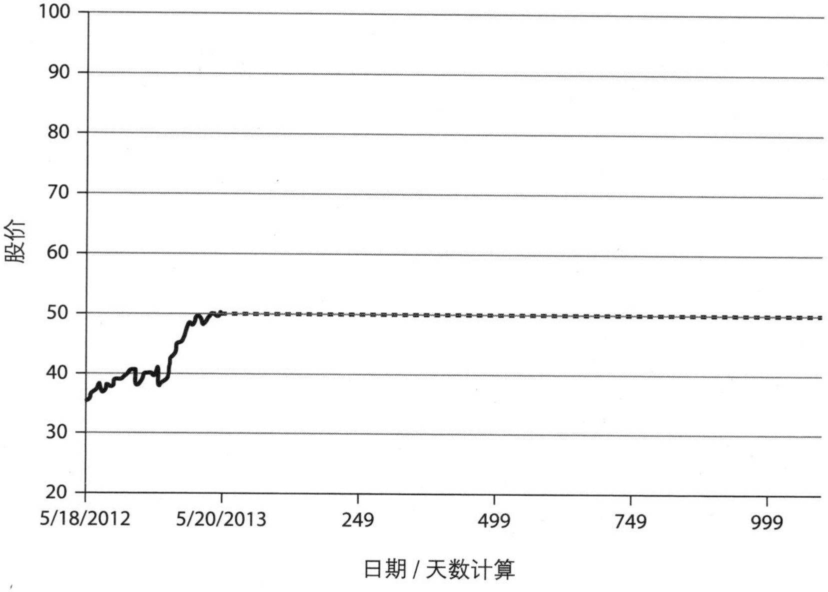

图 2–3 对先锋建筑公司未来三年的股价的预测

计算股票的远期价格

从股市的长期图中可以很明显地看出一个事实：从长期看，市场是趋于上涨的。尽管人们都能观察到这一点，但是市场趋于上涨的事实与我们的第一个原则是矛盾的，即股票既有可能下跌，也有可能上涨。

的确，如果股票总体上没有上涨，只要有其他的投资选择，比如无风险债券，人们就不会考虑投资股票。因此，理论家稍微对其第一个假设进行了改进，即股票价格在短期内既有可能上涨，也有可能下跌；而在较长时期内，股价将向上漂移。通过一个涉及之前列出的第四个假设中的无套利条件的完美论证，漂移的量被设为无风险收益率。

将股票当前价格以无风险收益率加入未来价格可以得出股票的远期价格。我们的资产的远期价格如图 2–4 所示。

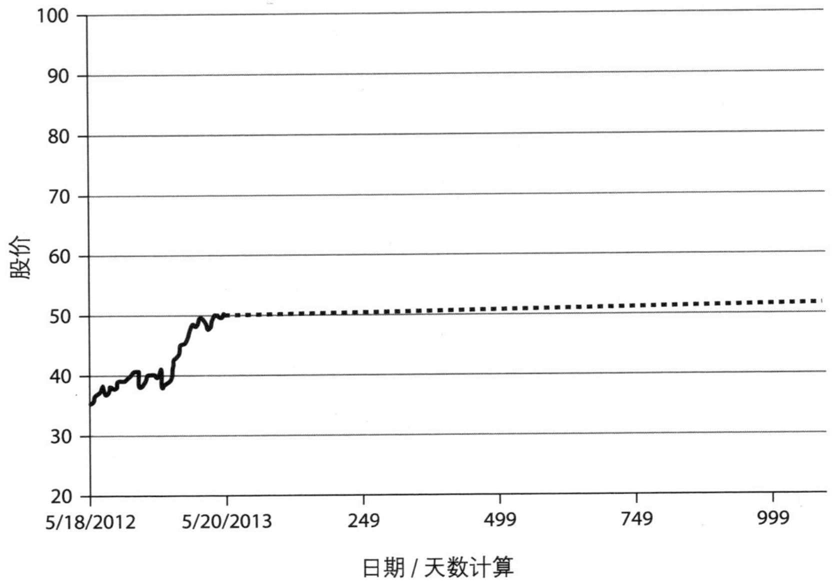

图 2-4　先锋建筑公司资产的远期价格

从图 2-4 中，我们看到股票受制于无风险漂移，即在三年之后稳定上涨至 52 美元，这是远期价格。根据 BSM 模型对未来股价的预测，这种远期价格线代表了其最有可能的价值。

对这种远期价格计算进行微调涉及付红利股票。对于付红利股票而言，预期红利发挥着下行漂移的作用，抵销了无风险收益率的一些上行漂移。简单地说，如果无风险收益率为每年 3%，而公司的股息生息率为每年 1%，那么向上漂移项将为 2%（= 3% − 1 %）。

围绕远期价格增长区间

现在，即使是一位学者在看过前面的图后也会对该模型能否准确证明资产的未来价格产生质疑。此时，这位学者改变了主意，并用第一个公理提醒我们："市场是有效的，但股票价格会基于进入市场的新数据波动。因为好消息和坏消息都有可能进入市场，所以股价向上和向下波动的概率是相同的。"由于股价是随机波动的，所以我们的预测应当是基于一个区间的统计预测。

为了使预测区间比我们之前的条件更具可用性（比如预测股价在 0 美元和无穷之间），我们必须看看下一个，即股票收益百分比呈正态分布（亦称高斯分布）。正态分布是一条钟形曲线，多数人都很熟悉其在 IQ（智商）分数和其他自然现象中的应用。钟形曲线是完全对称的，最常见的值（比如 IQ 值为 100）就是该曲线最高点的值，而有多少天分极高的奇才，就有多少智力缺陷的人。

需要注意的是，BSM 模型假设收益百分比为正态分布的。在我们所使用的大部分图中，纵轴表示的是价格，而不是收益百分比，因此，我们必须将收益百分比转化为价格。在这个转化过程中，我们得到一个右斜的偏态分布，我们称其为对数正态分布。

对股价稍加思考就能明显看出，股价有可能遵循偏态分布，只是因为股价不可能跌至每股 0 美元以下但却没有上涨空间。为了进一步证明这种偏态分布是正确的，我们看看以下两只股票的价格发生了什么，它们的原始价格均为 50 美元，但其中一只股票连续三天下跌 10%，而另一只股票则连续三天上涨 10 %。

表 2-1　　两只股票的价格对比

亏损股票		盈利股票	
原始价格	50.00 美元	原始价格	50.00 美元
下跌 10% 后的价格	45.00 美元	上涨 10% 后的价格	55.00 美元
再次下跌 10% 后的价格	40.50 美元	再次上涨 10% 后的价格	60.50 美元
再次下跌 10% 后的价格	36.45 美元	再次上涨 10% 后的价格	66.55 美元
与 50 美元的最后差值	13.55 美元	与 50 美元的最后差值	16.55 美元

请注意，即使两只股票每天变化的百分比相同，上涨的股票比下跌的股票变化更大。该实验表明，如果我们假设收益为正态分布，那我们应当最终得到一个偏向更高价格的分布。在数学上，这种分布被称为对数正态曲线。

如果我们以远期价格为基数绘制一个圆锥来表示其周围的对数正态分布，那么我们可以得到图 2-5。

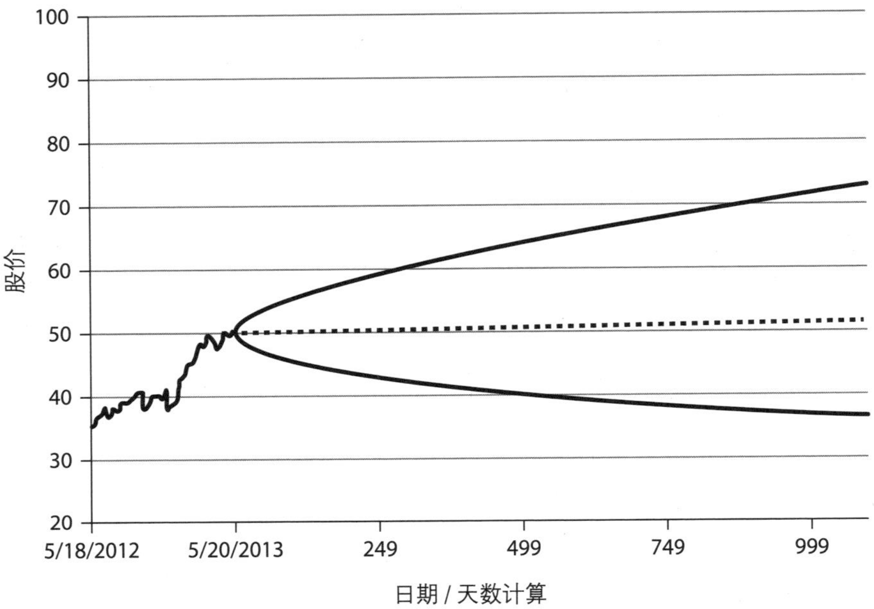

图 2–5　先锋建筑公司股票的远期价格

图 2–5 显示，由 BSM 预测的最有可能的未来价格仍然位于那条笔直的虚线，而最有可能的区间位于两条弯曲的实线之间。请注意，在图 2–5 中，即使斜度不大，下限也比上限更接近股票的远期价格。这不仅证实了 BSM 的预测模型与其第三个假设相符，也使我们对这只股票的未来价格做出了比刚开始时更合理的预测。我们将图 2–5 称为 BSM 模型锥。

根据 BSM 假说，如果想知道某只股票未来以任何点位进行交易的价格，你可以在 BSM 圆锥内查找。该圆锥内的价格很有可能在之前的价格线附近，而非靠近圆锥线。BSM 假说用一句话告诉投资者："如果你想知道一只股票的未来价格，就在这个圆锥形里找找看。"

在做了改进之后，我们可以说对该股三年后价值的最好猜测为 52 美元。而该股票最可信的下跌价值区间将为约 37 美元至刚刚超过 70 美元。需注意的事情是，我在此画出的圆锥事实上并未展示出该股票全部的价格分布轮廓，而是貌似真实合理的区间。

而且如前所述，该股票达到垂直轴上的每个价格的可能性也不同。根据 BSM 假说，最有可能的价值为前期价格。在统计学概念中，最有可能意味着该股票高于或者低于该价格线的概率为 50 : 50。

如果从前期价格线沿着垂直（价格）轴向上移动，股票价格高于该点位的可能性逐渐减少。当达到圆锥的上线时，股票价格高于此点位的概率大约只有 16%。反之，从前期价格线沿着垂直（价格）轴向下移动，股票价格低于该点位的可能性逐渐减少。当达到圆锥的下线时，股票价格低于此点位的概率大约也是 16%。

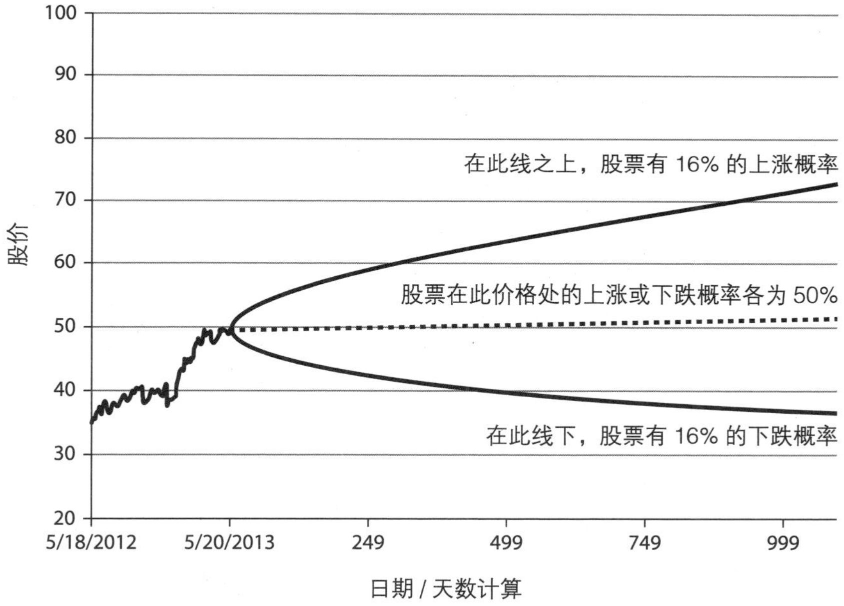

图 2-6　先锋建筑公司

因为 BSM 模型假设股票收益是按照对数正态形式分布的，而且因为数学家很了解正态曲线的特征，所以纵向价格轴上的每个点都会对应一个不同的概率。换句话说，有了我们前面讨论过的几个简单的输入值，BSM 模型就能通过将未来股价与理论推导出的概率联系起来，机械地预测出未来股价。

既然我们了解了这种理论的主张以及基于该理论对未来股价进行的预测，那么让我们来看看 BSM 模型失效的关键区域吧。

BSM 模型无法胜任其主要任务

在本节结尾，你将充分理解为什么尽管 BSM 模型证明了人类的聪明才智与逻辑推理能力，但是作为一种预测一般资产价格和具体股票价格的工具，它却存在严重缺陷。

本节使用的术语如下所示。

尖峰（leptokurtic）

厚尾（fat-tailed）

对 BSM 模型基本假设的批判

在这一节内容开始之前，先让我们回顾一下 BSM 模型的基本假设。我之前介绍这些假设时，建议大家从表面价值层面接受它们。但是从现在开始，我们要以更挑剔的眼光来看待它们。

- 证券市场是有效的，市场价完美地反映了与证券有关的所有公开信息。这意味着股票当前的市场价代表其公允价值。与证券有关的新消息既可能是正面的，也可能是负面的；同样，资产价格既可能上涨，也可能下跌。
- 股价随时间而上行漂移。这种漂移不能超过无风险收益率，否则将可能获得套利机会。
- 资产价格的收益百分比遵循正态（高斯）分布。
- 对于卖空没有限制，而且所有套期保值者都可以以无风险收益率借款。没有交易成本或者税费。交易从不关闭（每天 24 小时，每周 7 天），而且股价在数学上是连续的（即从不跳空高开或者下跌），套利机会不能持久，而你可以以无限小的价格增量交易无限小的股票增量。

尽管语言正式，并且术语连篇，但是你没必要被术语吓倒，而应简单地从常识角度看待这些假设。由此，你将看到这些假设是多么荒谬。的确，实验证明，每个假设要么是错误的（前三个假设），要么干脆不成立（第四个假设）。让我们逐个来审视每个假设。

市场是有效的

前两个假设是从金融经济学的有效市场假说（EMH）理论中衍生出来的。该理论与芝加哥大学有密切关系，而且时至今日，它或多或少仍被很多理论家拥趸。根据这一理论，股价遵循随机游走原则（random-walk principal）波动，即在短期内上涨或者下跌的概率均为 50%，因为股票是基于流入市场的新信息买卖的，而这样的新信息既可能是正面的，也可能是负面的。

有效市场假说认为，金融市场存在不同水平的效率。效率最弱的一种形式是，某人不可能只是通过获得了与市场历史价格有关的信息，就获得了与市场风险不成比例的收益（即反驳了所谓的"技术分析"）。效率最强的一种形式是，即使是获得了某家公司内部消息的投资者，也无法通过投资产生与其承担的风险不成比例的收益（即使是有效市场假说的支持者也会拒绝这种形式）。

简而言之，有效市场假说强调，从总体上说，投资者会冷静地评估所有与经济环境有关的可得事实，而且他们在做出买入或者卖出某只给定股票的决策时，会理性地、有条不紊地结合其对未来可能结果的充分预期进行考虑。他们总是以这样一种理性的、深思熟虑的方式来发挥其最大作用。

现在，在到你喜爱的搜索引擎去查找反驳或者捍卫有效市场假说的学术论文之前，先退一步，问自己一个简单的问题：这种人类行为模式对你适用吗？当你身处交通高峰期、参加体育比赛或者在假期购物时，有多少同行者似乎做出了适合的、理性的、考虑周全的决策？当涉及与钱和投资相关的事情时，你知道有多少人是按照刚才描述的方式行事的？无论有什么样的数学证明可能支持或者不支持有效市场假说，作为人类的一种行为模型，有效市场假说至少对我们而言是不靠谱的。

除了对有效市场假说没有提供一种人类行为模式的根本性批判之外，还有从有效市场假说概念上对其进行的实证反驳。研究表明，市净率、市销率和市盈率低的股票要比那些比率高的股票表现得好，而且上述效应似乎一直存在。格雷姆·兰金（Graeme Rankine）是我在商学院读书时的一位教授，他帮助我发现了所谓的"股票拆分效应（stock-split effect）"，事实上，被拆分的股票（即股东们只是被告知，对于他们之前持有的每一股股票，现在被拆分为多股，这种变化不应当对企业价值产生任何影响）在拆分之后，比那些未拆分的股票表现得更好。最近，经济学家罗闻全（Andrew Lo）和克雷格·麦金利（Craig MacKinlay）已经证明，基础薄弱的金融市场毫无效率可言，但它却有某种长期价格“记忆”，其行为似乎更像一个有机系统，而非机械系统。

在本书后面的章节中，我们将讨论影响投资的行为要素，而且事实上，有几位杰出的行为经济学理论家［比如丹尼尔·卡尼曼（Daniel Kahneman）和罗伯特·希勒（Robert Shiller）］已经因其在这一领域取得的突破性成就获得了诺贝尔经济学奖。从本质上讲，行为经济学指出，当被问及那些测试决策能力和过程的问题时，大多数人，即使是经过培训的人，也并未按照有效市场假说支持者描述的方法做决策。事实上，经济学家已经通过实验发现，人类决策者会被各种各样的问题所左右，而那些支持有效市场假说的人会认为这些问题不合理。有效市场假说假设人们是完全理性的经济动物，可事实证明，人类决策者会被情绪、幻觉和根深蒂固的偏见所左右，这会导致他们以一贯有缺陷的方式做出决策。显然，行为经济学研究人员强调的关于经济行为者如何做出决策的实验性证据对有效市场假说的基本前提提出了质疑。

的确，有效市场假说的支持者（比如芝加哥大学诺贝尔经济学奖得主、“有效市场假说”教父尤金·法玛）会辩称，资产价格泡沫不会发生。如果市场是有效的，人们就会把所有关于股票和其他金融资产未来可能结果的可得信息均纳入股票和资产的当前价格中，这意味着即使价格很高，就像在互联网繁荣和抵押贷款金融繁荣时期那样，市场参与者的预期也是“合情合理的”。法玛曾说过的一句名言是：“我根本不知道‘泡沫’是什么。”

面对存在泡沫和暴跌的确凿证据，以及泡沫破灭会带来巨大人工成本的事实（比如抵押贷款金融泡沫破灭之后），这种刻板的说教已经使很多非专业人士对有效市场假说的哲学基础感到了失望，即使他们从未听说过这个术语。近年来，一些经济学家，比如诺贝尔奖得主罗伯特·希勒和澳大利亚经济学家史蒂文·基恩（Steven Keen）对于有效市场假说给出的学术回应已得到力挺，然而就在前几年，他们还被视为背叛者，并受到“受人尊敬的”正统经济学家的嘲讽。

无论支持和反对有效市场假说的理由是什么，如果你正在阅读本书，那你必须坚信股票市场是无效的，因为通过阅读本书，你必须尝试“跑赢”市场，而有效市场假说认为这是不可能做到的。尽管对于那些尝试准确描述市场复杂性的人来说，有效市场假说这一工具无效，但是有一点必须讲清楚，如果你坚持使用该假说，那么用数学方法描述资产价格就会变得容易得多，而且这种轻松有助于你开发出 BSM 这种定价模型的能力。

事实上，尽管我喜爱的室内运动之一就是取笑有效市场假说，不可否认有效市场假说非常有效，尤其是在短期内以及在特定的资产类型中，而且 BSM 模型在描述可能的价格区间时非常有用。

好的理论必须是简明扼要的，而且还必须在所有条件下都能被证明是正确的。尽管有效市场假说确实简明扼要，但是我坚持认为它不能被视为一个好的理论，因为它无法在大多数情况下准确地解释金融市场的各种现象。这意味着对于聪明的投资者而言，BSM 模型得以成立的第一个理论支柱是错误的。

股票收益呈正态分布

一张图胜过千言万语。图 2-7 为正态分布概率曲线图。

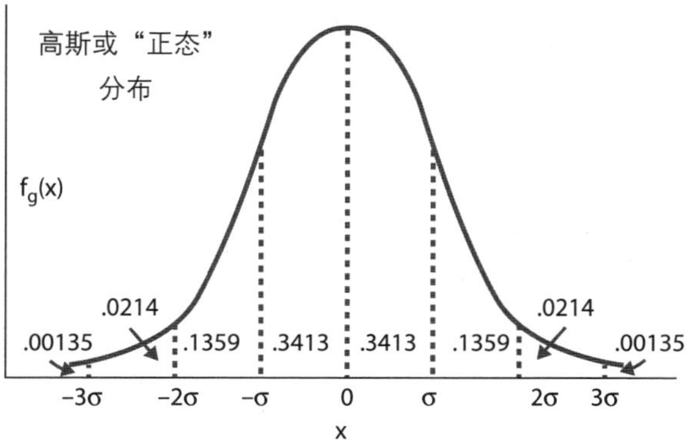

图 2-7 正态分布概率曲线图

横轴附近的数字表示每个区域中案例的百分比（比如在 0 和 σ 之间，你看到了 0.3413 这个数字，这意味着对于一个正态分布量，比如 IQ，你可能预计案例的 34.13 % 位于该区域内），而该区域被标记为标准差数（用小写的希腊字母 σ 表示）。

现在你看到了正态曲线，让我们再来看看过去 50 年标准普尔 500 指数（S&P 500）的日收益率，如图 2-8 所示。

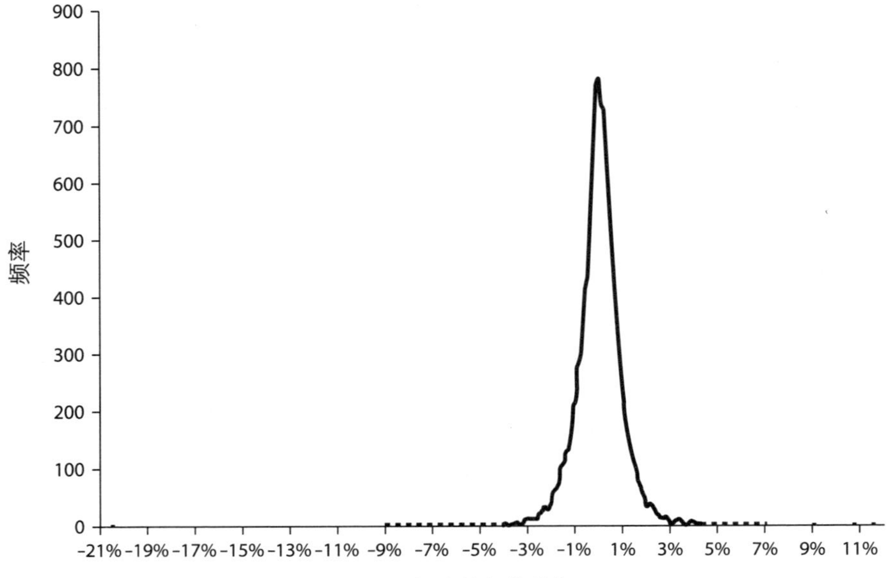

图 2-8　过去 50 年标准普尔 500 指数的日收益率

图 2-8 中的曲线与图 2-7 中的曲线之间有一个明显的不同，即这条曲线比那条看上去更尖一些。然而，通过观察 -21% 标记和 +11% 标记附近的情况，我们可以看到一个更明显的不同。如果标普 500 指数的实际收益是正态分布的，那么这些点就不会存在，即使再过 10 亿年也不会存在。如果实际上日收益是正态分布的，那么金融市场每隔几十亿年才有可能出现一次巨大的下跌（一次标准差值为 20 的事件）。相反，它们似乎大约每隔 70 年出现一次。

这些观察结果应当能够提供很好的证据，证明关于正态分布收益的假设是没有根据的。的确，经验证据表明，股市的收益被称为很强的尖峰（即所谓的“厚尾”），在某种程度上，这根本无助于让人认为它们呈正态分布。尖峰态分布有两个特征：（1）它们是尖的；（2）它们包含了相对大比例的尾端极值。一些理论家认为，理解股票收益的最佳方式实际上是将其想象成多个重叠的分布（而非高斯分布）即可。无论股票收益遵循怎样的统计分布，都肯定不是高斯分布。

事实上，直到 1987 年的大崩盘之前，期权交易者一直认为市场是正态分布的。在那之后，从业者开始对股价收益明显的尖峰本质做出反应，即对高价外看跌期权和高价内看涨期权收取远高于理论价格的费用，而且波动率微笑（volatility smile）也产生了，我们将在本书的第三部分对其进行详细讨论。这意味着 BSM 模型得以成立的第二个理论支柱是错误的。

股价根据无风险收益率进行上行漂移

平均而言，从 1926 年开始，股市的年复合增长率为 10%，而美国国债（无风险收益率基准）的平均年复合增长率为 5 %。因此，比较这些平均数似乎能够看出，股票在以大约两倍于无风险收益率的速度上涨。

然而，平均值可能具有误导性，因此在图 2–9 中，我分别绘制了标准普尔 500 指数和国债五年的滚动年复合增长率曲线。

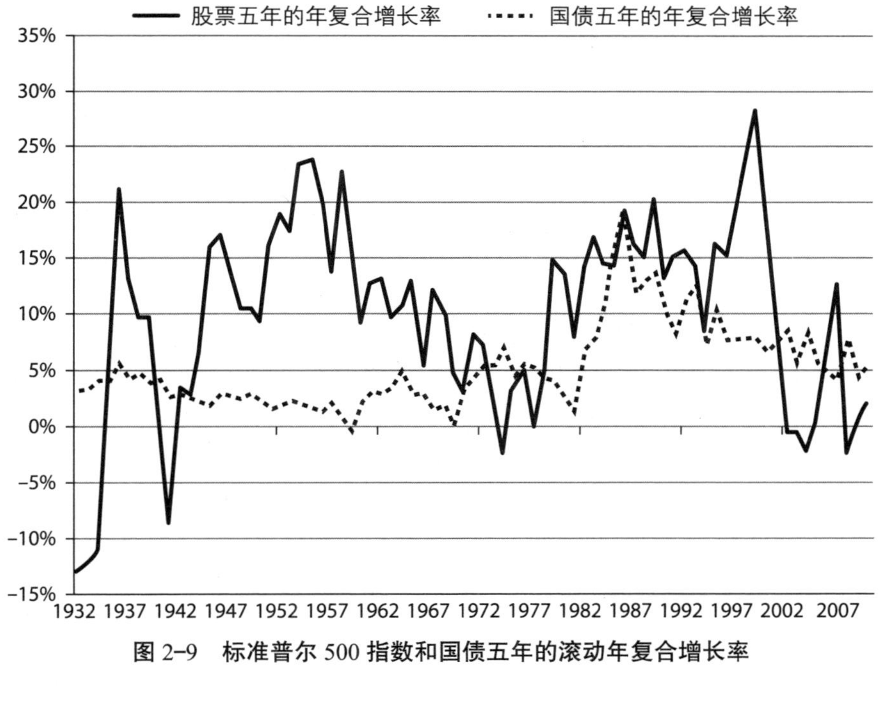

图 2–9　标准普尔 500 指数和国债五年的滚动年复合增长率

你从图 2–9 中可以看到，在经济大萧条时期，图中出现了一些明显的异常值，但总的来说，基于这种滚动，股票的收益也要远高于无风险金融工具。事实上，如果你让我猜测随机挑选的股票的五年滚动年复合年增长率将是多少，我可能会选比如 13% 这个数字，并会认为我当时至少有 80% 的准确率。当然，你从之前的图中可以看出，没有理由相信股票应当围绕无风险证券的收益率上涨。因此，BSM 模型得以成立的第三个理论支柱也是错误的。

没有税费，没有交易限制，所有的市场参与者均能以无风险收益率借款

只需看上一眼，甚至用不着说什么，BSM 模型的大厦就会倒塌，连一根柱子都剩不下。

对于聪明的投资者而言，期权定价的理论基础显然是错误的，这一事实是一个非常好的消息。聪明的期权投资的本质是要把 BSM 模型做出的机械且非理性的股价预测区间与投资者给出的聪明且合理的估值区间进行比较。由于 BSM 模型使用了如此荒谬的假设，所以这意味着聪明的、理性的投资者将拥有巨大的投资优势。我相信他们的确如此。

既然我们已经明了解了 BSM 模型是如何预测股票未来价格区间的，以及这种预测通常会出错的原因，现在就让我们来解释一下 BSM 模型做出的股价预测是如何与我们在期权交易所（比如芝加哥期权交易所）看到的期权价格联系起来的。

第3章

聪明的投资者的期权定价指南

阅读完本章，你应当明白以下 BSM 模型驱动因素的变化将如何影响期权价格。

1. 货币性。
2. 远期波动率。
3. 有效期。
4. 利率和股息生息率。你还将了解衡量波动率的三个要素，即远期性、隐含性和统计性。

你还将了解影响期权价格最大的驱动力是什么，以及多个变量同时变化对期权投资头寸的影响。在本书中我们不会尝试算出任何期权的精确价值，而只是帮助你学会根据我们对标的股票公允价值的理性预期，弄清楚期权价格何时明显过高或者过低。因此，我们将概述定价问题，比如“这只期权将比那只期权贵很多”。这种概述将我们从困难重重的计算工作中解放出来，因为很难计算给定期权的精确价格。BSM 模型的初衷是要给出一个精确的答案，但是对投资而言，只要知道某些证券的价格与其应有的价格存在差异，就足以让投资者获得投资的优势了。

为了实现成为聪明的期权投资者的目标，我们在本章中将第 1 章介绍的敞口区间与第 2 章介绍的 BSM 模型锥给出的隐含股价区间叠加起来进行分析。从这个角度看，我们将会了解到在给定区间获得敞口的代价有多大，或者通过接受该区间的敞口，我们能够获得多少收益。了解市场感知的某一敞口区间的价值，能够让我们在确定某只股票的估值区间后，确定要采用的最佳期权策略。

本章使用的术语如下所示。

执行价与股价比率	波动率
时间价值	远期波动率
内在价值	隐含波动率
票据期限	统计波动率
时间衰减	历史波动率

期权如何定价

在第 1 章中，我们从敞口区间的角度看到了期权的样子。第 1 章提出的结论之一是比起股票，期权更灵活。你只需认真思考一下就会明白，期权的灵活性一定是有价值的。它值得你只是为了得到股票的上涨潜力而不必担心股价下跌，以至于最终亏本吗？

我们在第 2 章讨论了 BSM 模型的原则，而该模型原本旨在准确回答这样一个问题：期权的公允价值是什么？按照我们知道的 BSM 模型采用的概率的思路，来考虑一下期权价格。假设我们通过买入执行价为 70 美元、期限为 365 天的看涨期权，以得到一只价格为 50 美元的股票的上涨潜力敞口。该期权头寸与 BSM 模型锥结合而成的风险–回报图如图 3–1 所示。

请注意，因为该看涨期权的执行价为 70 美元，所以我们获得的上涨潜力完全超出了 BSM 模型认为的可能合理的范围。根据 BSM 模型，这个期权就像一个七岁的孩子可能会和另一个七岁的孩子打赌：“如果你能够做到（某些实际上不可能做到的事情），我就会给你一大笔钱。”这件事情很危险或者根本不可能做到，因此为了怂恿其同学接受打赌，胆大的人必须给出惊人的回报。

离开游乐场，进入极端复杂的金融世界，为某人提供惊人回报的方式就是把风险资产的价格定得非常低。按照这个逻辑，我们能够猜到这个期权的价格应当非常低。事实上，通过思考关于这笔看涨期权投资的概率，我们能够进一步量化这个

"非常低"的价格。

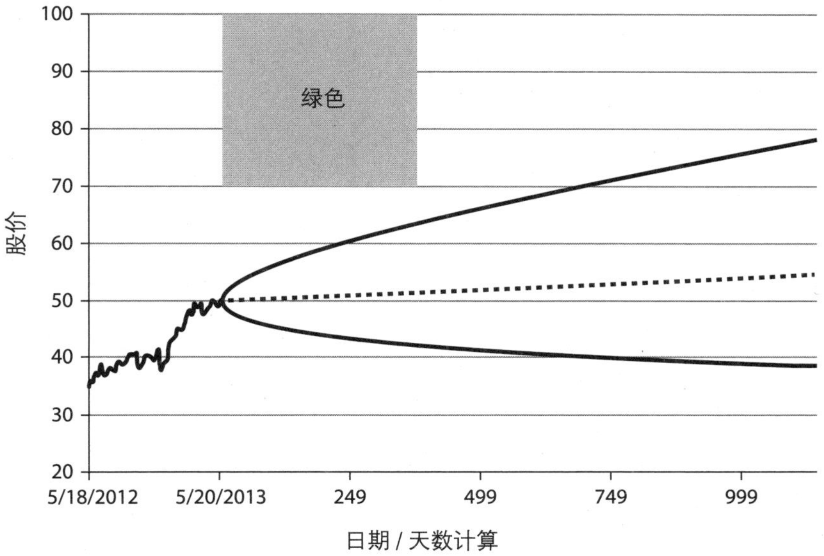

图 3-1 先锋建筑公司的风险–回报图

回顾一下第 2 章的内容，BSM 模型锥的线表示大约 16% 的发生概率。我们能够看到敞口区间在它之外，因此股票进入该区间的概率低于 16%。假设敞口区间刚好落在了 5 % 的概率水平上，这就意味着，如果你能够发现 20 笔相同的投资，并且把钱全部投进去，那么就只有一笔投资将为你带来回报（1/20 = 5%）。

因此，如果你认为每次投资成功都能让你得到 1 美元的话，你可能只愿意花 0.04 美元来玩这个游戏。在这种情况下，你可能只会用 0.04 美元下 20 次赌注，希望每次得到 1 美元，即一共花 0.8 美元，净得 0.2 美元，（在概率上）获得 25% 的回报。

如果成功的概率不是 20 ∶ 1，而是 5 ∶ 1，你愿意赌多少呢？有了期权，我们能够通过调整敞口区间轻松地提高成功的概率。假设我们把执行价下调至 60 美元，结果如图 3-2 所示。

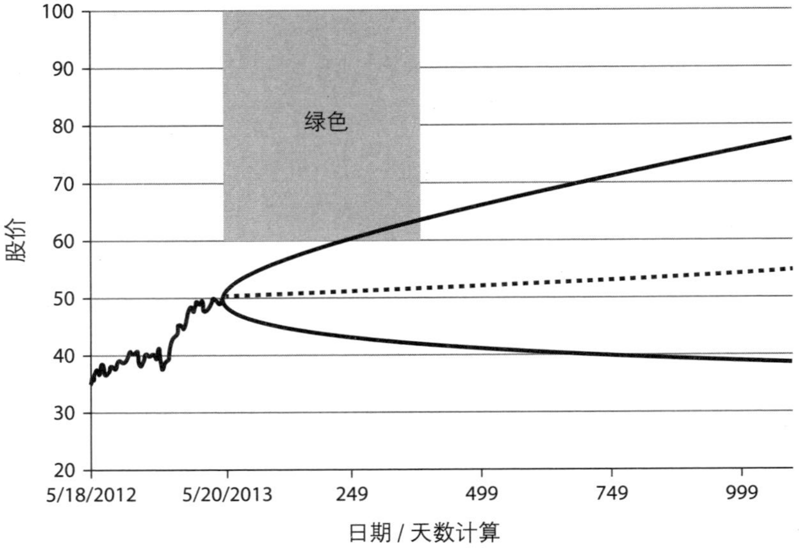

图 3–2　先锋建筑公司的风险–回报图

在下调了执行价后，我们得到的敞口区间的一角就会落入 BSM 概率锥中。由于股票进入该区间的感知概率非常大，所以这只期权的价格将比价格为 70 美元的看涨期权贵很多。

假设这只看涨期权支付其所有者 1 美元的概率是 1∶5，而不是 1∶20（换句话说，敞口区间在 16% 线以内，因此我们估算概率为 20%，即 1∶5），那么我们应当愿意为这笔投资投入更多的钱。如果我们期望每下 5 注能赢 1 美元，那么我们应当愿意为每次下注花 0.16 美元。我们期望一共付出 0.8 美元，净得 0.2 美元，我们预期的收益百分比为 25%。

需要注意的是，通过把预期 5% 的成功概率调到预期 20% 的成功概率来调低执行价，我们已经接受了将会支付四倍费用的事实。如果我们把执行价降至 50 美元，使敞口区间始于股票当前的价格，那会发生什么呢？很显然，这只平价期权仍会更贵，如图 3–3 所示。

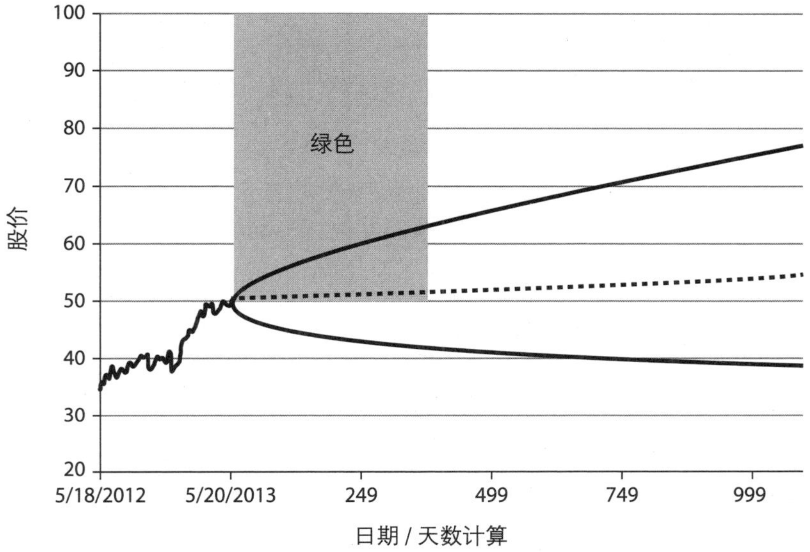

图 3-3　先锋建筑公司的风险-回报图

我们通过这只期权获得的上行敞口区间不仅落在 BSM 模型概率锥内，而且事实上，它还超出了虚线，这表明股票的未来价值“最有可能”与 BSM 模型的预测相吻合。换句话说，这只期权比 50% 的偿付机会好一些，因此按比例来说，它应当比我们之前的期权更贵。

为了说明期权合约概率定价的基本原则，我对之前提供的支付和概率进行了完善。然而，通过观察期权定价屏幕，很容易推断出与我提及的概率水平相关的价格年化率分别为 5%、20% 和 50%。

表 3-1 列出了与图 3-1、图 3-2 和图 3-3 相对应的看涨期权的相对市场价。① 该表还展示了看涨期权的价格占股票当前价格（50 美元）的百分比，以及执行价与市价的比率，而执行价与市价的比率说明了给定的执行价与股票当前的价格的差距有多大。

① 我们调整了实际期权合约的价格，并对其进行了年化处理，使其能够与我们之前所提到的概率水平相对应。要找到一只交易价正好为 50 美元的股票，而且期权市场预测的未来价格区间恰好就是我们在图中展示的价格，这几乎是不可能的。提供表 3-1 只是方便你了解人们在公开市场中购买具有不同货币性的看涨期权可能需要支付多少钱。

表 3-1　　看涨期权的相对市场价

执行价（美元）	执行价与股价比率（%）	看涨期权价格（美元）	看涨期权价格占股票价格的百分比
70	140	0.25 美元	50%
60	120	1.15 美元	230%
50	100	4.15 美元	830%

需要注意的是，我们每次下调执行价时，就是下调了执行价与股价的比率（有时缩写为 K/S，K 表示执行价，S 代表股价）。股票投资者就很容易理解这种关系以及与其相关的期权价格的变化了，因为这明显与方向性有关。这也正是我们采用执行价与股价比率的变化作为工具来解释期权定价的原因。还有其他一些变量会引起期权价格的变化，我们将在后面的章节中进行讨论。

我不会用长篇大论去解释，但看跌期权的定价方式是一样的。换句话说，图 3-4 展示的看跌期权会比图 3-5 展示的看跌期权更贵。原因在于前者的敞口区间比后者更接近于 BSM 概率锥。

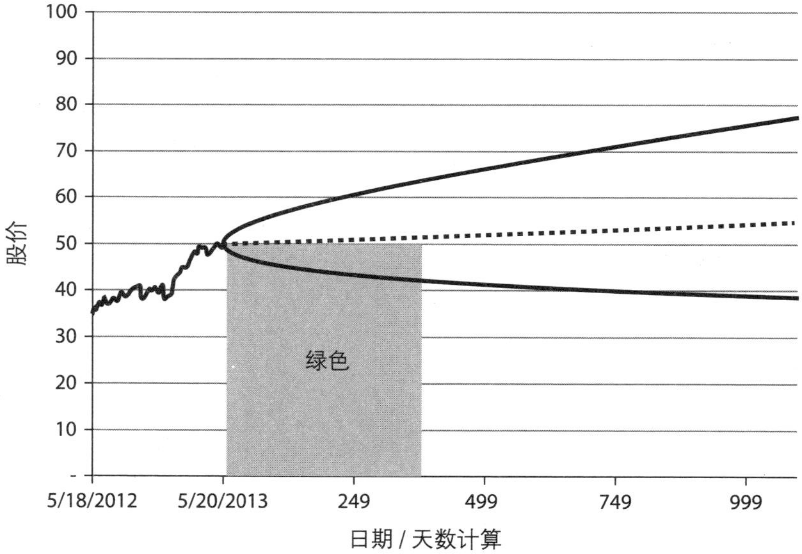

图 3-4　先锋建筑公司风险-回报图

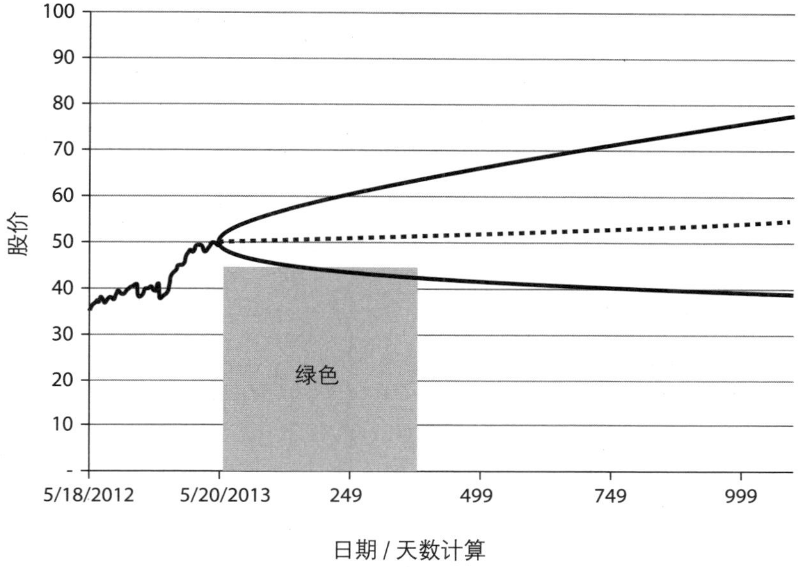

图 3-5　先锋建筑公司风险-回报图

我们能够推断出这些与看涨期权和看跌期权有关的经验，从而得出关于比较两只或者更多只期权价格的通用规则。相对于敞口区间完全位于 BSM 模型锥的期权来说，这些期权将会更加昂贵。我们可以用图 3-6 和图 3-7 来表示该法则。图 3-6 的看涨期权比图 3-7 的看涨期权要便宜得多。这是与图 3-7 的看涨期权相比，图 3-6 的看涨期权的敞口区间面积与 BSM 概率锥相交的部分要小得多。

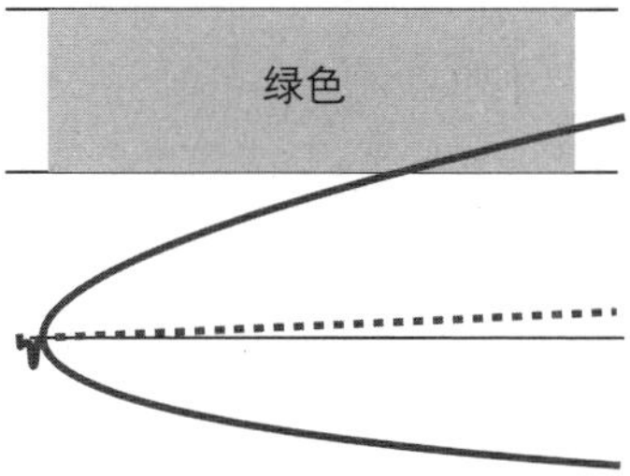

图 3-6　看涨期权 1 的价格

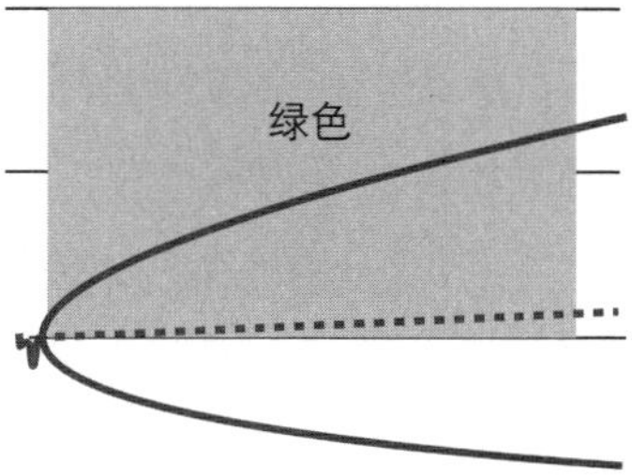

图 3-7　看涨期权 2 的价格

时间价值与内在价值

我希望你注意的一点是，到目前为止，我们讨论的期权要么是价外期权，要么是平价期权。价内期权（即价格敞口区间已经包含了股票当前价格的期权）可以像平价期权和价外期权一样买卖，而且定价原则也完全相同。也就是说，价内期权是根据其敞口区间与 BSM 概率圆锥的重合程度来定价的。

然而，如果我们思考一下价外看涨期权的案例就会意识到，为了获得股票上涨潜力所支付的价格是完全基于可能性的。将这个案例与价内看涨期权案例做对比可以看出，价内看涨期权的投资者不仅要为潜在的上涨敞口支付费用，还要为实际的上涨敞口支付费用。

当我们考虑为价内看涨期权定价时，我们将总期权价格分成两部分，一部分代表未来上涨潜力，另一部分代表实际的上涨。这两部分分别被称为时间价值和内在价值。看一个具体例子会更易于理解这个概念。假设我们为一只交易价为每股 50 美元的股票买入一只执行价为 40 美元、期限为一年的看涨期权。

我们知道看涨期权与股票的上涨潜力有关，而且买入看涨期权可以让投资者获得该上涨潜力的敞口。因此，如果买入执行价为 40 美元的看涨期权，我们就获得了 40 美元之上的所有上涨潜力。因为股票现在的交易价为 50 美元，我们正在买入两方面的上涨潜力：实际的上涨潜力和潜在的上涨潜力。我们实际买入的上涨潜力为 10 美元（50 美元 -40 美元），这被称为期权的内在价值。

对看涨期权和看跌期权均有效的内在价值可以被简单地视为价内期权的数量。然而，只要期权还未到期，期权的价格就会高于内在价值。原因是，尽管内在价值代表股价相对于期权执行价的实际上涨，但是股价未来仍有可能进一步上涨。段价进一步上涨的这种可能性就是之前提及的上涨潜力。在形式上，这被称为期权的时间价值。

假设股价为 50 美元、执行价为 40 美元的一年期看涨期权的价格 11.20 美元。以下例子中的期权价格被分解为内在价值和时间价值：

10.00 美元	内在价值：期权成为 ITM 的数量
+ 1.20 美元	时间价值：表示股票未来的上涨潜力
= 11.20 美元	整体期权价格

我在前面提到过，当看涨期权为价内看涨期权时，执行期权时几乎总是犯错。因为时间价值的存在几乎总是一个错误。如果我们执行了之前的期权，我们获得的收益正好是内在价值，即 10 美元。然而，如果我们卖出这只期权，我们获得的收益将是内在价值和时间价值的总和，在这个例子中为 11.20 美元，而且如果我们愿意，我们还可以用这些收益在公开市场上买入股票。

从风险回报的角度看，我们表示买入一只价内看涨期权的方式如图 3-8 所示。

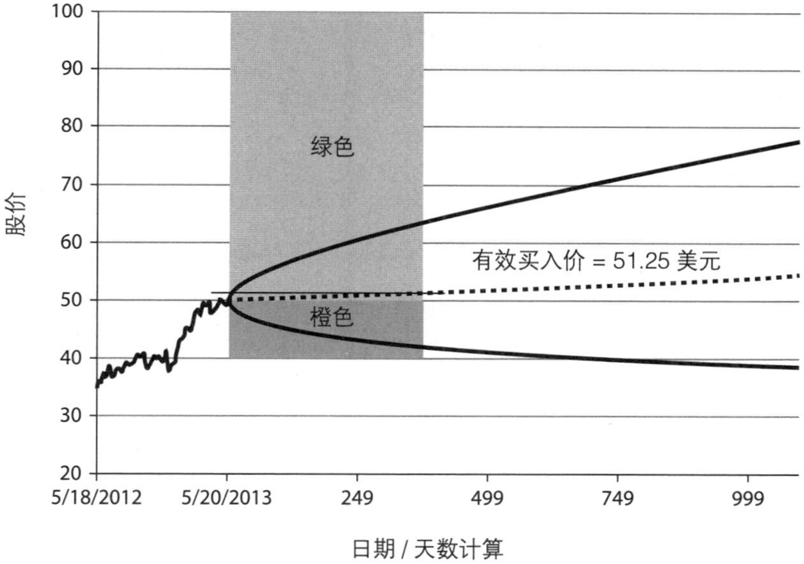

图 3-8　买入先锋建筑公司价内看涨期权

通常，我们习惯将收益敞口涂成绿色，但是在价内期权中，我们将用橙色表示内在价值的敞口区间。这样做将提醒我们，如果股票从目前的 50 美元开始下跌，我们就将失去已经支付的内在价值。

还要注意的是，我们（双色的）敞口区间完全与 BMS 概率锥重合。回顾一下，该圆锥之上或者之下的每条线分别代表着高于或者低于16%的概率，我们能够根据期权市场判断出该股票在一年内有84%的机会以40美元或者以上的价格进行交易。①

另外，本例中采用的定价方法为组合式定价，但是如果我们看一下当前市场上的期权价格，并且重新调整之前表格将这只价内期权包括进来，我们将会得到表3-2。

表3-2　期权的市场价

执行价（美元）	执行价与股价比率（%）	看涨期权价格（美元）	看涨期权价格占股价的百分比
70	140	0.25	0.5
60	120	1.15	2.3
50	100	4.15	8.3
40	80	10.85	21.7

令人困惑的是，任何人都会在其投资计划中使用价内策略。毕竟，如果股价下跌，你最终会支付更多的钱，并且面临亏损。直到我们在本书第三部分中更详细地探讨期权投资策略之前，我请求你们不要怀疑。现在的重点是：（1）了解时间价值和内在价值之间的差异；（2）看看价内期权如何定价；（3）了解我们用图表示价内期权的常用方法。

从这些图和例子中可以清楚地看出，随着敞口区间远离BSM概率锥期权价格也会提高。然而，这并不是期权将改变价格的唯一情况。随着时间的流逝，BSM概率锥本身的大小也可能发生变化。当锥的大小发生变化时，锥内的敞口区间面积也会发生变化。让我们来进一步探讨一下这个概念。

① 概率为84%是因为价格的底线表明该股票下跌的概率只有16%。如果在一年内，该股票低于40美元的概率为16%，那肯定意味着在一年内，该股票高于40美元的概率为84%。我们说“稍微优于84%的概率”是因为你会注意到，与圆锥底线对应的股价大约是42美元，略高于执行价。比如，40美元的标价可能对应的是股价下跌的概率为13%，反过来，这意味着股价在一年内超过40美元的概率为87%。

市场条件的不断变化如何影响期权价格

在第 2 章开始时，我讲了一个与打赌有关的直观例子，即一对夫妇是否能够按照预定时间赶到餐厅。现在，我们回顾一下这个例子，并且看看这些输入信息如何转换成股票期权的情况，如表 3–3 所示。

表 3–3　　晚餐订位与相应的股票期权

晚餐订位实例	股票期权
还有多久到订位时间	期权的合约期[①]
家到餐厅的路程	执行价与当前市场价之间的差异（即执行价与股价的比率）
交通情况 / 遇到红灯的可能性	人们认为股票回报可能会上下波动多少
平均出行速度	股市漂移
油费支出	红利支出

看看这些输入信息，很显然，当我们动身去餐厅时，唯一一个不确定的信息就是交通情况和交通灯的数量。

同样，当使用 BSM 模型计算未来股价区间时，一个不可知却必须要估算的输入信息就是股票在期权合约期内的变动幅度。因此，关于该变量的各种预期成了决定期权价格唯一最重要的因素，而且当人们谈论期权时提及最多的是波动率（vol）也就不足为奇了。

这个因素被称为远期波动率，其正式定义是围绕远期股价上下波动的预期标准偏差。这个定义听上去很耳熟是因为这也是 BSM 模型锥的定义。从某种程度上说，在无法直接看到预期时，我们也只能对远期波动率进行猜测了。

从期权价格自身的表现可以看出，期权市场对远期波动率的最佳猜测被称为隐含波动率。在接下来的章节中，我们将更详细地讨论隐含波动率，并介绍如何使用期权市场价以及第三部分将会讲到的远期波动率来建立 BSM 模型锥。

① 票据期限只是一个用于期权和债券的特殊词汇，意思是到期 / 到期前的剩余时间。稍后，我们将明白，期权的票据期限通常从一个月到一年，而且特殊的长期期权有几年的票据期限。

另一种经常被提及的测量波动率的方法被称为统计学波动率（又称历史波动率）。这是一个纯描述性统计，用于测量股价过去的实际波动幅度。因为它只是一个回顾过去的统计数据，所以并不直接影响期权定价。尽管统计学波动率对期权价格并不产生直接影响，但是一种被称为“锚定”的行为偏差，能够对其产生间接影响。波动率是一个很难理解的概念，更不用说试图去预测其数值了。大多数市场参与者不会试图预测远期波动率应当是多少，而只是简单地看看最近统计的波动率，并且采取某种缓冲策略得出其认为的隐含波动率合理值。换句话说，他们在心理上锚定了统计学波动率，并使用这个锚帮助他们确定远期波动率应当是多少。人们为了缓冲统计学波动率所使用的缓冲量会因股票类型的不同而不同，但通常我们能够计算出，市场的隐含波动率将比统计学波动率高出 10 个百分点。重要的是我们要认识到，这种计算远期波动率的方法完全就是痴人说梦（所以你不要去模仿）。而人们却总是在金融市场中做着傻事。

然而，人们对某一给定期权给出的远期波动率是合理的，从而可以肯定的是，对波动率的看法的变化是市场上期权价格的主要驱动因素之一。为了理解其运作方式，我们来看看当我们改变对远期波动率的看法时，BSM 模型锥会发生什么。

不断变化的波动率假设

假设我们正在分析一只期限为 2 年、执行价为 70 美元的期权。我们进一步假设市场预期这只股票的远期波动率为每年 20%。从直观上看，我们的假设得出的结论如图 3–9 所示。

每年 20% 的远期波动率说明，在三年之后，根据 BSM 模型的计算，这只股票的价格最有可能为大约 41 美元（低位）至大约 82 美元（高位）。而且，我们根据第 2 章的调查可以知道，这只期权将会有价值，但可能不太多，大约与我们在第 2 章中看到的那只执行价为 60 美元的一年期看涨期权相同，或许还会略高。①

现在，我们将对整个合约期的波动率的假设增加到每年 40%。增加波动率意味着 BSM 概率锥在每个点上变宽了。简单地说，我们说的就是在期权期限内，期权的价格可能会出现更多的大幅波动，因此可能的结果范围更广了。

① 我们没有进行任何复杂的数学运算来解决这个问题。我们只是认真地观察了图中锥内敞口区间的区域，并且回想起执行价为 60 美元、期限为一年的期权的锥内区域与其是大致相同的。

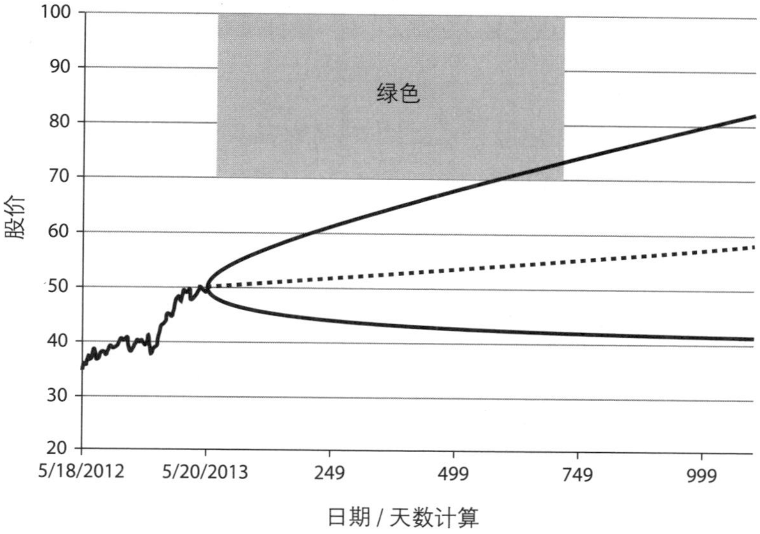

图 3-9　先锋建筑公司的期权价格

如果我们把假设的隐含波动率从 20% 翻倍至 40%，期权的价格如图 3-10 所示。

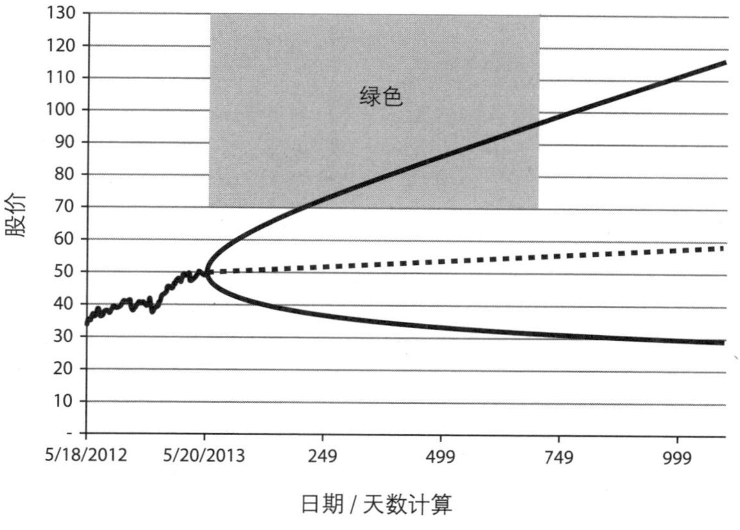

图 3-10　先锋建筑公司的期权价格

与图 3-8 相比，看看新的 BSM 概率锥延伸至敞口区间多远！在每年 40% 的远期波动率的假设下，通过 BSM 模型计算得出的该股票的价格最有可能为 30 美元至大约 120 美元。

看看新的 BSM 概率锥所包含的敞口区间我们就能知道，股价在两年后达到 70 美元或者更高的可能性远高于我们假设远期波动率为 20% 的时候。因为新的 BSM 模型锥包含的敞口区间的区域要大得更多，我们能够肯定的是，这只期权现在将更昂贵。

现在，我们来看看相反的情况。假设波动率是我们当初假设的每年 20% 的一半，先锋建筑公司的期权价格如图 3-11 所示。

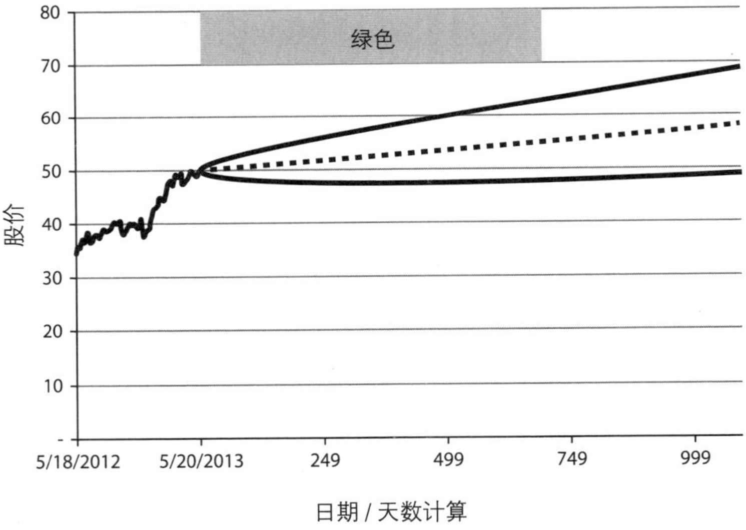

图 3-11　先锋建筑公司的期权价格

我们从假设中出现的这种变化能够看出，在未来三年中，这只股票的价格最有可能为 50 美元至 70 美元。因此，根据 BSM 模型可以得出，股价在两年后到达 70 美元的概率从有可能（第一个例子中 20% 的波动率）到极有可能（第二个例子中 40% 的波动率）再到很少有可能（第三个例子中 10% 的波动率）。BSM 概率锥根本没有包含看涨期权敞口区间这一事实清楚地说明了这种“非常不可能”的特征。

在每一种情况下，我们在画图时都会先选取一个假设的波动率，然后查看期权在某个执行价的价值。实际上，期权市场参与者的操作顺序与此相反。换句话说，他们观察市场上正在交易的一只期权的价格，然后用这个价格和 BSM 模型以数学方式还原期权价格隐含的波动率百分比。这就是隐含波动率这一术语的含义，而且这是期权价格本身展示出期权市场参与者对远期波动率的最佳猜想的过程。

的确，很多期权投机者对 BSM 模型隐含的股价区间完全不感兴趣，而是热衷于期权价格因波动率锥宽度的变化而出现的显著变化。例如，一位交易者之前看到展示了远期年化波动率为 10% 的图，他可能假设这家公司应当以 20% 的波动率交易，并将买入这只期权，希望随着合约隐含波动率回归正常，期权的价格将上涨。

这类市场参与者谈论起买入和卖出波动率就好像隐含波动率本身就是一种商品一样。在这类期权交易中，投资者假设特定股票或者指数的期权合约的交易价应当始终与隐含波动率大致相同。[①]当隐含波动率从正常范围变化（要么增加，要么减少）时，期权投资者要么买入期权，要么卖出期权。要注意的是，这类期权交易不仅完全忽略了标的公司的最终价值，而且还忽略了标的股票的价格。

正是这类策略引发了我们在第 1 章中提到的复杂的短期期权交易策略，这些策略的目的是为了保护投资者在交易期权时不受期权固有方向性的影响。我们采取了这种交易方式，尽管使用这类策略的确可能挣到钱，但是因为多项期权必须一次达成（以控制方向性风险），而且因为很多类似的交易需要在一年中进行，在你支付交易成本之后，假设你将无法一直赢得这些赌局，如果有人要为风险承担责任，那么你使用这些策略所获得的回报会很低。

当然，这类期权交易允许经纪人从每笔交易的买卖价差和手续费中挣钱，因此他们往往会鼓励客户以这种方式进行交易。在经纪人和投资者的关系中，对此方有利之事必然对彼方不利，因此，总的来说，对投资者有益的策略（比如我们将在本书第三部分中讨论的聪明的期权投资方法）比对经纪人有益的策略更受追捧。

我们已经讨论过对期权价格影响最深远的两个驱动因素：执行价与股价比率的变化以及远期波动率预期的变化。然而，在合约期内，期权价值变化最恒定的驱动因素就是有效期。接下来，我们会讨论这一因素。

---

① 换句话说，在这种交易中，人们锚定的是近期隐含波动率，而不是近期的统计波动率，来预测未来的隐含波动率。

不断变化的有效期假设

为了搞清楚有效期对于期权定价的重要性，我们将波动率假设固定在每年 20%，而且假设我们正在买入一只执行价为 60 美元、期限为两年的看涨期权。首先，我们来看看期限为两年的期权的基本图形，如图 3–12 所示。

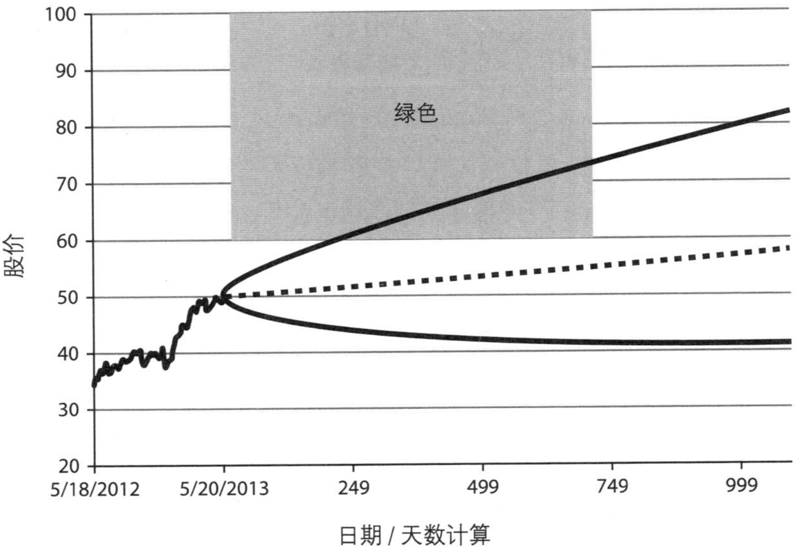

图 3–12　先锋建筑公司的期权价格

很明显，由于敞口区间大范围地与BSM概率锥相交，这只期权的价格将相当昂贵。

现在，我们看一下在相同标的股权上有着相同的执行价，但期限只有一年的期权的情况，如图 3–13 所示。

与我们的预期一致，把到期日从 730 天缩短至 365 天的确改变了用 BSM 模型计算出的看涨期权超过 60 美元的可能性，从非常有可能变成几乎不可能。另外，在对比一年期期权与两年期期权时我们观察到，与 BSM 概率锥相交的敞口区间的面积要小得多，这一点能够得到直观的证实。

的确，即使没有图 3–12 和图 3–13，我们也能看出这只股票涨至 60 美元的概率在距到期日前减少了，这只是因为 BSM 概率锥的轮廓线与敞口区间的对角线相切。当 BSM 概率锥的轮廓线接近敞口区间的边缘，而且当最终下降至其下方时，感知概率则降至 16%，然后更低。我们根据 BSM 概率锥的形状预计，期权将随着时间的流逝而贬值。

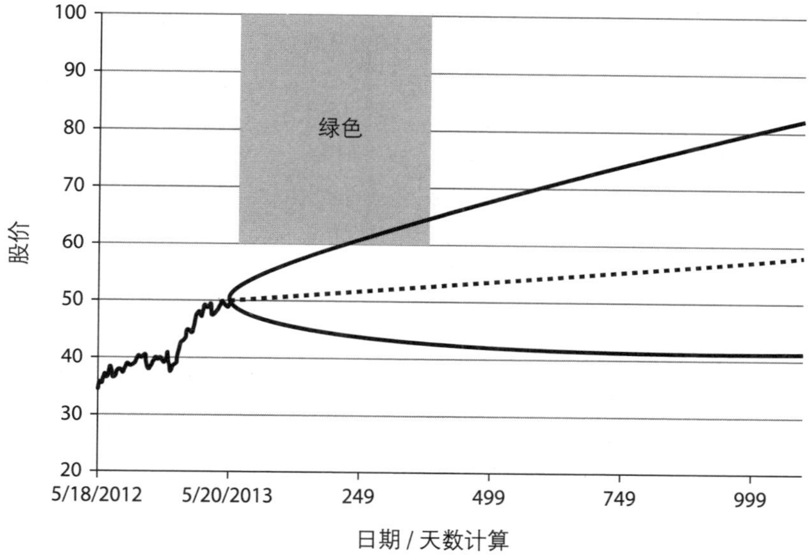

图 3–13　先锋建筑公司的期权价格

这种效应在期权界有一个特殊的名字，即时间衰减。时间衰减意味着即使股价或者其波动率在整个期权合约期内变化不大，但是该期权的价值仍将缓慢减少。时间衰减受制于 BSM 模型锥的形状以及 BSM 模型锥内包含的期权敞口区间的程度。需要记住的两条基本规则如下。

1. 在距到期日还剩下三个多月时，时间衰减最慢，而且距到期日越近，时间衰减越快。
2. 对于价内期权来说，时间衰减最慢，而且越接近价外期权，时间衰减越快。

通过观察图 3–14，我们能够理解第一条规则：随着期权临近到期日，时间衰减加快了。

不同两点处的曲线斜率大小显示了时间衰减的相对速度。因为斜率越大，合约的时间越少，所以该点上的时间衰减也越快。

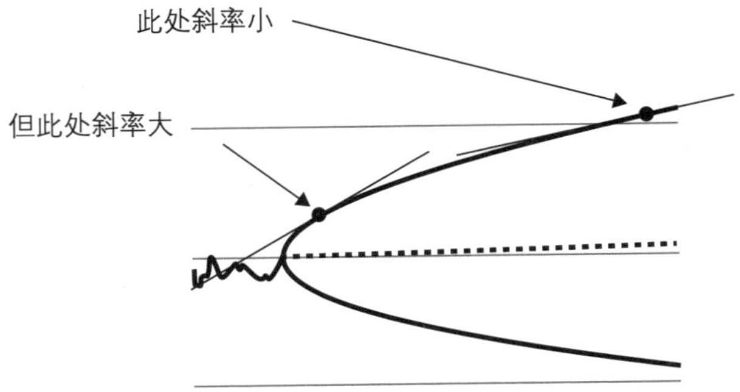

图 3-14　期权的时间衰减效应

通过观察图 3-15 和图 3-16，我们能够理解第二条法则：价外期权的贬值速度比价内期权快。

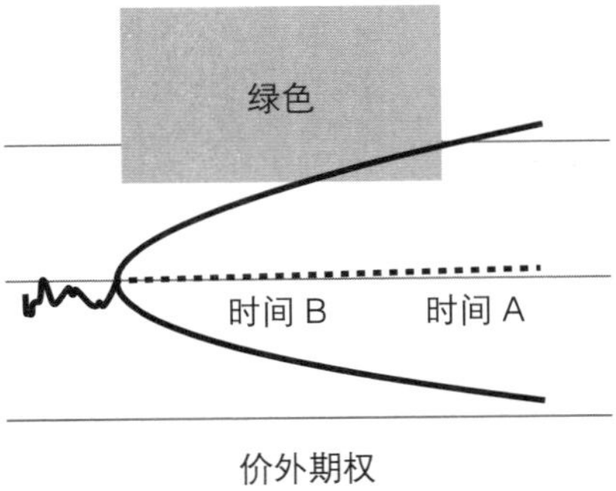

图 3-15　价外期权的时间衰减

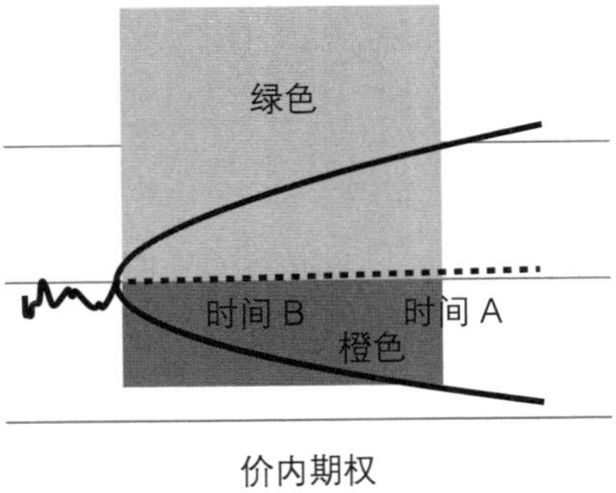

图 3-16　价内期权的时间衰减

当价外期权位于时间节点 A 时，我们看到 BSM 模型锥内包含一些敞口区间。然而一段时间过后，当我们位于时间节点 B 时，BSM 模型锥内完全没有敞口区间。相反，价内期权在时间节点 A 和 B 时，BSM 模型锥内包含了整个敞口区间。当然，时间节点 B 处的敞口区间的面积不如时间节点 A 处的那么大，然而，BSM 模型锥内却完全包含了敞口区间的面积。

从理论上说，时间衰减是一个常数，但有时实际市场定价与理论并不完全相符，特别是对于那些交易量稀少的期权。例如，你可能连着几天都没有看见某只期权的价格发生变化，然后即使该股价没有太大变动，你会看到报价突然下跌了 5 美分。

这是一种报价功能，即经常按照 5 美分而不是 1 美分增值，而且对以流动性衡量的期权缺乏“兴趣”。

其他假设发生变化

BSM 模型的其他输入假设（股市漂移和股息生息率）对于预测我说的“常态”经济环境下的预期的未来产出区间影响不大。理由是这些假设并没有改变 BSM 模型锥的宽度，而是改变了远期股价线的倾斜度。

要记住，将利率提高几个点的影响仅仅是将远期股价线向上抬高了几度，而提高股息的假设则会起到相反的作用。只要利率和股息生息率仍保持在正常的限度内，你就很难根据这些变量的变化看出预测区间（或者期权价格）的差别。

变量同时发生变化

在之前所有的例子中，除了一个常量之外，我们已经掌握了所有变量，并且明白了期权价格是如何随着一个“自由”变量的变化而变化的。我们需要花些时间习惯的事情是，事实上，当人们第一次做期权交易时，当另一个变量发生变化时，变量并不是全部静止不动。正如我们所看到的那样，决定期权价格的两大因素是执行价与股价比率以及远期波动率假设。由于它们是两个最大的决定因素，我们来看一些常见的例子，看看当两个变量中的一个出现变化时是如何抵销或者加剧了另一个出现的变化的。

以下几个例子说明了变量有时候是如何相互作用的。对于每个例子，我都假设投资时间比我平时的投资时间要短，因为大多数受过某些不利的变量组合伤害的人又因交易短期合约而加剧伤痛，而短期合约的时间价值的影响力尤为严重。

下降的波动率抵销了准确的方向性预测

假设我们预计先锋建筑公司发布公告称，它将发布一款新产品，而且我们相信该产品的发布将使股价在短期内大幅上涨。我们认为 50 美元的股价可能会飙升至 55 美元，因此我们买入了一些执行价为 55 美元的短线看涨期权，认为如果股价真的大涨，我们就可以在执行价为 55 美元时卖出这些看涨期权，美美地赚上一笔钱。我们的做法如图 3–17 所示。

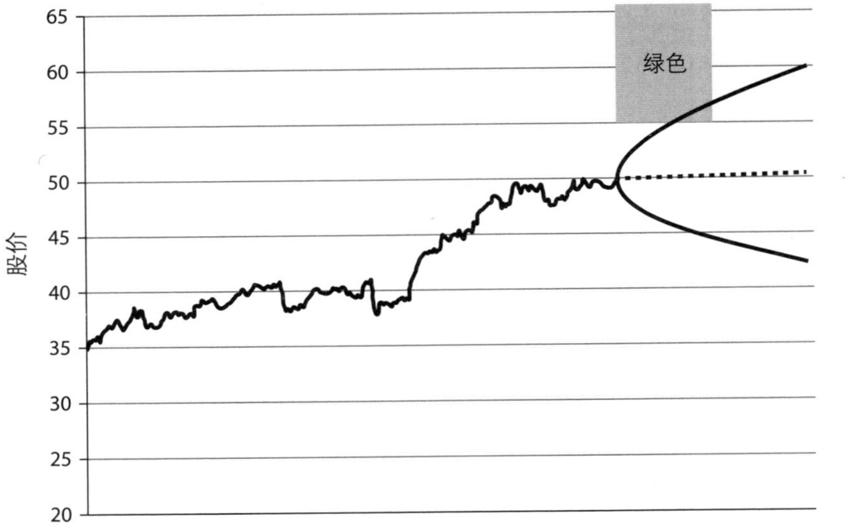

图 3–17　先锋建筑公司的期权价格

从图 3–17 中你应当能够看出，这只看涨期权应当相当便宜，即在 BSM 模型锥内，看涨期权的敞口区间有一个小角，但面积不大。

现在假设我们的分析绝对正确。就在我们买入看涨期权之后，该公司发布了公告，股价上涨了 5%。这将使执行价与股价比率从 1.05 变成 1.00。在所有条件不变的情况下，这应当会提高期权的价格，因为 BSM 模型锥内包含的敞口区间变大了。

然而，随着股价的上涨，我们假设除了隐含波动率下降之外，不是所有事情都一成不变。实际上，这种情况经常发生，期权市场中到处都是有头脑、有眼光的人，当认识到围绕某个产品公告的不确定性或者正在增长的事物，他们就会哄抬期权价格，以期在股价快速波动的过程中获利。在图 3–17 中，我们假设隐含波动率为每年 35%。假设这个波动率急剧下降至每年 15%，来看看会发生什么，如图 3–18 所示。

股价迅速上涨，但是正如你所看到的那样，随着市场重新评估了该股短期价格区间的不确定性，BSM 模型锥缩小了。BSM 模型锥猛然收紧，以至于它完全抵销了标的股票价格的迅速变化，所以现在，这只期权实际是贬值了。

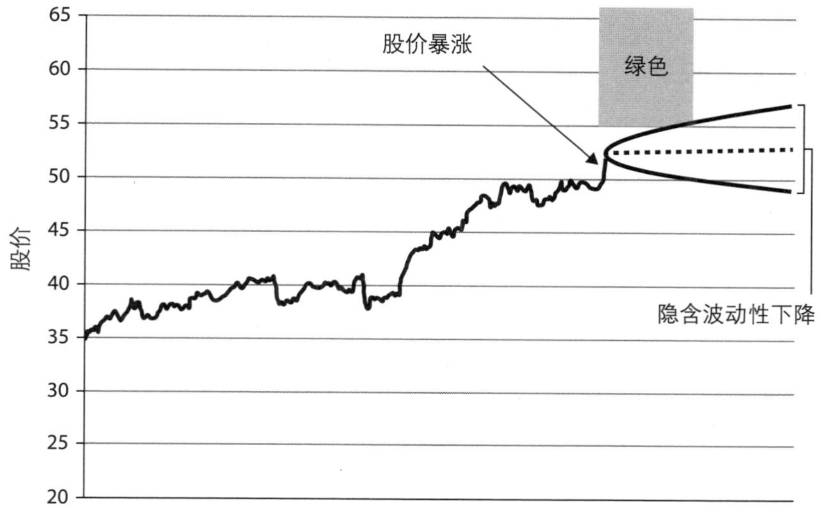

图 3-18　先锋建筑公司的期权价格

当然，我们知道它贬值了，因为在公告发布后，BSM 模型锥内仅剩下最小的一片看涨敞口区间。

波动率上升无法抵销不准确的方向性预测

假设我们看好羚羊自行车公司（Antelope Bicycle Co.），并且注意到其波动率看起来“很便宜”，于是买入了该股的看涨期权。在这种情况下，投资者会期待从股价和隐含波动率的上升中获利。这种情形的确会放大投资者的利润。

在羚羊自行车公司股票的交易价为 50 美元时，我们买入了 10% 的价外看涨期权，期限为 60 天。

第二天上午，当我们查看电子邮件和股票提醒时，我们发现羚羊自行车公司的自行车曲轴使用的合金材料在使用过一定次数后会发生自燃。这已经造成羚羊自行车公司的一些自行车用户严重受伤，而且集体诉讼的可能性非常高。股市开市后，该公司的股价狂跌 10%。与此同时，由于产品责任索赔的不确定性增加，期权的波动率从 15% 飙升至 35%。现在的情况如图 3-20 所示。

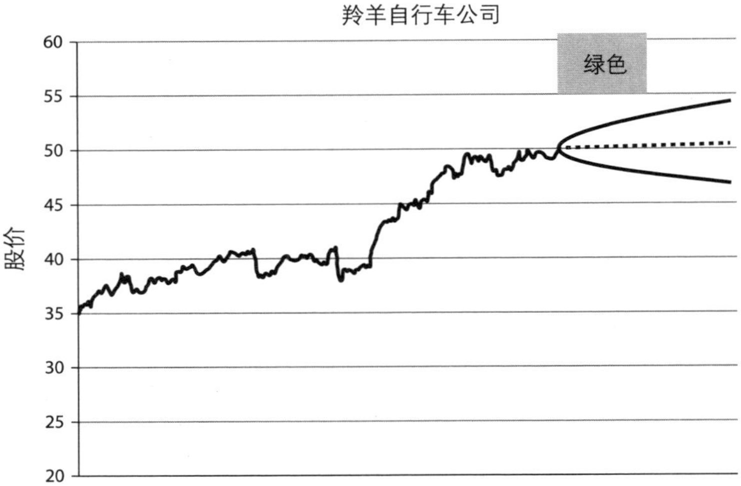

图 3-19　羚羊自行车公司的期权价格

图 3-20　羚羊自行车公司的期权价格

这一次我们是对的，羚羊自行车公司的隐含波动率看起来太便宜了。但是由于犯了方向性错误，我们正确的波动率预测却在财务方面对我们没有什么好处。股价已经大幅下跌，甚至伴有隐含波动率的大幅上升，我们的期权价值很可能会低于刚买入时的水平。而且，由于期权现在比原来更趋于价外，所以时间衰减更为明显。

因此，只要股价保持在新的 45 美元的水平，我们的期权就会随着时间的流逝而迅速贬值。

波动率的上升放大了准确的方向性预测

这些例子说明，期权定价变量的变化不利于投资者，但事实证明，这些变化也的确有利于投资者。例如，假设我们发现一家名为农用硼制品公司（Agricultural Boron Co.）的公司，我们之所以认为该公司的市值被严重低估了，是因为其掌握着生产农用硼合成物的专利方法。我们决定买入 10% 的价外看涨期权。隐含波动率保持在大约 25%，但是我们的期权价外性非常充分，所以它不是很贵（见图 3–21）。

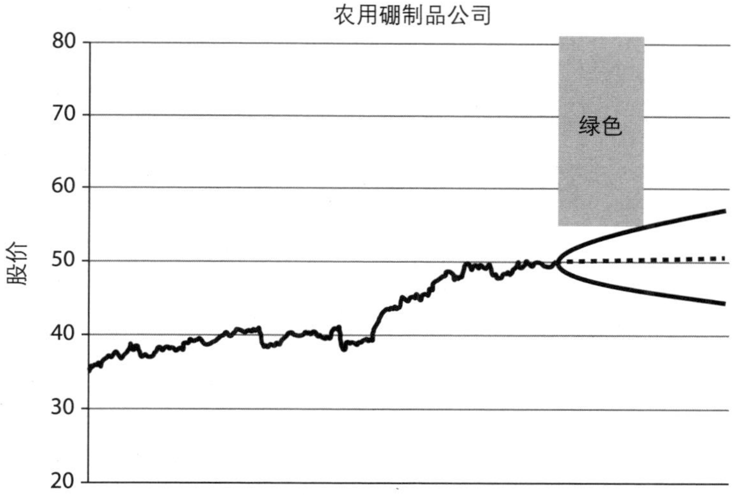

图 3–21　农用硼制品公司的价外看涨期权

就在我们买入这些看涨期权的第二天上午，化工业巨头美国杜邦公司宣布，它将发起一项恶意收购，并向农用硼制品公司的股民们支付高于当前市场价 20% 的溢价，即每股 60 美元。杜邦公司在声明中提到，它想要独家享有农用硼制品公司的硼加工技术。市场立刻想到了德国化工巨头巴斯夫公司，并且相信巴斯夫公司将给出更高的还价，以免农用硼制品公司革命性的硼加工技术落入杜邦公司手中。由于关于还价的可能性有不确定性，甚至是杜邦公司的报价可能不会被接受的不确定性，合约的远期波动率会上升。最终结果如图 3–22 所示。[①]

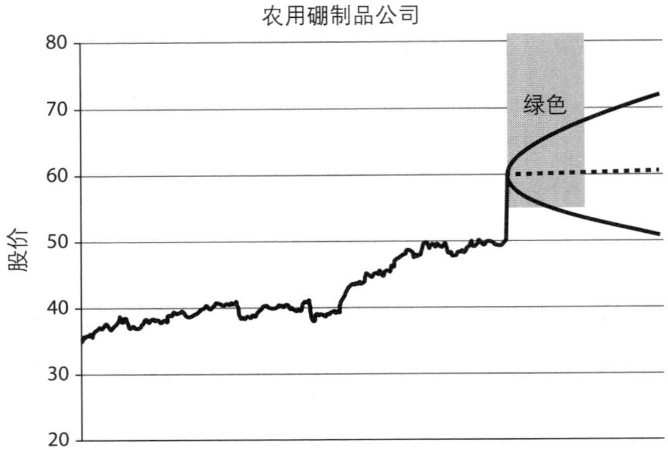

图 3–22　农用硼制品公司的价外看涨期权

有了这则令人高兴的新闻报道，我们的看涨期权从几乎一文不值变得多少有些价值了，也就是说，波动率的上升放大了股价上涨的效应，并且能够使我们从期权定价的两个驱动因素中获利。

当你考虑用期权来投资可能的收购目标时，这个令人高兴的故事有一项重要的后续内容值得你牢记。也就是说，当消息宣布时，我们的 BSM 模型锥变宽了很多，因为市场认为可能会有更高的还价或者这笔交易会失败。相反，如果杜邦公司发布的公告称它已经与农用硼制品公司的董事会建立了融洽的关系，而且其报价已经被接受，那么关于农用硼制品公司未来的不确定性将降至零（即市场会知道，除非有反垄断方面的担忧，杜邦公司会在宣布它完成交易时关闭这笔交易）。在这种情况下，隐含波动率仅会下降，看涨期权的价值将变成内在价值（换句话说，这只期权不具备可能性或者时间价值）。这种情况如图 3–23 所示。

① 请注意，即使这个期权现在是价内，当买入期权时，我们没有为任何内在价值支付费用。因此，我们将整个敞口区间涂成绿色。

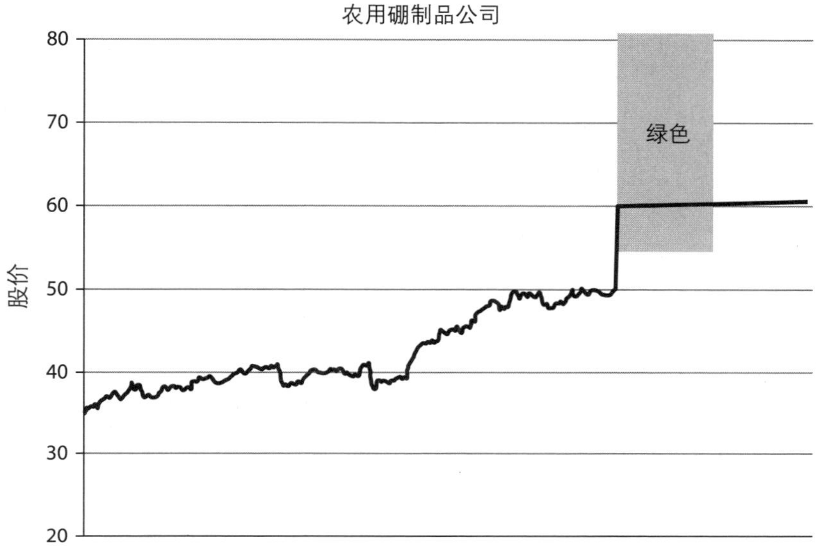

图 3-23　农用硼制品公司的看涨期权

我们在极小的投资基础上（假设 0.5 美元左右）仍赚到 5 美元的内在价值，但如果情况仍不确定，我们想要赚到更多。

现在，你已经很好地了解了期权是如何运作的，以及如何从理论角度为它们定价。尽管通过学习第 2 章，我们可以清楚地看到 BSM 模型自身的缺陷，但不可否认，在一定的时期内和一定的条件下，该模型还是有效的。当 BSM 模型在期权定价方面表现得相当好时，聪明的期权投资者会希望避开这些情形；而当其表现不好时则意味着，对聪明的投资者最具吸引力的机会来了。

既然你已经充分了解了期权的运作和定价方式，我们就来看看如何能够比 BSM 模型更好地预测估值区间。这就是本书第二部分的主题。

THE

INTELLIGENT

OPTION INVESTOR

APPLYING
VALUE INVESTING
TO THE
WORLD OF
OPTIONS

第二部分

一套合理且灵活的价值评估体系

读完第一部分后，你应当对期权的运作原理以及期权价格如何预测股票的未来价格有了一个很好的理论把握。这将指引你达成成为聪明的期权投资者的目标。

下一步就是要了解如何对一家企业的价值做出明智的、合理的预估。如果一个人没有充分了解标的股票的价值，那么他或她用自己的资本买入或者卖出期权是毫无意义的。

对于大多数投资者（包括专业投资者和个人投资者）来说，问题在于他们对如何预估股票的价值感到困惑。因此，即使是那些明白 BSM 模型是如何预测股票未来价格的投资者，都没有信心能够做得更好。

有一个理由可以充分解释专业投资者和个人投资者都会困惑的原因：没有人教导他们要注意正确的事情。大体上，个人投资者并未接受过关于估值分析基本工具的培训，他们不了解贴现现金流以及经济交易是如何在一系列财务报表中得到体现的。而专业投资者在这些方面接受了全面的培训，但他们往往把时间花在考虑那些无关紧要的细节上，只是因为他们一直被培训这样做，还因为他们的收入通常依赖于短期业绩，而非长期绩效。他们拥有世界上所有的工具，却被教导应用这些工具来回答错误的问题。

本书的第二部分为确定公司的价值提出了一种常识性方法，旨在为个人投资者提供他们所需要的工具，并为个人投资者和专业投资者提供一个框架，使他们将注意力只集中在最重要的事情上，而忽略其他事情。

第 4 章讨论了我所谓的“估值的黄金法则”。第 5 章着眼于影响股票长期价值的四个要素，并提供了一种方法，来评估公司在其整个经济生命周期中所创造的价值。第 6 章研究了我们在投资决策过程中可能出现的行为偏差和结构性障碍，并且提供了避免它们出现的工具。

总体而言，我写这些章节是想从概念的角度提出估值框架，其中省略了关于财务报表项目的很多细节。当然，这些细节虽不在本书写作范围内，但也很重要，认为自己可以在不了解这些细节的情况下就将理论转化为实践是不现实的。

第 4 章

估值的黄金法则

请你牢牢记住以下定义：

> 资产的价值是其以所有者的名义在其经济生命周期中所创造的现金流的总和。

与大众观点相反，估值并非难事。如果一个人要给一家公司估值并且预估一只股票的公允价值区间，他并不需要会计学硕士学位或者成为一位财务报表分析专家。他唯一需要做的就是牢记以上的定义，并且了解一段时期内影响企业现金流的几个因素。

本章重点关注的是使用估值的黄金规则（你已经记住了这个规则）开发出的一个理论框架，并逐字逐句地研究这个简单定义中的每个部分，每个部分都对应不同的章节。本章内容如下所示。

1. 资产的价值：我们给出了资产的特定定义，并且讨论了价值和价格之间的区别。
2. 以所有者名义产生的现金流：确定在评估一项资产时需要测量的现金流。
3. 企业的经济生命周期：将企业的生命周期分为三个阶段，使估值过程更容易、更透明。

对于那些不熟悉估值问题的新人，我额外写了一节内容，对诸如“货币的时间价值和贴现率”等主题进行了概述，但即使现在不熟悉这些术语，也不会影响阅读本章内容。

商业本质上是一个各类简单交易（生产、销售和投资超额利润）的集合。以我的经验来看，当人们忘记从这些简单交易的角度来思考商业时，最大的投资失误之一就会发生。

掌握一种稳健的估值方法是成为聪明的期权投资者的重要一环。BSM 模型的最大缺点是其初始假设，即所有股票价格代表了所讨论股票的真实价值。由此得出的结论是，当股票当前的价格远低于其真实的内在价值时，投资者的最佳时机就来了。为了评估某个投资机会的吸引力，我们必须很好地了解一家企业的价值来源以及对价值有贡献的因素。这些就是本章和第 5 章的主题。

在期权投资过程中，我们需要知道两条信息：

1. 按照 BSM 模型，由期权市场机械决定的一个未来价格区间；
2. 通过深入的估值分析，合理获得的估值区间。

本章和第 5 章给出了推导出后者所必需的理论背景。

本章使用的术语如下所示。

资产	结构性限制
需求侧限制	供给侧限制
所有者现金利润（Owners' Cash Profit，OCP）	扩张性现金流
所有者自由现金流［Free Cash Flow to Owner(s)，FCFO］	运营资本

资产的价值

在金融术语中，资产的意义不同于“如果我的东西坏了或者被偷了，我会很生气”的通俗说法。在金融术语中，资产是指任何可以拥有的（1）通过支出创造的以及（2）有能力创造收入和 / 或增加利润的事物。如果从创造收入和增加利润的角度来考虑资产，很明显，像家用汽车这样的东西通常不是资产，而是便利品。

资产的集合也是一项资产。例如，如果你有一辆出租车，你就拥有一项资产；如果你拥有一家出租汽车公司，你也拥有一项资产。现代企业的构成是极其复杂的，经常在多个地区和国家经营，拥有多条业务线以及由机械、土地和知识产权构成的资产。然而，即使企业构成复杂，但是从某种意义上说，它们仍然是各类独立资产的一个集合。

资产是通过支出产生的，因此所有资产均有价格。这个价格可能高于或者低于资产的价值。资产的价格与其价值之间的区别是价值投资的核心，因此我们必须掌握这一点。例如，假设你想在郊区开展出租车服务，你需要考虑到启动这笔生意所需要的主要资产——一辆汽车的价格与价值之间的差异。为了促使生意成功，你买的车应当是宽敞的、质量可靠的，而且对客户有吸引力。你做了一些研究，并决定购买以下两款车中的一款，因为它们都符合上述要求。

1. 2013 款宾利慕尚（Mulsanne）：制造商建议零售价为 300 000 美元。
2. 2013 款丰田凯美瑞（Camry）：制造商建议零售价为 28 000 美元。

对于一般出租车公司来说，在这两款车之间进行选择并不困难。慕尚的价格显然太高了。很难想象，一家拥有慕尚的出租车服务公司的所有者会获得足够的现金流来支付车辆本身的成本。在这种情况下，该资产作为出租车的价值远远低于其价格。用现代金融理论家的话说，一家买了一辆慕尚来启动郊区出租车业务的公司正在“破坏股东价值”。

显然，没有必要做复杂的计算来搞清楚购买宾利的公司汽车将破坏价值。在没有更多信息的情况下，我们无法确定郊区出租车业务的价值，但我们可以很容易地猜测出，这类业务产生的现金流不足以支付慕尚的价格。

购买凯美瑞是不是一个好想法，这个问题要复杂得多。然而，我们对这项服务的价值观念不应当改变，所以我们的投资决策将完全取决于凯美瑞的价格与我们对其所能产生价值的最好想法之间的关系。如果车辆的可能价值高于它的价格，那么这就是一项值得考虑的投资；如果车辆的可能价值低于其价格（比如慕尚的例子），那么除了走开，做什么都是愚蠢的。如果可能价值远远高于价格，在某种程度上，它给你带来的财富将超过你使用其他有类似规模和风险的投资所获得的财富，不做这样的投资是不合情理的。

所有这一切，包括确定投资的价值和考虑因素，你都应当非常清楚。的确，这只是常识。问题是当涉及投资过程时，很多投资者（无论是专业投资者还是业余投资者）都将这个常识抛至脑后，开始对其他人关于图表模式和倍数以及对公司新产品线潜在需求的观点感到困惑。我将在第 6 章讨论这种困惑可能来自何处。

既然已经了解了资产是什么（即可以拥有的，通过支出产生并有能力产生收入或者增加利润），那么我们就来研究一下黄金法则中的下一句话："以所有者名义产生的现金流。"

以所有者名义产生的现金流

出租车公司的所有者买下了凯美瑞（这一举动被金融家称为资本性支出），然后出租车业务就开张了。为了获得收入，她必须要做以下事情：

- 做广告；
- 给自己发工资；
- 花钱让出租车保持良好工作状态（比如油费、天然气费等）；
- 把钱花在保险、执照、移动电话服务、银行和专业服务等方面。

假设企业所有者经营企业整整一年，在支付了之前的费用后，她把剩下的钱全部存入了银行账户。到当年年底，她坐拥 5000 美元的超额利润。你可能会说，这个金额就是以企业所有者名义产生的现金流，但是让我们再仔细思考片刻。

这位企业所有者是一位精明的商人，所以她意识到凯美瑞是有使用期限的。在某个时间点，她需要再购买一辆车，所以她想预留一些钱作为首付，假设她留出了 1000 美元。

现在，她手里有 4000 美元，也许这是以所有者名义产生的现金流总额。这可能是。企业所有者可能只对目前的经营水平感兴趣，并可能满足于 4000 美元的现金额，这样她会认为自己每年都能产生超过支出的收入。如果是这样，她可能会为自己支付一笔特殊的"奖金"，并且用这 4000 美元去乘坐邮轮。

然而，假设企业所有者有一个想法，即如果她使用一个与其会计系统相关联的在线订购系统，那么她就可以更有效地安排订单了。她认为这个网上订购系统不仅能够通过提高订单效率使她每周能多接几笔订单，而且每个月她将数据录入会计系统的时间也会节省几个小时。换句话说，她相信，如果她投资该系统，她将能够提高收入（通过每周多接几笔订单）和利润（通过减少记账时间）的增长率。在线订购系统和相关设备的费用为 2000 美元。

如果她不花这 2000 美元，她可以相当自信地认为其业务将继续蒸蒸日上，明年将为她带来大约 4000 美元的现金流。如果她花了 2000 美元，她会认为明年将赚到 4500 美元，其中额外的 500 美元代表她有 25% 的投资回报率（= 500 美元 /2000 美元）。这笔额外回报是有风险的，也就是说投资可能在计算机化系统中将无法兑现，在这种情况下，她花出去的 2000 美元只不过是在浪费钱；但是如果成功了，这笔支出将在短短的几年内收回。

如果她决定把钱花在新的系统上，她的银行账户中将有 2000 美元是免费的。这笔钱（即她支付了所有的日常开支、留出了维持业务的钱，并购买了一项可以帮助她扩展业务的资产后剩余的钱）就是我们所说的“以所有者名义产生的现金流”。

我们已经创建了一些术语，用于在本书中描述以所有者名义产生现金流过程的每个步骤。这些术语如下所示。

1. 所有者现金利润：所有者在支付了经营所有必要的直接成本之后，以及在支付或者预留了用于维持经营（比如汽油、保险、维修，并且为购买下一辆出租车预留资金等）之后可得的现金。
2. 扩张性现金流：为了在未来创造更多收入或者增加利润而投入的任何资金。扩张性现金流是一种投资，所以无法保证它成功（比如在线订购系统）。
3. 所有者自由现金流：扩张性现金流产生之后剩余的任何所有者现金利润。

所有者自由现金流是我们用来衡量和预测企业价值的量。

从这些描述中，你可以确定这位出租车公司企业家的所有者现金利润、扩张性现金流和所有者自由现金流。为了对一家上市公司进行分析，我们需要将这些概念与财务报表中的特定项目联系起来。在我的网站上，我给出了一个详细的估值案例（企业软件巨头——甲骨文公司），来说明这里提到的估算每个量的具体项目是什么。

既然我们已经充分了解了现金流对于公司的估值作用，我们就来研究一下企业的经济生命（over the company’s economic life）这个术语。

企业的经济生命

企业的经济生命涉及企业在受到各种因素制约的情况下努力产生的现金流，而这些制约因素会随着企业的发展而变化。在企业初创时期，就像我们的出租车公司，它可能面临的主要制约因素是供给侧方面的。我们的出租车公司只有一辆车和一位司机。假设一位乘客平均乘车时间为 15 分钟，那么出租车公司很难一天服务超过 40 位顾客或者一周服务 240 位顾客（假设每天工作 10 小时，一周工作 6 天）。由于出租车公司的资本资源基数很小（一辆车），无论有多少潜在客户，它所能提供的业务量都很小。这是供应侧制约因素的一个典型例子。

资金和信贷之于供给侧限制型公司就像氧气之于火堆。如果有额外的资金（无论是否通过经营、向银行借款，还是向其他股东卖出股份获得），我们的出租车公司都将能够购买更多的车、雇用更多的司机。如果我们把这些支出视为投资，这显然是投资者的梦想，因为几乎所有投资都保证有好结果。

“满足这个镇上顾客的需求需要有 10 辆出租车。我们现有 3 辆出租车，还有一些钱可用来投资。我们再买一辆出租车吧。”这不是一件难事，更算不上是一个需要绞尽脑汁的分析过程。只要公司有机会获得资本①，并且正在生产消费者需要的东西，那么在企业经济生命的这个阶段中，其收入的年增长率可能是惊人的，毕竟，如果你拥有一辆出租车，只需要再买两辆车，为出租车短缺地区提供服务，你的收入很可能会同比增长 200% 左右。

实际上，这段时间的所有者自由现金流可能是负值（企业可以通过债务为自己融资，并且实际上在扩张性项目上支付的费用比其获得的利润还多），但这并不意味着经营状况不好，只能说它正面临供给侧制约，并且试图扩大其资本基数，以满足市场的需求规模。

我们一直能在上市公司中看到这种快速增长。19 世纪的铁路公司、20 世纪的汽车企业以及 20 世纪 90 年代后期的互联网企业都出现了令人难以置信的收入增长，

---

① 到目前为止，我们讨论的“资本”是战略性资本。还有一种战术性资本对企业也至关重要，这种资本被称为运营资本。运营资本是由企业经营所必需的短期资产（比如存货和应收账款）减去经营过程中积累的短期负债（比如应付账款）构成的。运营资本在某种意义上是战术性的，它是企业日常运营中所必需的。一家企业可能拥有世界上最好的生产性资产，但如果没有钱购买生产小部件的原材料，它将因为不能生产产品而无法获得收入。

因为顾客对基于最新技术发展的产品和服务的需求激增。

如果出租车公司的所有者可以控制筹集资金的过程，她最终将会建立起自己的资本基础，以匹配市场机会的规模。正是在这一点上，企业的经营开始受到需求侧制约，这种制约来自竞争者和消费者选择的不确定性。

当面对需求侧制约时，出租车公司所有者不再关注寻找新的投资资金来扩大她的资本基数，而是要寻找方法来保持她的现金流增长，即使她的资本基数足以满足当前的顾客需求。在企业经济生命的这个部分中，投资决策变得更加困难。一个可能的投资选择是把钱花在系统或者流程上，以使运营更高效。这不会影响收入的增长，但是通过允许更高比例的收入转化为利润，可能会增加企业所有者的现金流。

这位需求侧受限的出租车公司所有者有其他可能性投资，包括在另一个地理区域开设一家新公司（也许是以在新的地区与另一位十分了解当地经济的企业家成立合资企业）收购一家竞争对手的出租车公司，或者干脆在出租车公司的保护伞下开展其他业务。

根据我们最初用以说明所有者自由现金流的例子来看，在这一时期，对于其车队中的一辆车而言，出租车公司所有者可能会获得 5000 美元的利润、留出 1000 美元更换车辆、支付司机 500 美元的奖金、花 700 美元改进其车队停车场的照明和安全系统，并将剩下的钱存好，等待有机会购买镇上其他的出租车公司。该公司看起来好像是产生了 2800 美元（5000 美元 -1000 美元 -500 美元 -700 美元）的所有者自由现金流，但事实上，在公司所有者心中，拥有 2800 美元可能只是暂时的。如果出现一个好的、大的投资机会，那么过去几年的自由现金流很可能会在某个重大的投资项目中一次性用完。

要找到处于这一发展阶段的企业的例子，只需要打开当地报纸的商业版即可。通用汽车公司与中国汽车制造商成立合资企业在新兴的中国市场分得了一杯羹；宝洁公司收购吉列剃须刀，扩充了其个人护理产品系列；谷歌公司走出基于广告的互联网搜索地盘，收购摩托罗拉移动技术公司，并且生产手机……这都是很好的例子。

出租车公司的现金流增长将取决于潜在的投资机会有多好，以及公司管理层在利用这些机会方面的经验。如果机会好，而且管理层有经验，那么高增长率将得以维持。但是当公司供应侧受限时，增长率肯定不会像在“鱼与熊掌可兼得”那样的投资环境中那么高，但仍将高于更大的经济体内的大多数公司。

然而，在某些时候，良好的投资机会将越来越少，并渐行渐远。出租汽车公司收购了其在大部分区域的竞争对手，现在受到当地监管机构的反垄断和反竞争行为法规的限制。合资企业在周边地区经营得很好，所以我们的出租车公司所有者收购了合作伙伴的股份，并将业务拓展到了其所能达到的最大限度。她曾试图建一家精酿啤酒厂（她认为喝醉的客户更有可能乘坐出租车），但是当建啤酒厂带来的麻烦似乎超过其价值时，她放弃了。

事实上，她注意到，总的来说，随着她的生意越来越大，她的投资机会给其带来的现金流改善似乎越来越少。就像啤酒厂的情况一样，有时流入的额外资金根本不值得经营新业务所投入的时间和解决的麻烦。

上市公司也是如此。最终，所有挂在低处的投资果实被采摘并放在公司的篮子中，而摘到下一个苹果需要的能量比其价值大得多。你可以通过观察企业利润增长的长期数据清楚地看到，随着时间推移而呈现下降趋势，因为投资机会变得越来越不重要了。对于上市公司来说，问题不仅在于良好投资机会的可得性，而且事实上，它们的规模已经发展到如此之大，以至于不仅需要巨额投资，而且这笔投资的规模要非常大才能真正起到推动作用。这就是所谓的“大数定律（law of large number）”①。简单地说，这条规则说的是，如果你真的做大了，就很难真正地快速增长。

现在怎么办呢？

出租车公司已经在需求受限制的环境下运营一段时间了，该公司通过收购、扩张等方式已经扩大到可以涉足当地经济的极限。从此，只要没有人发明远程传送装置（这将很快使出租车过时），该公司的增长将取决于结构性限制因素，比如人口增长、总体经济环境以及通货膨胀等。

如果我们的出租车公司所有者是个聪明人，当面临结构性限制时，她将不再考虑投资公司每年产生的超额利润，而是开始给自己发奖金（当然，她应当购买本书，学习聪明的投资方法）。在上市公司领域，这种奖金被称为红利。

① 大数定律实际上是一条统计学定律，但当大多数投资界人士使用这个短语时，他们使用的是其口语化版本。

事实上，上市公司也有结构性速度限制，即总体经济增长率。当一家公司持续增长的速度相当或者接近于这个增长率时，股东就该要求为其派发股息了。

过去，在全球化之前，总体经济增长率意味着一个国家国内经济的增长率。然而，贸易壁垒的减少以及运输成本的降低意味着有限的增长率更接近全球经济的增长率。在一些投资案例中，一家企业公司可能在海外增长迅速，但对那些大型且成熟的企业（即"蓝筹"公司）来说，它们通常在海外的敞口要比国内的小得多，利润也低得多，所以它们最大的增长率最终会十分接近国内增长率。

想想这个过程，你可以看出增长率在启动阶段（企业在这个阶段面临供给约束）、投资阶段（企业在这个阶段面临需求约束）和结束阶段（企业在这个阶段面临结构性约束）这三个阶段有很大的不同。重要的是要意识到，企业有时会在这些增长阶段之间跳动，即使这种情况相当罕见。①

在企业的整个生命周期中，企业是以其所有者名义创造利润和现金流的机器。我曾经说过，一家企业的价值是以其所有者名义在企业经济生命周期内创造的现金流的总和。我们只需要再研究一个小问题就可以充分理解这个定义：如何汇总合计随时间而产生的现金流。

货币的时间价值：汇总随时间产生的现金流

事实证明，汇总现金流不像将一年的现金流与下一年的现金流相加那么简单，这是因为现金流的价值取决于何时收到它们。很难相信吗？假设你被困在莫哈韦沙漠（Mojave Desert），不得不在烈日下步行到一个小镇寻求帮助。你跌跌撞撞地进了一家便利店，并且出现了浑身发抖、恶心、头痛欲裂的脱水症状，但很快你意识到你的钱包在来小镇的路上丢了。店主提出，现在借给你 5 美元买饮料，但当你带着

① 例如，20 世纪 90 年代后期，苹果电脑公司是一家专业的计算机制造商，其产品的主要用户是设计师和艺术家。管理层的有效管理以及微软公司的大笔注资使其熬过了最黑暗的日子，后来苹果电脑公司更名为苹果公司，并开始生产手持音乐设备、智能手机和其他媒体设备（包括电脑）。到了 20 世纪 90 年代末，苹果公司面临着严重的结构性限制。它竞争的市场，即个人电脑市场，已经完全商品化，价格只会持续下跌。它紧紧抓住了少数教育机构和创意专业人士的利基市场，这不是一个非常强大或者快速增长的市场。然而，该公司能够利用其在个人电脑领域的投资和专业知识为基础，将自己重塑成一家媒体技术公司和媒体内容供应商。这样，苹果公司从一家成熟的公司一跃成为一家虚拟初创企业，并在很短的时间内再次成为一家供应受限型企业。这种转变很罕见，但并非闻所未闻。

钱包回来时，你必须付给他 20 美元。

当然，在这种情况下，你急需这价值 5 美元的饮料，所以你愿意在几个小时后支付 20 美元。在某种意义上，这两个金额之间的差额是两个不同时期之间的一个兑换率。如果你去英国，1 美元等于 0.66 英镑（假设）。在莫哈韦便利店的这种情况下，未来的 20 美元等于现在的 5 美元。

这是货币的时间价值背后的基本理念。我不会在此详细介绍这个理念（因为在各种资料中均有详细的讨论），但重点是我早先提出的一点：不同时期的现金流不能直接相加。

现代金融学背后的主要假设是，后发生的现金流的价值总是比先发生的现金流的小。将未来现金流（cash flow，CF）转化为其现值（PV）的公式如下所示：

$$PV = CF \times e^{-rt}$$

其中，r 是贴现率，e 是指数函数，t 是未来现金流发生前的时间。

当幂的指数为负时，结果是一个小于 1 的数。这只是用数学解释了“今天的 1 美元比明天的 1 美元值钱”这句话。①

假设可以预测出未来的现金流，我们应当问的下一个最重要的问题是应当用什么来表示贴现率。根据正统的金融观点②，应当有这样一个统计学公式，只要为这个公式代入几个数字，就可以为任何公开交易的资产计算出适当的贴现率。我不会详细说明原因，但我有充分的理由相信，那些相信股票在市场上可能被错误定价的人都应当忽略资本资产定价模型的贴现率。

放弃正统观点，我提倡对大多数美国大中型投资项目使用 10% 的贴现率，而对小型和微型投资项目使用 12% 左右的贴现率。原因是，在过去的一个世纪中，市场作为一个整体已经产生了每年约 10% 的复合回报率。如果你将自己限制在小盘股范围内，这个数字会增加至 12% 左右。通过使用 10% 和 12% 的固定贴现率，我回答

① 不要浪费时间记这个公式，除非你已经知道它了。当你需要使用它的时候，你总是可以查到准确的方程式。请记住“今天的 1 美元比明天的 1 美元值钱”。

② 体现在资本资产定价模型（capital asset pricing model，CAPM）中，这是与有效市场假说密切相关的一种思想。

的问题是："如果我希望这家公司的业绩与其同行一样好，那么我对其同行回报率的最佳猜测是什么呢？"①使用这些设定的数字可以让你根据共同的标准来衡量不同的股票，从而剔除可能在估值过程中出现的误差源。

当贴现率为 10% 和 12% 时，让我们看看在每年年底名义付款 100 美元会发生什么。在图 4–1 中，我假设在接下来的 100 年里每年支付 100 美元。我按照所列出的贴现率对每笔款项进行贴现，然后保持这些贴现款项得到持续支付。

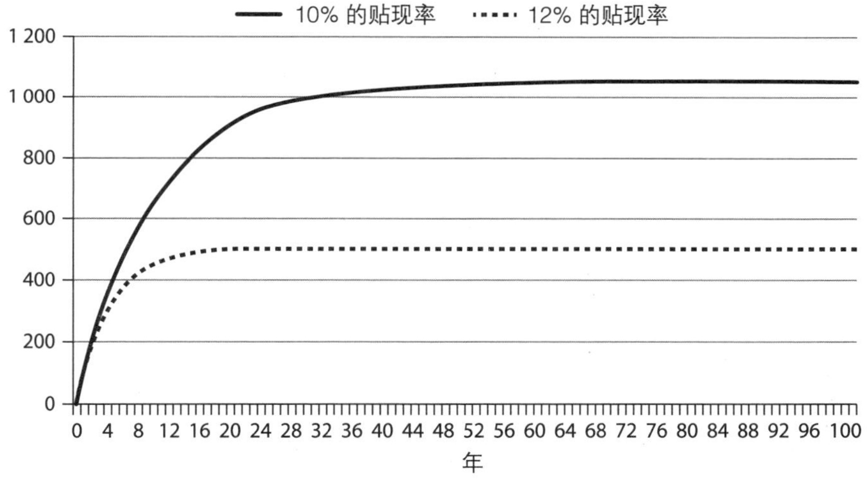

图 4–1　当贴现率为 10% 和 12% 时，每年支付 100 美元时的情况

我们注意到了一件有趣的事，在第一个 30 年或者更少的年限中现金流的价值是多少。以 12% 的贴现率计算，未来所有现金流的现值总和趋于约 506 美元；以 10% 的贴现率计算，价值在 1051 美元时趋于平稳。每条曲线趋于平稳的点分别代表各自现金流的总价值。使用 12% 贴现率时，第一个 13 年的现金流总和已经超过 506 美元总价值的 95%，换句话说，到第 14 年，即使你停止计算，它几乎也是一样的。以 10% 的贴现率计算，需要到第 29 年时才能到达这一点。

① 如果你对资本资产定价模型或者任何其他与确定贴现率有关的学术方法很好奇，那么你只需去图书馆或者在网上查找资料即可。资本资产定价模型是现代金融学的支柱之一，可以通过很多资源来学习它。不过，你最终计算出的"适当的"贴现率与这些数值不会有太大差距。在估值过程中还有很多更重要的东西需要注意，所以我的建议是把时间花在这些上面，而不是过多地学习资本资产定价模型。

从实践的角度看，图 4-1 很有意义。如果你借了 100 美元给某人，他或她答应 75 年后还给你。你对这个偿还承诺有什么期许呢？我敢打赌，没有或者几乎没有。

如果使用前面介绍的公式，贴现率为 10%，在 75 年内支付 100 美元的承诺值 0.06 美元；如果贴现率为 12%，这个承诺值 0.000 01 美元。这些数字当然可以被分别视为“几乎没有”以及“没有”。

再来看看估值的黄金法则：

> 资产的价值是其以所有者的名义在其资产生命周期内创造的现金流的总和。

经过前面的讨论，你应该非常清楚以上黄金法则的含义了。既然你已经掌握了黄金法则，那么我们就来看看能够影响企业价值的四个因素（它们被我称为价值驱动因素）以及我们如何分析这些因素，以了解企业的价值。

第5章

价值的四大驱动因素

以我的经验看，大多数分析投资的人由于被琐事分心而花费了太多的时间。最终这些琐事使他们偏离了方向，让他们感到困惑，并创建了各种复杂而奇怪的估值原理。无论是把投资放在首位，还是减少、增加或者放弃投资，被不重要的细节占据太多时间，也会使人们在做出投资决策时遇到困难。

本章将介绍基于估值黄金法则评估企业价值的过程，而这个过程仅通过挑选并分析几个驱动因素即可完成。这似乎是有悖常理的，但你会在本书后面看到，在很多情况下，较少的信息实际上更重要，尤其是在对一家企业的股票进行估值的时候。本章和第 4 章都是向你们传授聪明的期权投资者所必备的技能。第 4 章概述了一家企业的所有者是如何创造价值的，而本章则着眼于使价值得到积累的特定因素。

本章使用的术语如下所示。

明确的预测阶段　　结构性增长阶段

投资阶段

估值过程概览

在依次观察每个驱动因素之前，让我们首先从较高水平上对我们试图达成的目标有个初步的了解。我们的黄金估值规则将企业的价值与其在一段时间内创造的现金流联系在一起。我们在第 4 章出租车公司的例子中看到，在整个过程中一直在产生现金流：收入进来、付清当期成本、储存未来可能产生的费用以及可能被用于拓展业务的投资。这个过程结束后剩下的现金均可以支付给公司的所有者们。

这是一个非常简单的模型，所以要对一家企业如何运营及其未来可能如何运营做出一个相当准确的描述应当不难。我们需要了解以下信息。

1. 收入可能会如何变化？
2. 企业如何有效地将这些收入转化为利润？
3. 企业在向业务增长的投资中，利润比例是多少？投资的效果如何？

的确，这些内容还描述了企业价值的所有典型的价值驱动因素。还有一个驱动因素，我称之为“资产负债表效应（Balance Sheet Effects）”，我将在本章后面详细介绍，但它只适用于极少数企业，所以大多数时候，你只需考虑前面三个驱动因素。这些驱动因素如表 5–1 所示。

表 5–1 价值的四个驱动因素

驱动因素	说明
收入增长	可能会以多快的速度增长
盈利能力	企业如何有效地将收入转化为利润
投资水平和效益	必须投资的利润比例，使利润在未来实现增长
资产负债表效应	隐藏资产或者负债对未来现金流的影响

这似乎是一项非常容易完成的任务，直到你想起必须对企业的整个经济生命进行这样的分析。“我如何知道未来 50 年这家企业的收入将是多少？那时，它的盈利能力如何？我怎样才能知道它会做什么样的投资呢？”

预测一家企业未来 50 年、75 年或者 100 年的收入增长和盈利能力的确是一项不可能完成的任务，只有那些不明智的投资者才会做这样愚蠢的尝试（虽然我在咨询工作中已经看到了延伸至未来 50 年的金融模型）。

令人高兴的是，聪明的投资者可以通过做以下三件事情更容易地完成这项任务。

1. 将企业的经济生命分解为几个非连续的阶段，并快速预测未来每个阶段的情况。
2. 基于货币的时间价值进行回顾，未来现金流的现值日益缩水。
3. 不要只关注预测每个驱动因素的单独的、具体的数字，而是要为每个驱动因素提出一个合理的最佳和最坏的情况。

让我们先来看看第一条捷径：把企业的经济生命分解成几个阶段：短期、中期和长期。在短期内（比如 0~3 年或者 5 年），我们可以很容易地考虑收入、盈利能力和投资水平可能会如何变化，所以在我们可以明确地对现金流进行建模。因此，我将这个阶段称为准确预测阶段。

在中期（对大多数企业来说，中期是指从短期结束到未来 5 年或者 10 年的某个时间点），我们在预测明确的现金流方面将有更大的难度，所以我们通过运用捷径来回避这个难点。我们可以看到目前企业有哪些投资（该企业是否会遇到供给或者需求方面的限制）以及企业以往的投资业绩如何。基于这些分析，我们可以说："考虑到以往的投资环境和管理技巧，该企业在这个时期的现金流应当能够以 X% 的平均速度增长。"因为这个中期阶段依赖于当前投资的成功，所以我将这个阶段称为投资阶段。需要注意的是，虽然那些成熟企业（即已经受到结构性因素限制的企业）无论做何种投资，从定义上讲，其增长速度都不会比经济增长速度快。因此，对于一个成熟行业中的成熟企业来说，它们通常是不需要考虑投资阶段的。有一种情况必须考虑投资阶段，即当一家成熟企业继续投资于具有价值破坏性的项目的时候。在这种情况下，我们不应当考虑那些高于正常增长的因素，而应当考虑那些低于正常增长的因素，因为企业所有者的现金利润会被不良投资所吞噬。①

从长远看（投资估值阶段后的任何时候），一家企业将受到结构性因素的制约，而且平均而言，其增长速度将只会大体与经济增长保持同步。由于增长受结构性因素制约，我将此称为结构性增长阶段。

将这些阶段以图形的形式组合在一起对我们会有很大启发，如图 5-1 所示。通过仔细观察，我们还能够看到关于货币时间价值的第二条捷径的重要信息。

---

① 请注意，即使从股东的角度看企业进行了糟糕的投资，而且其结构性利润增长不足，但是状况只会持续一段时间。一位积极的投资者或者另一家企业迟早会收购业绩不佳的企业的所有或者部分股份，并且以更合理的方式运营该企业。

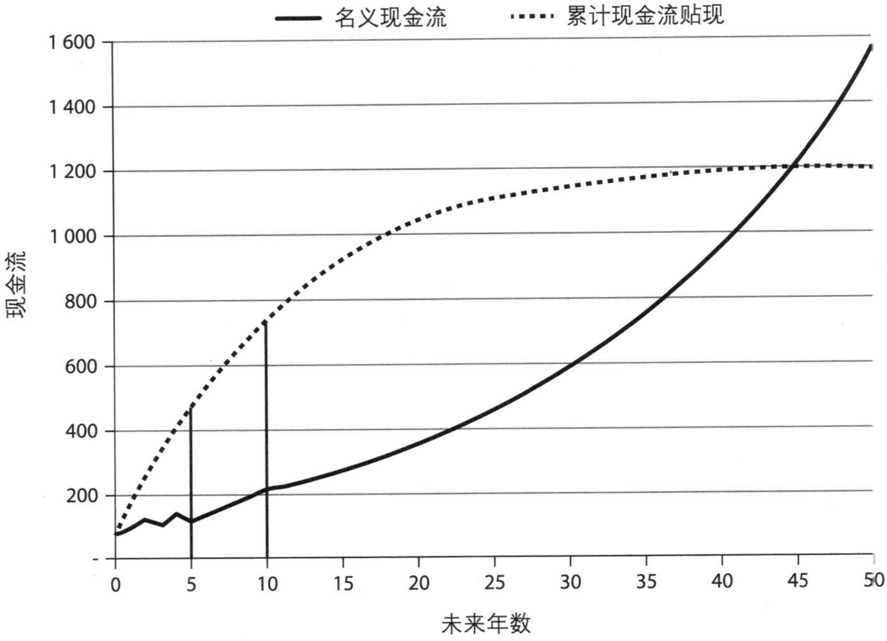

图 5-1　企业在经济生命各阶段的名义现金流和累计现金流贴现

图 5-1 显示出该企业在 50 年间产生的现金流的名义总量（用实线表示）及其贴现价值（用虚线表示）。准确预测阶段是从 0 到 5 年，此后五年是投资阶段，再过五年后开始进入结构性增长阶段。你会注意到，虚线在 1200 美元左右开始趋于平稳。这条线趋平的点位表示这些现金流的贴现总值，而通过延长该线可得到该企业的价值。

在准确预测阶段，假设我们基于对商业环境的理解预测出企业面临的各种竞争压力，现金流的增长将出现上下波动。在图 5-1 中，在准确预测阶段内产生的贴现现金流的价值占该企业总价值的 39%。

在投资阶段，我们假设该企业的投资将非常成功，并将使该企业每年产生 15% 的现金流增长（这表明这是一家有大量高质量的投资机会的企业）。假设增长率是恒定的，这就意味着将产生一条指数曲线，而且我们确实可以看到 5 年和 10 年之间的指数曲线。在这个例子中（假设年增长率为 15%），在投资阶段产生的贴现现金流的总和占企业总价值的 23%。

在结构性增长阶段（从第 11 年至永远），假设该企业的投资机会因遭遇结构性需求制约而枯竭，而且现金流从那时起将每年以 5% 的速度增长。我们再次假设每年的增长率是恒定的，那么又会产生一条指数曲线，这条实线从第五年后开始，并且一直到第 50 年。但是需要注意的是，在结构性增长阶段，实线的斜率略小于投资阶段的实线的斜率。斜率的这个微妙变化表示从平均每年 15% 的增长率大幅下降至每年仅为 5%。总之，结构性增长阶段产生的贴现现金流构成了本例中该企业总价值中剩余的 38%。

需要注意的是，在准确预测阶段产生的现金流在总价值中所占的比例是多么小，即仅占总价值的 39%。这显然意味着这只股票 3/5 以上的价值是基于投资阶段和结构性增长阶段所产生的现金流。关于由卖方研究公司（比如大型经纪公司）发布几乎所有的目标价格、由第三方研究公司发布公允价值估值和买方公司（比如对冲基金和共同基金）使用投资估值的一个令人啼笑皆非的事实是，这些数值都是分析师给出的，他们把大量的主要精力用于对准确阶段的预测，而只把一小部分时间和精力用于预测最重要、分量最重的部分，即预测未来的增长率。

作为聪明的投资者，我们所能做的最好的事情就是了解关于企业价值的中期和长期增长率的影响（这使我们更不容易因为短期、非物质的发展受到影响而动摇，比如延迟推出新产品等），并且尝试理性地分析三个阶段可能产生的现金流量。

为了提高我们的估值质量，我们使用的最后一个捷径是不要犯关于错误精度的错误，而要尽可能为每项估值的驱动因素预测一个“正确”的数字，更要对每个驱动因素的最佳情况和最糟糕情况有一定了解。采取这种技巧还有一些非常令人信服的好处，我将在第 6 章介绍行为偏见时对此进行更详细的讨论，之后我们在第 7 章介绍发现期权投资时也会进行讨论。最后，我们应当设法为处于前两个阶段[①]的驱动因素开发一系列范围，如表 5-2 所示。

---

① 对于结构性增长阶段，我通常只使用一个场景。当我开始估值时，我使用的是 6% 的现金流永久增长率。近期，太平洋投资管理公司（Pacific Investment Management Company，PIMCO）提出的观点让我相信，我们正在进入一个更长的“新常态”时期，我倾向于使用 5% 的增长率。

表 5–2　为准确预测阶段和投资阶段做出预测

准确预测阶段

	最好的情况	最糟糕的情况
收入	8%	5%
利润率	18%	12%
投资水平	所有者现金利润的 30%	所有者现金利润的 45%

投资阶段

	最好的情况	最糟糕的情况	持续时间
现金流增长率	15%	8%	10 年

需要注意的最后一点是，虽然我们需要考虑和预测的驱动因素很少，但是我们真的需要了解是什么使得这些驱动因素各不相同。在第 6 章中，我将详细介绍错定的概念，简单来说，它是一个假设，即某个系列中的下一个数字将接近该系列中的最后一个数字。这个假设不一定正确，实际上可能是危险的错误。例如，一家企业的收入在过去几年内以年均 37% 的速度增加，但这并不意味着下一年的增长率一定会达到 35%、30%、25%，甚至是正数。[①]

因此，对每个驱动因素的预测不应当只是简单地推断过去结果的一个过程。对每个驱动因素进行预测意味着要真正了解该驱动因素受哪些因素的影响，以及这些因素在未来可能会如何变化。虽然这种了解潜在因素以及预测驱动因素未来价值的过程并不像神经外科手术或者设计载人飞船那样困难和复杂，但是它确实需要一些创造力、洞察力、思考和耐心。

以下是对估值驱动因素的具体分析以及几个高水平案例。

详细了解价值的驱动因素

既然我们已经了解了估值过程将走向何方，那么我们就逐一看看每一个估值驱

① 例如，一家企业也许只有六位非常重要的大客户，每一位都是在这几年中获得的。如果该企业明年失去了其中一位客户，那么在接下来的一年中，它的收入增长率为 +35%，而收入可能下降 20%。或者即使该企业没有失去客户，如果它不能再获得一位客户，那么它的收入增长可能是微不足道的，比如仅为 3%。

动因素。

收入增长

收入增长是企业价值的第一个决定因素，如果没有收入，现金就不会流向企业所有者。有机的收入增长（即不是来自收购另一家企业）可以来自以下渠道：

1. 销量的增加（销售更多的产品）；
2. 销售额的增加（以更高的价格销售产品）。

了解企业收入并预测其未来收入增长率的核心就是，了解该企业正在销售什么产品以及向谁销售产品。像宾利这样的公司的商业模式（该公司销售的是价值 300 000 美元的慕尚，而我们在第 4 章中提到的出租车公司是不会考虑这款超豪华车的）与销售价值为 30 000 美元的凯美瑞的丰田公司的商业模式是截然不同的。

丰田公司几乎没有能力提高价格，即以更高的价格销售产品，所以它必须卖出更多的产品。另一方面，宾利公司具有很强的定价能力（其客户对拥有宾利所代表的地位比拥有它的货币成本更敏感），而且宾利掌握定价大权的方法之一就是限制产量，换句话说就是减少产品的销售。了解销售更多的产品与以更高的价格销售产品之间的相互作用对于理解企业价值的第一个驱动因素是至关重要的。

有些人（包括有经验的分析师）倾向于查看年收入同比变化的百分比，并且简单地用近期增长率的百分比推断出未来的增长率。这是一个很大的错误，而且可能代价高昂。处于供给约束型的早期成长期和基于投资的需求约束型成长期之间的过渡期时，企业有时能够看到收入增长从一年到下一年出现快速的放缓。如果你正在尝试为一家企业进行估值，即使它的收入流会一直持续（或者长时间持续），或者即使该企业是一家受供给约束的初创企业（基本上，人们用近期增长率数字推断遥远的未来时就是这样做的），你估算出的企业价值将会非常大。同样，当一家经营趋向随商业周期性一起变化的企业（比如钢铁企业）正处于周期低谷时，而你假设它的经营将保持较低的增长率，甚至未来会发生萎缩时，你对该企业的价值将给出过低的估值结果。

真正了解企业的经营状况比推断更重要。大多数华尔街分析师用大量时间来计算利润，而用于计算收入的时间却少得多。相反，我通常建议人们尽可能花更多的时间去弄清楚一家企业是如何产生收入的。谁在购买该公司的产品或者服务？为什么他们会购买这些产品或者服务，而不是其他企业的？顾客是使用信用卡来购买企业的产品或者服务吗？如果是这样的话，那么信用额度如何？该企业的产品有多少是人们可能需要或者想要的？他们愿意多长时间购买一次？这些都是必须回答的基本问题，而且一旦你有了关于这些方面的好想法，你将会花更多的时间和精力去了解你考虑持股的那些企业的价值。

不可否认的一个重要因素是，对于大多数企业来说，利润的产生几乎是个机械性过程，这个过程在很大程度上取决于流入该企业的收入额。我将在下一节讨论为什么大部分市场如此关注盈利能力。

盈利能力

回顾一下我们在第 4 章中所举的出租车公司例子。该公司运营第一年后，我们的企业家的银行账户中有 5000 美元。她打算留出 1000 美元，当她现在的车在几年后报废时，这笔钱将是购买一辆新出租车的首付款。这样，有 4000 美元可供她决定如何花掉，比如去乘坐加勒比邮轮或者安装新的电脑约车系统。

在这里，盈利能力意味着这笔 4000 美元的资金，我们称其为所有者现金利润。

正如我在前面提到的那样，大多数卖方分析师和市场投机者会花时间来试图预测盈利能力。通常情况下，他们试图预测的盈利能力是一个会计科目项目，比如每股收益（Earnings Per Share，EPS）、息税前利润（Earnings Before Interest and Tax，EBIT）或者税息折旧及摊销前利润（Earnings Before Interest，Taxes，Depreciation and Amortization，EBITDA）。原因很简单：大多数卖方分析师的目标价格（以及不止一些买方的投资策略）是由其中一个量乘以一些市场倍数而得出的。例如，分析师可能会说某家公司的目标价格为每股 27.50 美元（7.8 × EBITDA）。

之所以要谨慎地使用倍数分析法对企业进行估值，主要有三个原因。

第一，也是最重要的，没有自然法则说股票价格必须是财务报表某个项目的某个倍数。某一特定行业的其他企业正在以息税折旧及摊销前利润的 7.5 倍 ~ 8.5 倍进行交易，并不意味着这些企业不能以更高或更低的倍数进行交易，也不意味着另一家企业也必须在这个范围内进行交易。

第二，之前提到的财务报表数量（每股收益、息税前利润以及税息折旧及摊销前利润）都会因为那些并不会对企业长期价值造成实质影响的各种会计技术和其他措施而出现相当大的变化。

第三，但并非最不重要的是，虽然倍数暗示着未来的盈利增长率，但同时也使这些隐含的增长率失去了很多意义。

为了说明这一点，我们需要考虑以下问题：下列哪种预测方法看起来更透明、更有可测试性？

1. 我预测该公司的中期现金流将在五年内以平均每 10% 的增长率增长，之后将出现类似 GDP 的增长率。
2. 我预测该公司明年的价值是每股收益的 23.5 倍。

显然，第一种方法更可取，因为如果给出具体的增长率，你就不得不去思考如何实现这种增长。第二种方法没有给出增长率的线索，所以实际上是使企业价值与企业的运营细节脱节了。

关于华尔街分析家喜欢发布基于倍数的目标价格的原因，我将在第 6 章介绍结构性障碍时进行讨论。目前，只意识到什么对投资银行家或者股权销售交易员有利几乎对投资者毫无益处。

低估市场基于倍数的估值的有效性和透明度并不是说盈利能力不重要，盈利能力当然重要。然而，盈利能力在很大程度上是由结构性因素决定的，而且相同行业企业之间的利润率趋向相同。对于很多企业而言，这就使评估最佳情况和最糟糕情况下的利润率变得相当容易。

例如，食品杂货店就是在超市低价购买商品，然后再加价卖出。因为卖出的商品与其竞争对手卖出的商品基本相同，而且在同一地区，很多竞争对手服务的客户群基本上相同，所以超市不可能涨价太多，或者客户不可能经过很长时间才开始换到另一家商店。由于这些行业的动态性，食品杂货连锁店盈利能力的变化范围小。我们以三家大市值的食品杂货专营店为例对此进行说明，如表 5–3 所示。

表 5-3　　三家食品杂货专营店盈利能力的变化范围

公司（股票）	市场总值（亿美元）	平均三年的所有者现金利润率
克罗格公司（KR）	239	1.5%
全食超市（WFM）	141	4.9%
西夫韦公司（SWY）	79	1.4%

数据来源：YCharts.com

我们看到，即使是全食超市公司（一家按照“以更高的价格销售产品”模式经营的食品杂货店）仍会产生小于 5% 的所有者现金利润率（即所有者现金利润 / 收入）。而克罗格和西夫韦这两家按照“销售更多的商品”模式经营的超市实际上有相同的利润率。

当然，并不是所有企业都像食品杂货店那样稳定并且可预测。有四种因素能够改变企业的盈利能力：经营杠杆、需求变化、环境因素和效率的提高。

影响预测企业盈利能力唯一最重要的因素是运营杠杆。我在 www.intelligentoptioninvestor.com 给出的估值实例中详细介绍了如何预测经营杠杆产生的影响。从这些资料中可以看出，对于那些运营杠杆高的企业来说，收入额将对盈利能力产生巨大影响。对收入利润的这种依赖为一家有较高运营杠杆企业的潜在投资者提供了更多的理由，来了解需求环境以及企业如何产生收入。

当然，如果需求环境有变化，导致消费者偏好改变，放弃了企业正在提供的产品而转向另一家企业的产品（比如消费者更喜欢苹果公司的平板电脑，而不喜欢戴尔公司的产品），或者供应环境的改变导致企业资本基础过大（比如在 20 世纪 80 年代初，美国汽车市场饱和之后，美国汽车公司的工厂出现产能过剩），利润率就不太可能停留在某个历史范围，但可能会大幅上升（比如发布了 iPad、iPhone 等产品之后的苹果公司）或者下降（比如戴尔公司在苹果公司发布了 iPad、iPhone 等产品之后所发生的情况）。能正确预测出这类长期转变并不容易，一旦成功，企业可能会赚得盆满钵满。

除了这些因素以外，经济环境的变化也会导致盈利能力的快速下降和上升。这些可能是公司遭遇的特定事件（比如破坏库存供应的自然灾害）或者是整个经济状况（比如鼓励消费者利用借贷来产生更多的购买力的宽松货币政策）。虽然这些因素对盈利能力有很大的短期影响，而且平均会持续几年，但是大多数企业的利润率最终还是会回到了相当可靠的范围内。

企业正常利润范围可能改变的另一种情况是产能的提高。虽然产能的提高需要很长时间才能完成，但是它非常重要。原因是，即使一家企业处在收入增速缓慢的阶段，如果利润率上升，流向企业所有者的利润将会以比收入更快的速度增长。你可以在表 5-4 中清楚地看到这一点。

表 5-4　　利润率上升对企业所有者现金利润的影响

年	0	1	2	3	4	5	6	7	8	9	10
收入（美元）	1 234	1 271	1 309	1 348	1 389	1 431	1 473	1 518	1 563	1 610	1 658
收入增长率（%）	—	3	3	3	3	3	3	3	3	3	3
所有者现金利润（美元）	432	445	497	485	514	544	560	637	625	708	746
所有者现金利润率（%）	35	35	38	36	37	38	38	42	40	44	45
所有者现金利润增长率(%)	—	3	12	−2	6	6	3	14	−2	13	5

尽管在这段时间中，企业的收入以每年 3% 的速度在增长，企业所有者的现金利润率（企业所有者的现金利润 / 收入）从 35% 提高至 45%，而且企业所有者的现金利润的复合年增长率几乎是企业收入年增长率的两倍，为 6%。

回顾一下之前讨论过的企业生命周期，你应当记得企业现金流的增长速度是决定企业价值的一个非常重要的因素。收入相对增长缓慢且利润率逐渐上升的企业是很常见的。一个典型的场景是，收入正在快速增加的企业可能更关注通过任何可能的手段来满足需求，而不是以最有效的方式。随着收入增长放缓，企业开始关注提高生产过程的效率。由于效率提高了，利润率也随之提高了。随着利润率的提高，只要收入线出现一定的正增长，利润增长就会更快。

投资水平与效益

在我们的出租车公司所有者产生利润后，她不得不弄清楚她是否要把这些利润进行投资或者花掉。如果她进行投资，她必须弄清楚什么投资项目是最好的。上市公司也面临同样的过程和选择。管理者负责用企业所有者的现金利润进行投资，旨在未来可以产生更多利润或者通过分红把企业所有者的现金利润返还给他们。

因为现代企业的规模庞大，并且拥有众多股东，大多数企业所有者不仅无法积极参与自己公司的投资决策，而且他们甚至没有意识到投资过程正在推进。①在这种环境中，遗憾的是，在很多情况下，企业所有者的现金利润投资失败或者被浪费在一些无用的项目上。福特公司花重金买下了破旧的捷豹的往事仍然历历在目，这与时代华纳公司在科技泡沫顶峰时收购了美国在线公司的悲惨遭遇一样。这些令人震惊的例子当然只是冰山一角。企业经常由于不愿终止表现不佳或者过时的业务而做出隐性的资本支出决定，因此剥夺了本应当属于企业所有者的现金流，而是填鼓了咨询顾问和员工的钱包。②或者管理者们意识到，企业成熟的核心业务浪费了大量的现金，于是决定将其中一部分现金用于收购那些可能会损害企业所有者经济利益的企业。③幸运的是，这些管理者总是能找到一两位愿意谈论众多的"协同效应"的投资银行家。毫无疑问，这些效应总有一天会发生，董事会和股东们往往会欣然接受这类决策，然而决策一旦做出，由于联盟，就不需要考虑企业所有者的利益了。

然而，使用智能的期权投资框架，就可以更清晰地看到这些以前隐藏的投资项目及其成功或者失败案例。首先，我们必须搞清楚企业所有者现金利润中有多少用于投资项目，并且预测未来可能用于投资的金额。我们从在线估值的例子中可以准确地看到进行这种计算的财务项目。现在，这就足以将"投资"设定为企业正在运作的资本项目的现金流出，而且这笔流出超过了维持企业经营所必需的现金流出。回顾一下，在第 4 章中，我将这种支出称为扩张性现金流，这是因为设计它们的目的是为了在未来产生更快的利润增长。

"更快的利润增长"这种说法会引出一个问题：比什么更快？正是在这一点上，我们回到了对企业生命周期的讨论。在一家企业已经消除了其供给侧的限制，而且

---

① 如果一个人拥有埃克森公司（Exxon）100 股的股份（这笔投资的价值低于 10 000 美元），那么他只拥有该公司 0.000006% 的股份。难怪投资者通常对自己所投资的公司没有强烈的归宿感。

② 有一个反例。IBM 公司的管理层应当受到表扬，这是因为他们把濒死的且无差异化的 PC 业务卖给了联想集团，并且把这个科技巨头重塑成了软件和服务的主要供应商。

③ 你可能会立刻想到网络巨头思科系统公司收购 Pure Digital 公司（一家制造翻转摄像机的公司）的案例。

在需求侧受限的环境中已经尽其所能增加利润之后，它会遇到结构性限制。结构性限制表示企业增长面临的长期性“速度限制”。因为从长远来看，企业的发展是有速度限制的，所以在企业生命周期的投资阶段，我们比较投资促进的增长和结构性速度限制是比较合乎逻辑的做法。

正如前面讨论的那样，在美国国内生产总值中，最终的结构性速度限制是名义增长。在这种情况下，“名义”意味着美国国内生产总值的增长包括通货膨胀的影响以及经济活动的增加。第二次世界大战后美国的名义国内生产总值增长如图 5-2 所示。

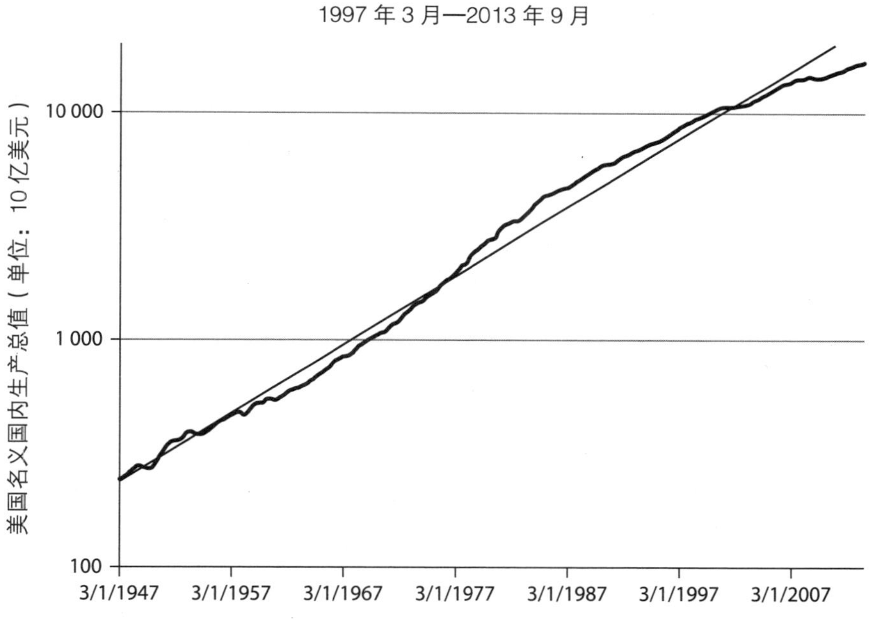

图 5-2　第二次世界大战后，美国名义国内生产总值的增长

请注意，我用数轴说明了这一点，来展示持续的增长情况。代表美国名义国内生产总值的直线在表示趋势的直线的上方或者下方波动，但最终似乎又回到了这条直线上。

在很长时期内，美国名义国内生产总值的增长率平均每年刚好超过 6%。如果一家企业的投资项目总体上是成功的，该企业的利润增长速度将超过这个 6%（左右）

的基准增长速度。该企业能够以高于这一基准速度增长的时间长短将取决于与行业竞争、需求环境及其管理者的投资技能等有关的多种因素。

考察投资是否在一段时间内获得了成功有一个简单的办法，即比较所有者现金利润的增长情况和名义国内生产总值的增长情况。让我们看看几个真实的例子。我计算了过去 13 年中，沃尔玛公司的所有者现金利润和所有者现金利润利润率，如图 5-3 所示。

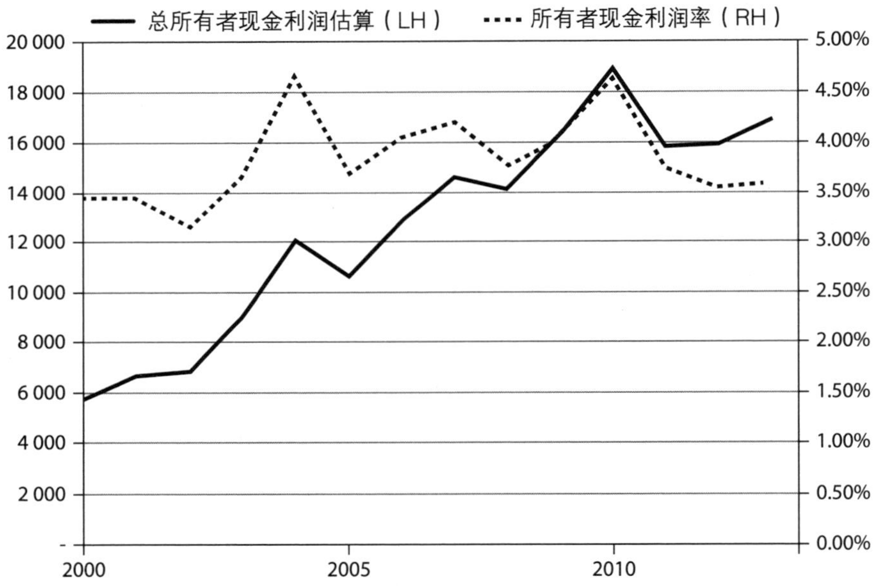

图 5-3　估算的沃尔玛公司的所有者现金利润和所有者现金利润率

正如人们对这样一家大型成熟企业所预期的那样，所有者现金利润率（如右轴所示）是非常稳定的（在过去 10 年中几乎没有突破 3.5%~4.5%）。同时，其所有者现金利润总额（如左轴所示）由于收入增加而明显增长。在过去七年中，沃尔玛公司在扩张性项目上已经花费了平均约 2% 的收入，这意味着留给股东的现金流约为平均 1 美元可拿到 0.02 美元（0.045 美元— 0.02 美元）。这些投资的效果如何呢？

如图 5-4 所示，“0 百分点”横轴上方的任意一点表示，在该点，沃尔玛公司的所有者现金利润同比增长已经超过了美国国内生产总值，反之亦然。所有者现金利润同比增长的数据非常嘈杂，它们会围绕国内生产总值增长线上下波动；然而，五年期的年复合增长率（Compound Annual Growth Rate，CAGR）与图 5–4 中的线性趋势线是一样的：沃尔玛公司的增长大幅放缓，而且现在看起来大体接近经济的增长速度。尽管美国经济在衰退，但是沃尔玛公司 2010 财年（与 2009 年日历年度相关）业绩的增长更多的是因为企业的收入保持了弹性，而非其增长速度超过了美国经济的增长速度。

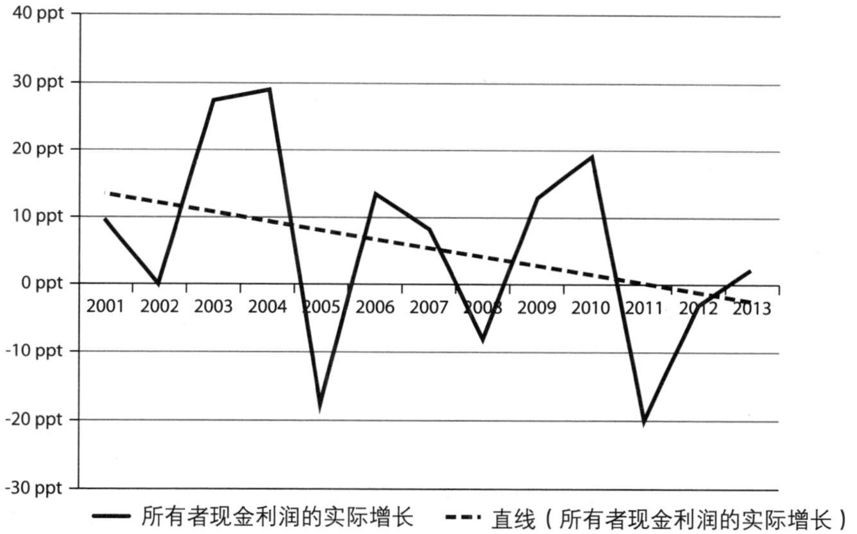

图 5–4　沃尔玛公司所有者现金利润的增长高于或者低于名义国民生产总值

值得称赞的是，沃尔玛公司在过去几年中对扩张性项目的投入所占收入的比例已经越来越小，它们可能意识到随着时间的推移，其扩张性项目带来的利润增长越来越少。

相反，我们来看一家投资似乎增加了可观价值的公司——甲骨文。首先，我们来看一看甲骨文公司的所有者现金利润率，如图 5–5 所示。

除了 2001 年科技泡沫破灭的灾难性一年，该公司的所有者现金利润率一直稳定在 30%，但最近它已经开始走向 35% 的水平。在过去五年中，该公司的扩张性支出平均每年约占收入的 15%，这主要是通过收购实现的。因为扩张性支出是由其收购情况决定的，所以投资也不是统一的。通过观察 2005 年至 2008 年的数据发现，该公司将大约一半的收入用于扩张。在这段时间中，甲骨文公司所有者现金利润的增长与国民生产总值相比如何呢？如图 5–6 所示。

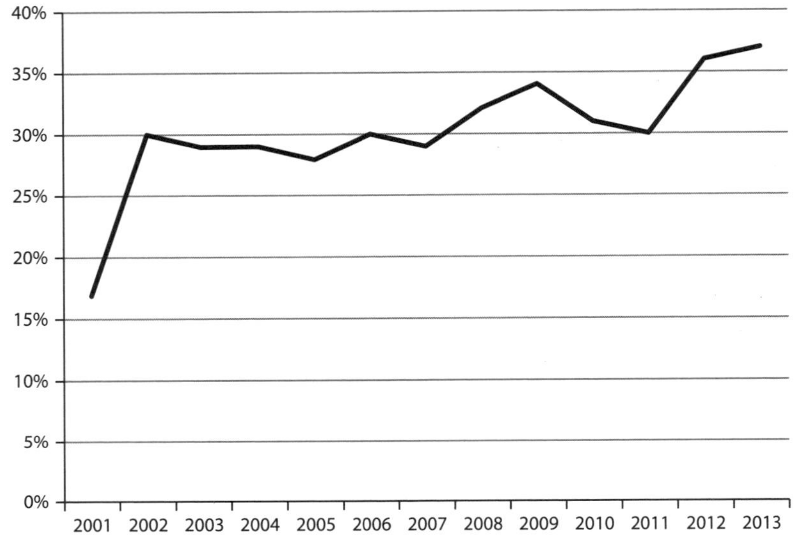

图 5–5　甲骨文公司的所有者现金利润率

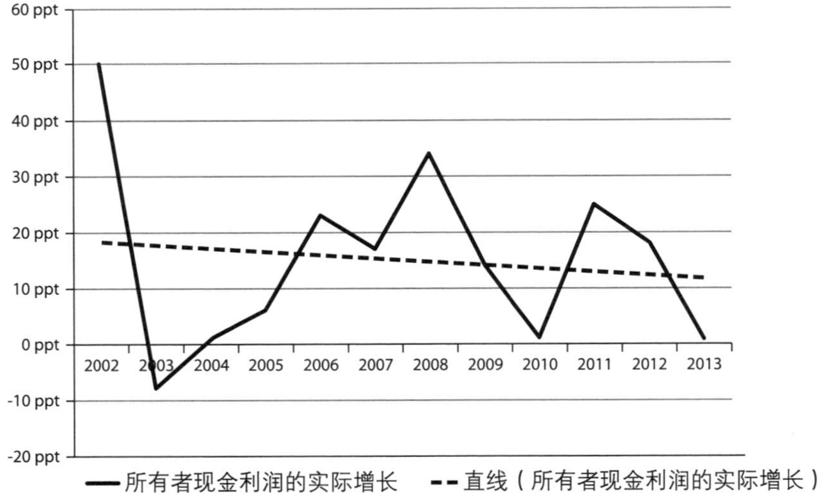

图 5–6　甲骨文所有者现金利润在名义 GDP 以上（以下）上的增长

我们从这个角度可以看出，与沃尔玛公司相比，甲骨文公司的投资一般都会使其所有者现金利润的增长速度在大体上快于整体经济的增长速度。2010 年，甲骨文公司收购了美国太阳微系统公司（Sun Microsystems），当年的所有者现金利润是该笔收购的馈赠，我相信其所有者现金利润实际上比我们说的要高。

以这种方式观察企业的妙处在于，某家企业正在做的隐藏投资或者隐性投资也会在这方面显现出来。我相信，像很多大企业一样，沃尔玛公司发现它必须把钱花在扩张上，这是因为它通过内部业务流程所做的投资毫无起色。每年扩张性现金流占收入的 1%（约为所有者现金利润的 25%），企业才能大体跟上经济的增长。

这种讨论涉及投资效益。投资需要时间才能看到结果，尤其在企业环境中，一家公司完全控制另一家公司，而且必须把被收购方合并至其自己的商业体系和企业文化中。同样，我们也很容易看出为什么本小节开始时的那张图显示的是影响企业中期业绩的投资效益，尤其是其增长率。

了解这三个驱动因素（即收入增长、盈利能力和投资效益）之间的相互作用使投资者在为股票估值方面迈出了一大步。然而，有时，投资者必须要考虑我所说的资产负债表效应。

资产负债表效应

让我们回顾一下我们的出租车服务。假设企业所有者认定在第一年后，她的公司的投资前景非常好，她会再买两辆车。她认为买两辆行驶里程数少的二手车要比买新车更省钱。

在车辆投入使用之前，她彻底清理了每辆车。在清理第一辆车的后备厢时，他发现了一个密封严实的牛皮纸袋。出于好奇，她打开了纸袋，结果发现里面装着非法毒品。他报了警，警察来调查。在了解了情况之后，警察扣了车，并告诉她没办法预计归还车辆的时间。

出租车公司的价值突然下降。没车用就没办法创收。然而，即使没有收入，公司仍在产生费用（尤其是融资和保费），因此新车实际上减少了企业所有者可用的现金流。按照会计专家的说法就是，该公司经历了一次非经营式的事故，这次事故导致了其某项资产贬值。这就是价值破坏型资产负债表效应。

出租车公司所有者被这一意外事件和她的坏运气搞得心烦意乱，但她还是需要清理第二辆车。在清理该车后排座位时，她发现了一张被前车主遗忘的彩票，这张彩票还有效。抱着撞大运的想法，她核对了彩票的数字，惊喜地发现这张彩票中了500 000美元！警方扣押另一辆车所带来的失望情绪顷刻间烟消云散，她意识到这张小纸片的价值居然相当于其公司第一年的所有者现金利润的125倍（+ 500 000美元 / 4000美元）。这就是积极的资产负债表效应。

当分析一家企业时，我们所做的基本假设是资产负债表上的所有资产均为经营资产，它们正以企业所有者的名义被充分用于产生现金流。然而，有时这并不是一个有效的假设。有时，资产的真实价值可以被隐藏起来，并且还会隐藏一段时间。

在隐性资产方面，这类被称为激进投资者的机构投资者的最重要工作之一就是要深入研究一家企业的详细资料，查找该企业没有充分利用的资产，或者因使用不善而使该企业无法创造出最大现金流的资产。通常情况下，激进投资者想要摆脱当前的管理团队，换成他或者她认为能够更好地使用资产的人。这种行为被称为恶意收购，但重要的是要记住，“恶意”这个词只对目标的管理团队有效。一位有洞察力的激进投资者是有耐心、有远见的，并且还有足够的董事会席位来推动变革，这对企业的投资者来说是一个巨大的福利。

既然有隐性资产，同样也有隐性负债。安然公司利用其“特殊目的的机构”进行复杂交易就是一个能够说明隐性负债危险性的活生生的例子。安然公司的管理者们发现了一些有效的方法，可以将他们不希望出现在安然公司账本上的金融交易和债务（即亏损和负债）记在离岸实体的账本上。即使安然公司的管理层成立并掌管着离岸实体，但是这些离岸实体并没有纳入安然公司自己的财务报表，因此大多数投资者实际上是无法看到这些交易和债务的。有几个投资者团体开始进行两两相加，结果发现答案居然小于四。最终，当这些特殊目的的机构被投资界所熟知时，很明显，投资者持有的股票要比他们之前认为的少得多，股价一落千丈。

如果将隐性资产视为一张卡在一辆二手车座位缝隙中的中奖彩票，那么我在对冲基金界的一位老同事则把隐性负债称为“睡在篮子中的毒蛇”。通常，我们需要花一些时间去熟悉一家企业或者一个行业，来了解这些中奖彩票或者毒蛇可能藏在哪里，不过大多数企业或多或少都会拥有这两者。大多数情况下，这些隐性项目对估值没有实质性影响，因而可以忽略不计，但是当它们会有实质性影响时，就可以对估值产生真正强大的影响。

准确地讲清楚要去哪里寻找这些隐藏项目是不可能的，但我们通常可以从以下几个地方开始寻找。

中奖彩票

1. 按照历史成本计算的不动产。
2. 知识产权（比如专利、版权材料等）。
3. 政府关系（在发达市场中不重要，但在某些新兴市场中可能非常重要）。
4. 养老金资金过剩。

毒蛇

1. 潜在产品 / 事故责任索赔（比如石棉和污染修复等）。
2. 管理者的渎职行为（比如价格操控、海外腐败行为和违规行为等）。
3. 养老金资金不足。
4. 资产负债表的表外腐败。
5. 欺诈。

这些人和事通常很难找到，但是如果这样做，就应对这些项目带来的最好和最坏的财务影响做出假设，并简单地将该假设与你所做的任何现金流预测联系起来。

全盘考虑

作为投资者，在全面分析一家企业的估值驱动因素时，我们始终应当重点评估该企业可能会为其所有者产生的自由现金流。

在短期内，所有者自由现金流受到收入增长的速度、企业将这些收入转化为利润的效率以及企业有多少利润用于扩张性项目等因素的驱动。

就中期而言，所有者自由现金流受到企业在前一阶段所做投资的效果的驱动。

就长期而言，所有者自由现金流受到结构性制约因素的驱动，因为企业无法比整体经济增长更快。

每个驱动因素都有最好和最坏情况的预测，所以将所有最好情况的预测融入最好的所有者自由现金流场景、把所有最坏情况的预测融入最糟糕的所有者自由现金流场景，将让我们了解该企业未来将给我们产生的最多和最少的现金流。对那些所有者自由现金流场景进行贴现就会生成该企业当前价值的范围。如果我们能够发现任何资产负债表效应，我们就会从所有者自由现金流贴现场景中发现的价值中相应地增加或者减少那些效应。这是这家公司最终的估值区间，我们可以将其与股票的市场价进行比较。当一家公司的估值区间与其股价有很大差别时，我们就有机会进行获利投资，如图 5-7 所示。

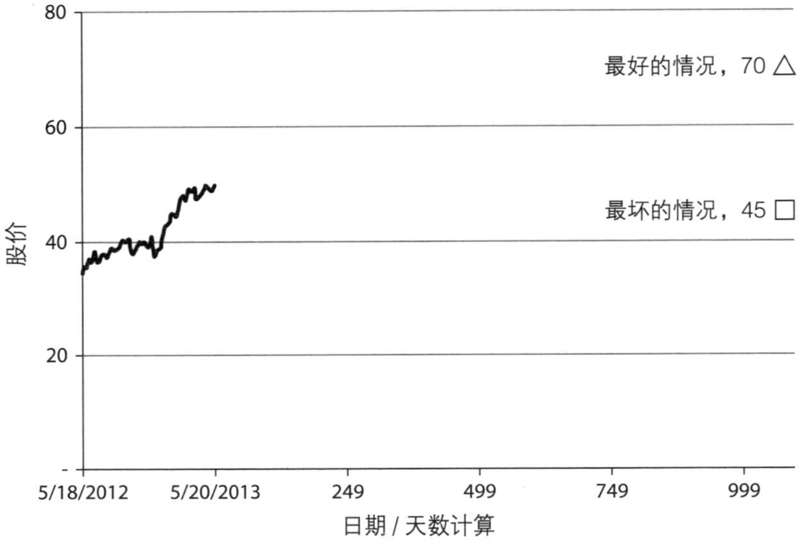

图 5-7　先锋建筑公司股价图

这些都是智能投资的一般原则。第 5 章主要讲解估值的黄金法则，而本章重点在于认识估值驱动因素，这是迈向建立巴菲特所谓的一个“做出（投资）决策的健全的框架”的重要一步。

我希望你在阅读本章时就已经意识到一点，那就是过程是一个简单且常识性的过程。这值得去问为什么，因为如果理性估值是如此简单的一个过程，那为什么人们通常在投资时会举棋不定，还会落入重重陷阱。

为了理解这一点，我将在第 6 章中解释使投资者犯错的行为偏差和结构性障碍，以及我们应当如何避免这些问题。

THE INTELLIGENT OPTION INVESTOR
APPLYING VALUE INVESTING
TO
THE WORLD OF OPTIONS

第 6 章

了解并克服投资陷阱

你已经明白了估值并不是一件难事。它需要理解一些关键的关系，但大多数时候，它基本上是一个简单明了的过程。

那么，为什么很多投资者很难做好估值呢?

我很遗憾地说，这主要是由我们作为人类的本性及其弱点造成的。本章讨论其中的两个方面：行为偏差和结构障碍。行为偏差涉及我们如何尝试弄明白复杂的事情，并在这样做的过程中陷入困境。结构性障碍则涉及我们这些投资者是如何（通过买锁、买股票和买桶）进入一场只会让我们输的游戏中的，而优胜者的孩子可以去一年 50 000 美元学费的预科学校读书，然后在常春藤联盟中展开四年的学习之旅。

还是有希望的，请不要绝望。不落入这些陷阱的第一步就是要了解它们的存在。

显然，成为一位聪明的期权投资者意味着你要理性投资，尽可能地减轻非理性决策和情绪化决策的影响。本章旨在帮助你做到这一点。

本章使用的专业术语如下所示。

X–系统	风险中性
风险寻求	风险规避
C–探寻	前景理论

行为偏差

人类智慧是在一种非常不同于我们今天生活的环境中得到进化的。打猎与采集食物、保护自己免受食肉动物的伤害、建造我们的住所的必要性已经不存在了。相反，在现代生活中，我们没有受到大多数生活环境的影响，却要面对大量的数据。著名摄影师里克·斯莫兰（Rick Smolan）在其《大数据的人类面孔》（*The Human Face of Big Data*）一书中提出，现代人类在一天内处理的信息要比生活在16世纪的人一生处理的信息还要多。我不知道是否有可以证明这一论点的科学方法，但至少这种说法看起来是合理的。

在投资方面，我们思维过程演变方式与我们希望它们完成的任务之间的不匹配成了一个问题，总体而言，我们仍在使用能够很好地服务于新石器时代的祖先们的心理策略，但这种策略不能很好地服务于我们这些“信息时代”的投资者。

研究经济决策中的人类偏差是一个大课题，被称为行为经济学或者行为金融学，但这不可能涵盖所有内容。我将给出一些例子，并就你应当如何在聪明的投资中消除这些偏见提出一些建议，但是我鼓励你们去研究这些问题。这是一个有趣的话题，你研究得越多，就越能意识到行为偏差给每个人的决策过程带来了多大影响。

我将讨论以下三个问题：

1. 对称的爱；
2. 自信和过度自信；
3. 人类对风险的反常感知。

对称的爱

如图6–1所示，一笔资产在短短50个交易日内的回报率就达到了8.3%。在相对较快的上涨后，它会持续上涨还是回落？

如果你回答“都不会”，那么你就对了。图6–14是我利用Excel中随机数生成器功能创建的。因为只要发生了变化，Excel就会重新计算表中的值，所以我无法得到这个系列中的下一个值。一旦我请求Excel计算第二天的回报，这个系列就会发生变化。

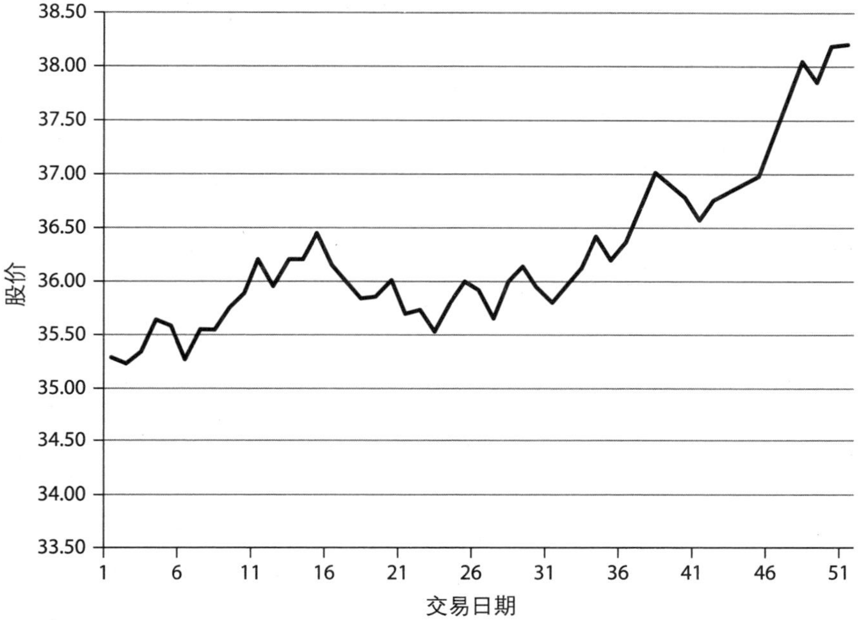

图 6–1　一笔资产的股票价格

我已经向不同的群体展示了类似的系列，包括交易员群体。听听对这个系列的预测以及预测背后的推理是非常有趣的。通常情况下，人们会选择大多数人都能够接受的答案，比如“价格很可能会走高，但我将设定 37.25 美元的止损点，如果价格下降至 35.5 美元，我就积极购买”。①

为什么这么多人会在没有模式的地方看到模式呢？为什么这么多人会相信所谓的“技术分析”（它既不是技术，也不是分析）？即使他们可能成功地向魔力 8 号球（Magic 8 Ball）② 寻求了投资建议。为了弄明白这一点，我们要认识到分析和解决问题有两个独立的人类思维过程：X–系统和 C–系统。

X–系统受控于自反思过程（refleXive thought process），这些过程发生在大脑的一些非常原始的区域。这个系统非常善于感知模式和对称，能够很快地解决常见问

① 事实上，达成一致意见是一种很有趣的社会行为偏见，即所谓的“羊群效应”。这种偏见（我不会详细介绍）是当人们作为群体中的一员时，在做出决定时会受到其他人的行动或者意见影响的倾向。

② 魔力 8 号球是一款随机给出答案的玩具。——译者注。

题。它也有处理多重任务的能力。C–系统受控于自我反思过程（refleCtive thought processe），这些过程发生在大脑中与更高推理有关的部分。这个系统工作缓慢，以解决我们经验有限的复杂问题。该系统的多任务能力是有限的。

为了说明这两个系统，请你思考以下问题：你正走进一所房子，并遇到了图 6–2 所示的物体。

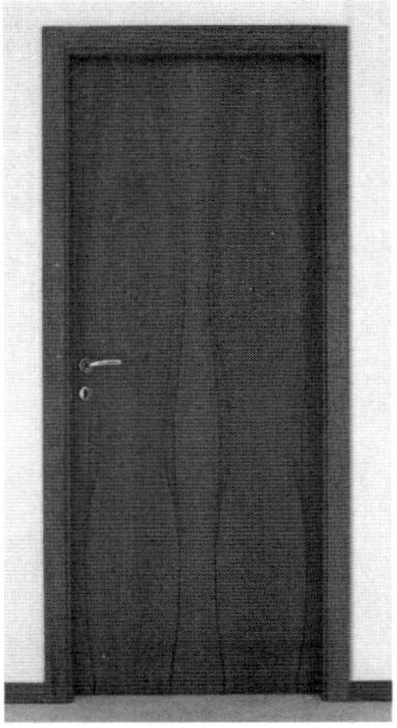

图 6–2　门

你的 X–系统识别出这个物体是门，并从你的记忆库中快速检索出如何使用这类物体的信息，然后指导你向下按压金属手柄来打开房门，进入房间。你可以在不需要意识参与的情况下很快解决这个问题，即使你正在做其他事情，比如正在与朋友交谈。

现在，假设当你抓住手柄并按压它的时候，不是门开了，而是手柄掉在了你手里。你会做些什么呢？你的大脑会自动地从 X–系统模式转换至 C–系统模式，然后你开始以有逻辑的、系统的方式解决开门的问题。你会停止与朋友交谈，然后推推门，看看门会不会因为没锁而打开或者研究一下手柄的工作机制等。

在尝试解决这个问题的过程中，你可能会在 X–系统和 C–系统处理流程之间来回转换，将 C–系统作为控制器，并且用 X–系统回顾你之前遇到的类似问题的解决方案。

通过这个例子，你可能很直观地感受到了 X–系统和 C–系统的特点。为了完整起见，我们可以对它们进行如下描述，如表 6–1 所示。

对我们（或者大多数人）来说，X–系统在心理方面更舒服，因为该系统是我们作为一种物种在大部分进化史中所使用的大脑的一部分。我们大脑的模式识别部分非常发达，以至于即使是像“深蓝”这种计算机也能够跟国际象棋大师对弈，但目前尚未设计出能够识别偏离中心 30% 的刀叉以及放置在其前面的一系列随机物品的计算机。即使最伟大的计算机“大脑”也无法完成一项即使对婴儿来说也很简单的模式识别任务。

表 6-1　　X-系统和 C-系统的特点

X-系统	C-系统
自反的	反思的
有助于识别对称和模式，并解决常见的经验性问题	有助于分析超出先前经验的复杂的多步骤问题
操作快	操作慢
单个过程互不干扰，允许多任务处理	单个过程互相影响，很难或者无法进行多任务处理
使用杏仁核、基底神经节和颞皮层，它们是大脑中与“战斗或逃跑”、奖励训练、物体识别和行为相关的区域	使用前扣带皮层、前额叶皮质、内侧颞叶（包括海马），它们是大脑中与计划和控制等高级功能相关的区域
教学风格：类比	教学风格：数学证明
心理上的舒适与放松	心理上不舒适和困难

在投资中，人们往往依赖于这种 X-系统的模式识别，并试图使用基于这种模式的快捷方式进行分析。我们有针对特定公司、特定信息和特定情况的思维模式，我们尝试通过允许我们的 X-系统利用这些思维模式匹配当前状况，来逃避让人不舒适的、分析型的 C-系统流程。

当面对刺激（比如糟糕的季报数据）时，我们倾向于做出本能反应而不是分析信息。这种倾向是发自内心的，因为正在处理这种刺激的 X-系统与“战斗或逃跑”反应联系在一起。我们宁愿先采取行动，即使行动的结果可能对我们不利。

完全克服这种行为偏差是非常困难的，我认为是不可能的。虽然这种偏差对我们和我们的投资过程极其不利，但是我们高度发达的 X-系统在日常生活中也非常有用，它能够帮助我们解决由门、汽车操作等带来的难题。

自信和过度自信

科学研究表明，人类对 C-系统式的分析会到不舒服，并常常怀疑这些过程的结果。如前所述，C-系统程序似乎并不依靠直觉，也一定不符合令人满意的过时的决策，而这些决策在文化方面似乎更珍贵。

对于这种对 C-系统过程的不适，你可能会有一种违反直觉的反应，你经常会发现分析师和投资者在做出投资决策前会试图收集有关企业经营的每一个细节。这种现象不仅与对 C-系统程序产生的某种不适有关，而且还与一个自然人会对未知感到不适有关。所有投资都是在不确定的环境中进行的，而且不确定是人们发现自己正身处其中的一种令人不安的心理状态。为了改善由不确定带来的不适感，人们倾向于尝试在他们的分析中千方百计地控制那些不能控制的事物。

这看似明智，但研究表明，更多信息并不能帮助你做出更好的决策，事实上，恰恰相反。第一项揭示这种偏差的研究是由美国俄勒冈大学的心理学家保罗·斯洛维奇（Paul Slovic）进行的，他研究了专业赛马裁判的准确性和自信。其他群体（包括医生和股票经纪人）也进行了类似的研究，但是后续研究的结果非常相似。

斯洛维奇教授为专业裁判们提供了参与一系列比赛的大量马匹的信息，然后要求他们对每场比赛的第一名做出预测。然后，斯洛维奇教授要求裁判员们评估他们对自己的预测的信心。斯洛维奇有实际的比赛结果，并比较了专业裁判员们的信心及其实际的准确性，结果如图 6-3 所示。

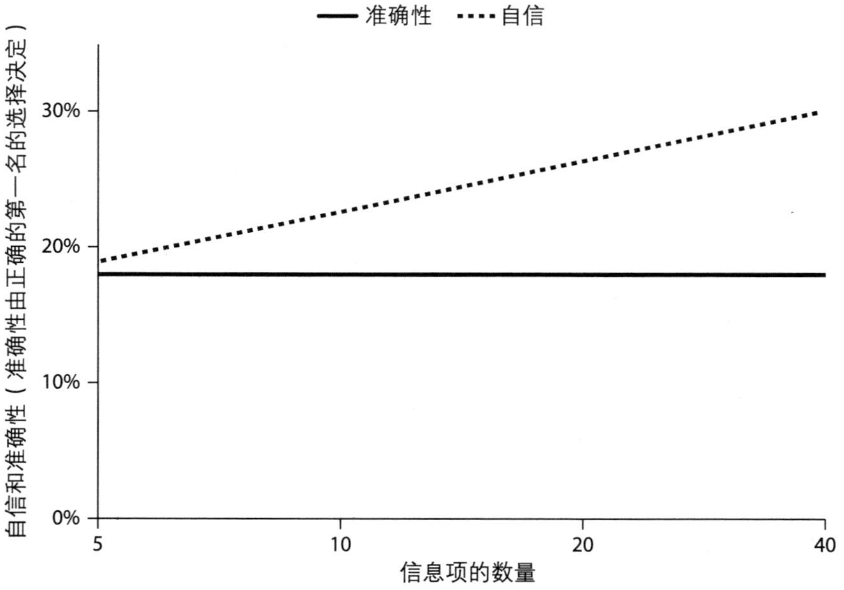

图 6-3　赛马专业裁判员的准确性和自信

这是一张令人难以置信的图。水平的直线表示专家预测的准确性，虚线表示专家的自信，这种自信取决于他们掌握的信息量。

事实是，预测效能线保持水平和自信线的迅速上升显示出人类行为中有一种有趣却又可怕的一面。换句话说，虽然掌握最多数据的专家的预测事实上没有那些掌握有限数据的同事准确，但是掌握的数据越多，人会变得越自信，在某种程度上，他们会过度自信。虽然准确性仍低于 20%，但是自信心却上升至 30%，即感知（自信）与现实（精确）的差异达到了 10 个百分点！

这种行为偏差对投资者有两大负面影响。第一，人们倾向于花太多时间去关注过多的非物质细节，直到最终也无法做出是否投资的决策，通俗的说法为分析瘫痪。

我将尝试收集大量关于投资前景方面的细节信息看作一种漫无边际的讨厌还价。分析师或者投资者会花费数百小时来仔细查看那些对估值并不重要的信息，他们的做法类似于烧掉那些老股。在某种意义上，分析师或者投资者正在祈祷："我将付出很多时间和精力来了解这家公司，今年请奖励我正收益。"

为了与市场上看不见的大手讨价还价，分析师会花费越来越多的时间来收集日益增多、却越来越不重要的关于潜在投资的信息，直到收集额外信息的成本严重超出收集它们的成本。非常详尽的分析会造成一个大问题，即人们越是仔细地研究一个给定问题，这个问题就变得越复杂。每个事实都有一些支撑它的细节，每个支撑细节都有一些可能与它有关的场景。要想做一份非常全面的工作，你必须依次查看每个场景。但是这些场景是相互关联的，所以你必须既要考虑场景中的一阶变化，也要考虑二阶和三阶变化。

很快，分析师或这投资者的电子制表模型就变成了 45 个选项卡，在做出决策之前，似乎还有更多的工作要做（"马来西亚分公司的固定资产折旧数据在哪里？如果我不知道这些数据，我该如何投资？"）。在这一点上，分析已经彻底瘫痪，投资者常常会（在付出所有努力后）决定放弃整件事，因为他或者她对估值根本没有头绪。

收集大量细节信息的另一项成本更微妙，但同样危险。假设分析师已经对第二个场景和第三个场景进行了研究，并确定这家公司被低估了。该公司的交易价为 X 美元，"至少值 Y 美元"。分析师对 Y 美元估值有多少信心？如果我前面提到的科学研究是有效的，那么分析师的信心会比认股权证高出 50%。这是一种不健康的过度自信。

投资者点击“买入”按钮，并期待最好的结果。然而，过了几个季度后，该公司的一些经营指标开始出现问题。资本支出项目预计将占第一年销售额的5%，但最终却接近9%。销售额较预期稍低，而且成本也稍高。但投资者已经考虑了所有这些可能性，并且仍然对估值非常有信心。因此，这些差异被视为异常现象，将很快通过另一个或者两个季度的结果得以纠正。这种情况可能会持续很长一段时间，直到投资者突然面临公司资金枯竭、新产品线失败或者其他类似事件的可能性。曾经如此自信的投资者现在不得不面对亏损这种令人不愉快的事情（我们将在后面介绍他们可能不想认识到亏损的原因）。

爱情使人盲目。遗憾的是，过度自信可以让投资者变得跟爱情中的人们一样盲目。我认为，聪明的期权投资的两个方面能够帮助你改善这些偏差。

第一，回顾一下决定公司估值的驱动因素的最多只有四个，而通常只有三个。当你正在阅读一家公司的资料并分析其价值时，明智的做法是不断地问自己以下两个问题：

1. 我正在分析的内容与公司价值的驱动因素有关吗？
2. 我正分析的材料与估值有关吗？

当然，全面了解煤炭加工技术或者油藏结构与工程能够让人获得一种满足感，但是你要认识到，这种满足纯粹是个人的，对估值没有一点影响。了解这些技术的细节可能有助于了解一个行业的竞争动态，但是了解它们的成本几乎总是超出这些知识带来的好处。作为一个外行，如果你想了解所有技术点，可能就需要两组在这一领域接受过专门培训的工程师来讨论你正在学习的技术点。无论这个技术点是什么，无论你的能力多强，你都不可能做出比那些人更明智的决定。如果最后的结果是“A公司将可能以比B公司稍低的成本生产煤炭，因为A公司有煤矿”，这是一个在维基百科上用几分钟就能确定的事实，不需要去当地大学的工程图书馆翻阅书籍进行核实。

第二，在线估值的例子描述了你能够如何为一家公司创建合理的估值区间，我相信这些区间会对你很有帮助。预测估值区间，而不是把它们与某一只特定股票的估值挂钩，有助于投资者更客观地把握正在获得的信息，更敏锐地观察正在发生的变化。例如，如果投资者看到一组估值区间接近 30 美元，一组接近 50 美元，那么他就可以客观地评估一段时间内获得的经营数据，并且决定哪组预测的经济效益能够与实际结果相符。投资者也许认为经济效益更可能低于 50 美元，但随着时间的推移，他或她可能会看到，接近 30 美元的效益更接近事实。在这种情况下，投资者会因做出了准确的预测而感到高兴（因为投资者对 30 美元和 50 美元的水平都进行了预测），即使他或她对投资成果并不是特别满意。这可能需要克服我们将要讨论的最后一种行为偏差，即人类对风险的反常感知。

人类对风险的反常感知

看看下面的问题。第一个问题是：你可以选择用货币报酬玩以下两个游戏，你会玩哪个？

- 游戏 1：75% 的机会赢 6000 美元，25% 的机会赢 0 美元。
- 游戏 2：100% 赢 4000 美元。

记住你的选择。第二个问题是：你可以选择用货币报酬玩以下两个游戏，你会玩哪个？

- 游戏 3：75% 的机会损失 6000 美元，25% 的机会损失 0 美元。
- 游戏 4：100% 损失 4000 美元。

你的答案是什么？

从数学角度看，你应当选择玩游戏 1 和 4，这是理性的选择。大多数人会不理性地选择玩游戏 2 和 3。游戏 1 的预期支出 = 75% × 6000 美元 + 0 = 4500 美元。因此，游戏 1 的结果产生的预期收益要高于游戏 2。如果你选择了游戏 2，就说明你是风险规避型投资者。

将游戏条件颠倒为产生损失而不是利润，你可以看出，游戏 3 产生的预期损失（4500 美元）高于游戏 4（4000 美元）。如果你选择游戏 3 而不是游戏 4，这说明你是风险寻求型投资者，不是风险规避型投资者。

心理学家阿莫斯 • 特沃斯基（Amos Tversky）和丹尼尔 • 卡尼曼对行为偏差进行了系统的研究，他们发现，就收益而言，人们倾向于风险规避；就损失而言，人们倾向于风险寻求。他们创建了前景理论来描述这种倾向。为了了解风险规避和风险寻求，让我们看一个简单的关于投注的例子。

你为被试提供了一个选择，要么接受支付一定金额的支付，要么根据类似投硬币这样的公平打赌的结果接受支付金额。如果硬币正面朝上，那么被试赢 100 美元；如果硬币背面朝上，那么被试拿不到钱。从数学的角度看，公平赌注的预期回报是：

100 美元 × 50% + 0 美元 × 50% = 50 美元

经济学家基于个人接受的固定支付描述了个人风险偏好，目的是为了不让支出有风险。三种风险偏好是：

- 风险中性；
- 风险规避；
- 风险寻求。

风险中性型投资者完全是理性的。数学上的预期回报是 50 美元，所以风险中性的方式是除了代替打赌的 50 美元之外，不接受任何保证性支付。如果你要将理性的风险中性型投资者对风险结果的预期值（运用经济学家所谓的“效用曲线”）画出来，你可以得到图 6–4。

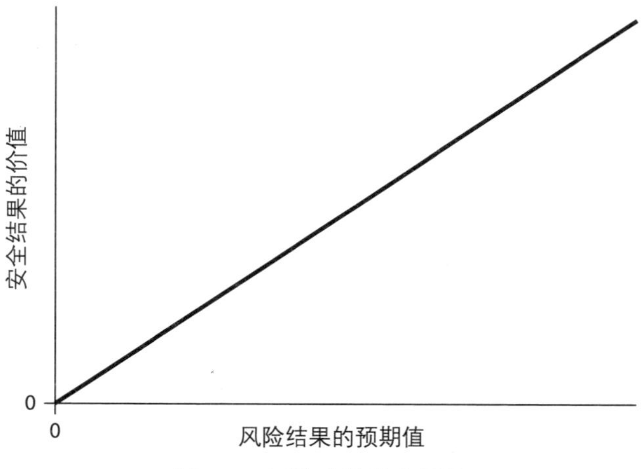

图 6–4　风险中性效应函数

由于 50 美元对于一些人来说并不是一大笔钱，他们能够并且确实在这个货币水平上保持了风险中立。如果把潜在支出增至 100 万美元，我保证人们会非常乐意展示出风险规避。

那些愿意接受低于预期支出的保证金，以避免把总支出置于风险中的人展示了风险规避。例如，如果你愿意接受确定的 45 美元而不是 50% 的机会赢 100 美元，那么你就属于风险规避型投资者。风险规避型投资者的效用曲线如图 6–5 所示。

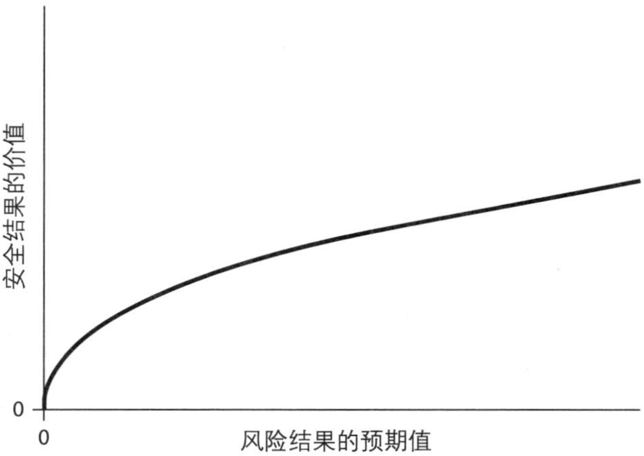

图 6–5　风险规避效用函数

大多数精神健康且血液酒精水平相对较低的人都是风险规避型投资者。当涉及的数量变得重要（然而涉及的人定义了重要性）时，风险规避的倾向就会变得更强烈。

赌博成瘾者和那些不应当操作重型机械的血液酒精水平高的人会表现出风险寻求行为。当然，这与风险规避恰好相反：风险寻求者为了放弃打赌，需要保证金支付高于以数学方法计算出的预期支出。例如，风险寻求者不想停止投注，除非他或她的预期值为 50 美元，而得到了 60 美元或者更多。风险寻求型投资者的效用曲线如图 6–6 所示。

对于那些日间心理谈话类节目无法解决其问题的人来说，风险寻求可能是难以置信的，但是正如你将看到的那样，现在阅读本书的每个人都可能在其投资生涯中多次表现出风险追求行为。

如果读过经济学教科书，你会知道人们要么是风险中立型（专业经济学家总是努力表明他们属于风险中立型，因为他们通常以自己的理性为荣），要么是风险规避型，要么是风险寻求型。事实上，我们都会在不同的时间展现出这些形象，而这主要取决于实际情况。特沃斯基和卡尼曼发现的令人遗憾的事实是，在不同的情况中，人类倾向于展示每个形象最没有用的帮助。

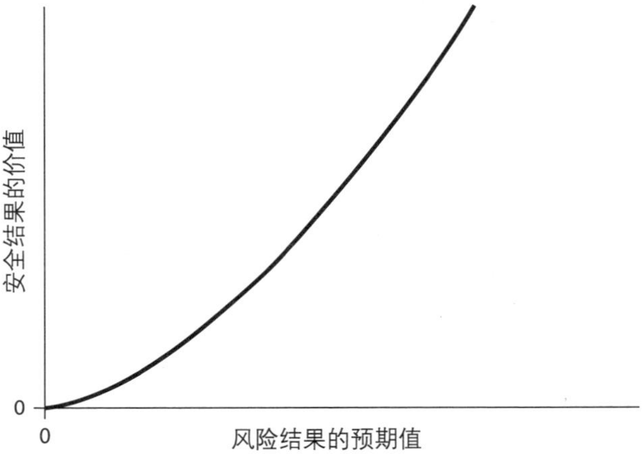

图 6-6　风险寻求效应函数

当我们赢了的时候，我们往往是风险规避型。我们已经在短时间内获得了一笔投资 20% 的收益，这时我们倾向于“撤回资金”，实现收益。当我们为点击“卖出”按钮感到骄傲和满足时，我们没有意识到的是，当我们关闭头寸时，我们的钱又一次被闲置，我们面临着不得不寻找另一种高风险投资来取代我们刚刚关闭的投资。

相反，当我们亏损时，我们往往是风险寻求型。例如，假设我们的投资已经亏损了 60%。我们会自然而然地倾向于卖出那笔头寸吗？不会。因为我们所持股票的价值已经下跌如此之多，以至于我们感觉任何小幅上涨都将对当前情况有明显改善。我们“随波逐流”，并且期待着时来运转。那些意识到他或她没什么可失去的（因为已经损失太多了），并且一切对其而言都是收益的人会这么做。当然，这正是绝望的定义（也是很多对冲基金从业人员日常的工作方式）。

这种变化的风险概况如图 6–7 所示。第二象限展示了风险规避，即一个人宁愿限制自己的收益也不愿意随波逐流。第三象限展示了风险寻求，即一个人宁愿打赌也不愿意识到自己的损失。

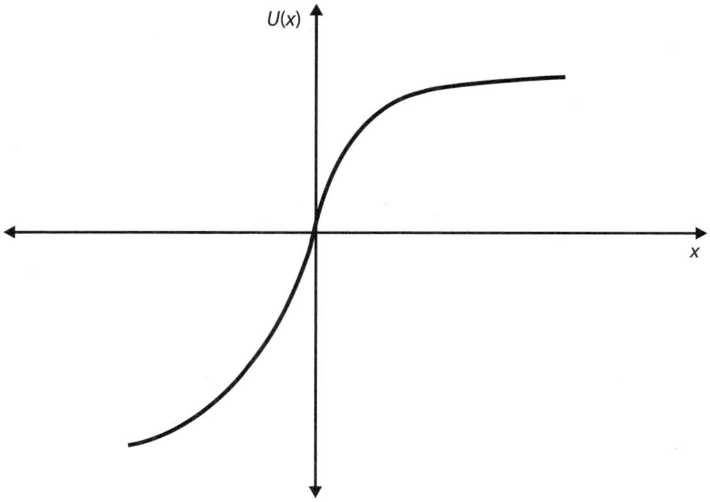

图 6–7 前景理论效用曲线

需要注意的是，第一象限的曲线看起来像是风险规避效用曲线，而第三象限的曲线看起来像是风险寻求效用曲线。这是一个令人震惊的图形，但是也许一个真实的例子影响更大。

想想那个参与了谷歌首次公开募股的人，他以每股 85 美元的价格买入了谷歌的股票。几个月后，他的钱翻了一番多，他高兴地以每股略高于 200 美元的价格卖出了这些股票，并再次把他的资本投入另一笔投资。就做出投资决策而言，他选择了从头开始。如图 6–8 所示。

在 A 点时，这位投资者的想法是："我是一个投资天才！在几个月的时间里，我就赚到了 100% 的收益，是时候撤回资金了。"然而，在他卖掉股票并且认为他已经减小了谷歌的敞口之后，他最终会因急于实现收益而感到沮丧。如图 6–9 所示。

图 6-8　谷歌的收盘价

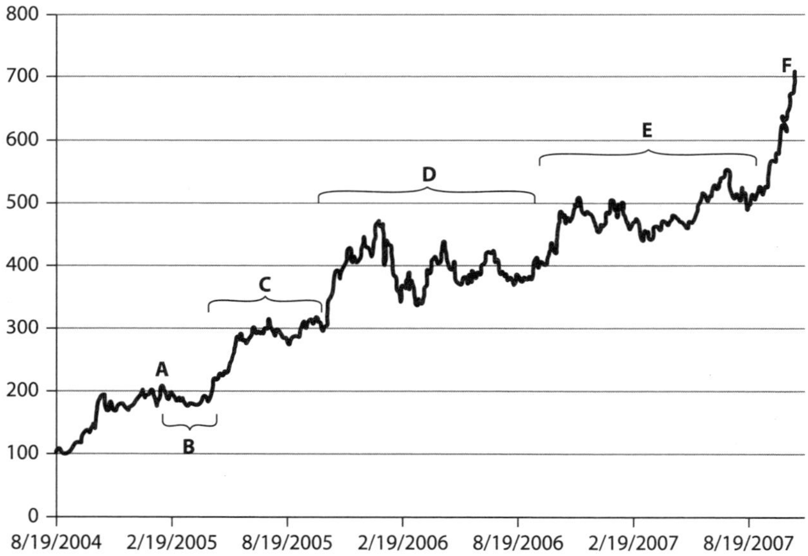

图 6-9　谷歌的收盘价

投资者可能有以下理由。

1. 实现利润的原始销售。
2. 我做得对。
3. 我本来可以赚到更多钱，但很快损失就会赚回来的，然后我再多买入一些。
4. 我应当做空谷歌吗？
5. 啊啊啊啊啊！
6. 第二次购买。

最后，在他以每股 675 美元的价格卖掉谷歌头寸后，他就提前退休了，而乡村俱乐部的一个人用他卖掉谷歌股票的收益买了一辆新的雷克萨斯汽车。我们弯弯曲曲的效用曲线展示的是社会生物在面对不确定性和悔恨时常常会做的事情，即随波逐流。乡村俱乐部的那个人很高兴，他以 695 美元买入的订单在中午完成了，更高兴的是他在买入股票后获得了 3% 的收益。

我们那位倒霉的投资者对时机把握不好，可这对我们有好处，因为他在 2007 年当地市场处于高位时买入了谷歌的股票并且在下跌期间持有股票，这可以让我们同时在股票图表和效用函数曲线上关注他所承受的心理痛苦。

因此，假设当头寸的价值略降至每股 620 美元时，一位以 695 美元买入了谷歌股票的投资者会感到极度痛苦，在图 6–10 中，位置 A 表示这一点。然而，随着价格的持续下跌（假设图 6–10 中的位置 B 表示每股 450 美元），人类决策者通常会说“如果我的股票能卖到 475 美元，我就马上卖掉”。如果股价确实达到了 475 美元，那么这个象限的直线的曲率就意味着，投资者在结束打赌之前会要求更高的保证金价格（比如每股 525 美元）。在某个可能表示本金会受到严重损失的时刻，投资者在很大程度上已经习惯了进一步亏损的预期，而且如果股价跌得足够低，投资者不再冒险赌价格会小幅上涨。人们通常会在这个点上卖出股票，就像他们买入的 50 美元的股票在粉单交易市场（Pink Sheets）上正以 1.5 美元的价格交易一样。这种心理效应很难克服，也许根本无法克服。然而我认为，最重要的第一步是对一家公司的公允价值区间进行合理且有针对性的评估，并且了解组成这个区间的价值的驱动因素。

图 6–10　谷歌的收盘价

假设你在确定低端估值为 39 美元且高端估值约为 50 美元后，以 30 美元买入了一只股票。现在，一季度的收益报告显示了一些不错的数字，即数据显示，估值在 50 美元左右更准确，而且股价上涨了 10%，达到了 33 美元。

在这种情况下，你不太可能在上涨 10% 后兴奋地拿走你的利润，因为你知道在股票达到你的最佳估值区间之前仍有大约 50% 的上涨空间。这再次证明，了解估值的驱动因素和鉴别（并谦虚地面对）对未来预测（估值区间所反映的那样）的不确定性能够对抗风险认知中与反常行为有关的那些根深蒂固的偏差，而且这是我所发现的最佳方式。

现在，我们将简要地介绍一下理性投资的结构性障碍，然后总结目前所学的所有经验，来看看如何明智地使用期权进行投资。

结构性障碍

我们内心有一个敌人，它以我们之前讨论过的行为偏差的方式存在。如果这还不够糟糕，那么我们正尝试在不利于智能投资的环境中进行聪明的投资。换句话说，我们不仅要与内心的敌人作战，还要与外部的敌人作战。

外部敌人由反对我们（即试图进行聪明的投资的资本拥有者）的众多因素组成。这些因素是某种结构的一部分，这种结构已经发展成证券业交易、管理、监管、分析和报告的一部分，而证券是投资过程中不可或缺的一部分。它们包含了作为投资者每周所收到的很多明确消息和隐含信息。明确信息告诉我们，我们应当“像老手那样交易”；隐含消息暗示我们，我们不知道我们正在做的事情，所以如果我们希望成功，就应当相信这位专家或者下一位专家。

这些结构性问题的核心是委托人和代理人之间的区别。

委托人和代理人

如果不区分委托人和代理人，你就无法谈论结构性障碍。委托人是投资于预期可产生正收益的风险项目或者资产的资本所有者。委托人既可以像你我一样是拥有有限生命的个体，也可以是慈善机构和企业这样的法律实体（理论上是永远的行为主体）。代理人是代表委托人行事从而获得报酬以及从委托人的资本中获得报酬的中介。

任何时候，一个人都会因做某事而得到补偿，他或她自己的利益存在危险。当我们自己的利益处于危险中时，我们会寻找机会来保护并促进它们增长。除非如何衡量与评估投资业绩以及如何根据业绩给予代理人报酬进行了大量考量，否则在推进其日常工作的过程中，代理人实际上可能最终会与委托人背道而驰。代理人（那些必须在其行业的限制下工作，以维持其工作并在其职业生涯中前行的人）与委托人（那些只想存足够的钱，以便在退休后舒舒服服地过日子，并把一些东西传给子孙的人）之间的紧张关系是“结构性障碍”的根源所在。

要研究这些结构性障碍，首先需要弄清楚谁在玩这个投资游戏以及规则是什么。为此，要先介绍一下团队：买方和卖方（双方都是代理人）以及委托人。了解了这些，我们就能更好地避免代理人为自身利益而建立的结构性陷阱。

买方

买方由委托人聘任的代理人构成，他们代表委托人投资并管理委托人的资本。最著名的买方是共同基金和对冲基金，但是保险公司、养老基金和捐赠基金也属于这一类。我倾向于认为对冲基金和共同基金的做法与其他基金不同，所以我们将分别看看这两类基金。

一位专业理财经理的话也许是对共同基金和大型对冲基金的态度最好的概括："埃里克，从来没有人会因为没赚到钱而被解雇，他们被解雇是因为亏损。"大多数不熟悉资金管理业的人认为，对于管理人员来说，业绩是最重要的。事实上，对于资金管理者而言，投资业绩只是达成目的的一个不太方便的手段。对于对冲基金或共同基金的所有者而言，游戏的真正名称是管理资产（Assets Under Management，AUM）。管理资产是基金代表客户管理的资金总额，对基金所有者而言，这是其财富的主要来源。共同基金会收取一笔佣金，这笔费用代表客户留出一部分资金给它们管理，但通常不会直接作为基金业绩的回报。就共同基金而言，管理资产是最重要的，而投资业绩只是一种营销手段。如果基金A能产生足够好的业绩，使其在其他基金中占有重要位置（比如"我们有X%的基金跑赢了它们的理柏[①]平均值），而且像晨星公司这样的评级公司如果对这只基金的评级为正，那么A基金现有的客户就不太可能将他们的钱投给另一只基金，同时业绩较差的基金的客户会把资金转给A基金管理。当然，在发放年度奖金时，基金公司员工的薪酬大约会与其投资建议的业绩成正比，因此这是一种可以激励分析师和投资组合经理争取良好表现的手段。然而，如果分析师有兴趣让他或她的收入以薪酬的形式获得，那么分析师很快就会知道最好的方法通常是最安全的方法。

这导致了一种被称为伪指数化投资（closet indexing）的现象，在这种现象中，投资基金的投资组合是如此多元化，以至于它实际上采用了与指数（或者基金用来衡量相对业绩的任何基准）相当的风险回报配置。马丁·克雷莫斯（Martijn Cremers）及其同事在2011年进行的一项研究中得出了以下结论：

> 在这篇论文中，我们考察了30个国家在股票共同基金管理中的显性和隐性的（主动管理型）指数投资的相关性。我们发现，在几乎所有国家中，虽然有少量显性指数投资作为管理资产的一部分而存在（比起"积极管理"型基金，几乎很少有低负荷指数基金），却存在大量的伪指数化投资。也就是说，很多国家的股票基金经理选择了与其设定的基准密切相关的投资组合。

或者简单地说，无论投资者是将钱投给一只积极管理的基金还是一只指数基金，

① 理柏公司（Lippe）是一家国际知名的基金研究机构。——译者注

他们主要得到的是指数的业绩。另外，奖金和薪酬的增长是按年分配的，这意味着对于分析师或者基金经理来说，自然投资期限只有一年。新年伊始，几乎所有业内人士都会感到兴奋和慰藉，因为他们知道自己将会有一个全新的开始。显然，代理人（基金公司的员工和拥有者）并不会按照委托人的最佳利益采取行动（因为他们收取费用，却不提供多少或者任何利益），而且总的来说，代理人的投资时间跨度与委托人的并不一致（代理人每年都会重新开始，而委托人只关心他们的投资资产在某个时间点上的价值，比如大学入学或者退休）。

虽然有点扭曲，但对冲基金行业也一样。大型对冲基金通常以"2–20"的配置设立，客户每年 2% 的资金会立即支付给管理者（这是共同基金的佣金），而且 20% 的利润（或者超过某些基准的利润）会定期分配。这些知名基金的所有者通常以这种方式创办他们的企业，拿到基于管理资产的所有款项，并将具有风险、基于业绩的支出中的最大一部分交给那些负责管理这些资金的投资组合经理和分析师。也就是说，大型对冲基金所有者的薪酬结构与大型共同基金所有者的非常相似，所以他们主要关注的是客户不会将他们的资金交给其他对冲基金管理。对这些基金所有者来说，业绩在某种意义上只是通过安全保管他人的财富来实现其财富生产目标的一种必要的罪恶。

小型对冲基金的所有者和所有对冲基金的管理者 / 分析师的工作更艰难。这个行业的竞争非常激烈，这些代理人的薪酬和奖金产生的收入流的持续状况对近期业绩极为敏感。小型对冲基金的所有者受惠于对冲基金的基金（hedge funds of funds，HFoF）[①]，而且他们的钱非常"快"。如果一家小型基金管理公司没有在给定的某一季度跑赢相应的基准，或者无法让 HFoF 相信上一季度的业绩落后是由于某种原因且将在下一季度扭转，HFoF 很可能将从基金中撤回资金。同样，为大型基金工作的投资组合经理必须至少每年向对冲基金所有者证明，他或她的业绩已经足够好或者很快好到值得客户继续分配资金。

奇怪的是，随着越来越多的对冲基金涌入市场，吸收机会以产生阿尔法（即超额回报），对冲基金已经显示出与标的指数高度相关的回报。摩根士丹利最近发布的一项研究报告以图表形式讲述了这个故事，即标准普尔 500 指数（S&P 500）与

① 对冲基金的基金是另一个中介，它们通过将委托人的资本注入不同的对冲基金以换取报酬。

2013 年年中达到约 90% 回报的对冲基金指数之间的联系。这并不意味着单个对冲基金将可能作为共同基金参与伪指数化投资，但这确实意味着如果你把资金投资于多只对冲基金以尝试产生更好业绩的话，那么你的回报将更像是指数投资的回报。

现在转向下一个买方组，即保险公司、养老基金和捐赠资金，我们看到了不同的商业模式和员工的不同动机。一般来说，这些买方企业产生超额回报的压力较小，并且以另一项主要业务的附属业务而存在。寿险公司用客户的钱进行投资，但通常承诺的回报非常有限。也就是说，寿险公司以这种方式与客户签订协议，是为了确保如果它们的投资决策至少能最低限度地满足客户的需求，它们就能够履行对客户的承诺。因此，投资往往是蓝筹股和高质量债券的默认选择。在这种环境下，衡量投资组合经理的标准并不是他或她的投资能力，而是他或她按照一个足够合理的比例来配置债券和股票的能力，以便在到期时能够履行保险公司对客户的义务。保险公司面临的真正风险是没有收取足够的费用或者向客户承诺得太多。这些基金的投资期限大约是 10 到 20 年。

养老基金在投资理念上也大致相同，即如果一位投资组合经理在高等级企业债券和蓝筹股之间合理地分配资产，那么他或她的职业生涯基本上是安全的。现在，很少有私营部门实体为其员工提供养老金，更难以置信的是养老金充足或者过剩（这意味着它们有足够的资金来偿还其未来的债务）的例子。同样，这些实体的投资期限长达 10 到 20 年。

直到不久之前，大学捐赠基金与保险或者养老基金非常相似，但它们的投资期限自然更长，因为在有限的时间内，它们通常不会承诺将资金用于任何特定目的。捐赠资金通常分配给更广泛的资产类别，包括对冲基金、私募股权基金和房地产等。哈佛大学和耶鲁大学的几位天才投资组合经理在最近几年为其学校做出了巨大的贡献。然而，总体而言，在这种环境中，资产选择或者分配的风险对管理者来说是很低的。相反，风险与管理者有能力让他们学校的董事会相信，他们正恰当地、有远见地管理着学校的资产。对所有买方公司来说，一个不可否认的事实是随着实体的壮大，投资任何东西都变得越来越难了，除了非常大型且流动性好的股票。

即使你拥有一只在一年内上涨了 10% 的小盘股头寸，如果你的投资基数很大，以至于在年初时获胜的头寸只占总管理资产的 0.005%，那么这仅代表着在年底时，它只占投资组合的 0.01%，也就是说，就超额业绩而言，几乎没什么变化。我们用

表 6–2 对买方进行了总结。

表 6–2　买方情况分析

参与者	客户特征	时间期限	风险	投资范例
对冲基金	要求苛刻，快钱	3 个月 ~1 年	所有者：失去客户 管理者：不下有风险的赌注	提供阿尔法的任何事物
共同基金	温和，不知情	1 年	不随波逐流，了解管理资产的下跌	伪指数化投资
保险公司和养老基金	很大程度上没有意识到他们的投资	10 年 ~20 年	未向客户收取足够的费用；未在退休金终止前退休或者拖欠退休金	AAA 级债券和蓝筹股——风险规避
捐赠基金	还未出生	10 年 ~100 年	失去董事会的信心	目光长远的广泛的分类资产配置

回看这个表格，作为资本的主要所有者，“风险”一栏中谈到的投资风险有你已经经历过或者感觉最迫切的吗？

卖方

卖方由企业组成，其工作是（通过它们的代理人）在拥有资本的委托人与金融市场之间建立联系。券商对机构投资者而言是卖方对手方，但对个人投资者而言，是股票经纪和网络经纪对手方。

这项业务的操作原则可以用一句古老的格言来总结：“熊市可以赚钱，牛市也可以赚钱，只有猪被杀。”换句话说，卖方不在乎市场是涨是跌，因为它们的收入只取决于进入市场的投资者。输掉这场比赛的唯一方法就是太贪婪，并在随后失去价值的证券商上冒险。①

卖方基本上是按照客户进入市场的频率来赚钱的。因此，卖方拥有让客户尽可

① 多年来，券商的模式已经发生了变化。本书描述的券商有一部分业务是致力于增加客户“流动性”。然而，在过去的 20 年中，它们额外地开始成立内部对冲基金，这些基金被称为“自营交易台”或者“自营交易员”。虽然自营交易员代表企业工作，这些企业在历史上曾被称为券商，比如高盛集团和、摩根士丹利，它们实际上属于买方机构。在本章中，为了清晰起见，我将券商视为纯粹的卖方实体，即使它们实际上具有买卖双方的元素。

能频繁交易的既得利益。卖方研究小组会聘请顶尖大学的优秀毕业生和业内人士，这些业内人士基本上都在企业和交易部门从事营销工作。研究小组会发现，越是可能促使客户进行股票交易或者销售的短期“催化剂”，对它们越有利。研究小组的奖金在很大程度上取决于销售和交易部门的反馈。因为只有客户进行交易，销售和交易团队才能赚到钱，所以提倡长期持有和不频繁交易的研究无论多么有效，都一定不受欢迎。

销售部门人员的主要职责是促使客户做出交易决策并与他们进行交易（而不是另一家银行），所以销售人员会花更多的时间对对冲基金交易员进行电话拜访，给他们一些市场信息，并指出做短期交易的机会。

最终结果

买卖双方正是这样相互影响，从而创造了一个重视短期行为和依赖大盘股的投资环境。问题在于个人投资者被卷入了这些阴谋，并且最终试图扮演代理人角色，而实际上他们是委托人。正如我们已经看到的那样，代理人根据多种短期因素得到了报酬和奖金，而这些因素往好了说是中性的，往坏了说是损害委托人利益的。买方代理人要么对投资业绩相对不感兴趣（比如保险公司和养老基金），要么只对很短时间内的相对优异业绩感兴趣（比如对冲基金和共同基金）。卖方代理人按照交易数量和频率赚钱，因此它们乐于推动代表养老金的蓝筹股的大笔交易，或者代表积极主动的对冲基金在一天内进行大量个人交易。

这些代理人都没有考虑其投资的公司可能创造的经济价值，而且为了使自己的薪酬最大化，他们乐于忽略长期观点，而选择了在 90 天内有效的交易。个人投资者会阅读卖方的研究报告，而且由于研究分析师如此聪明，并且对给定公司或者行业的细节了如指掌，所以这些投资者认为从长远来看，分析师的建议对他们会有所帮助。商业新闻频道源源不断地邀请买卖双方的专家，对与他们有关的事情（比如对本季度产生小优势的短期机会）以及个人投资者错误假设对他们也很重要的事情发表高见。

经验丰富的技术分析师在任何图表中都能找到投资机会。一位卖方投资银行家总会基于一些比率分析（有效期为两周）来谈论为什么一家公司看起来比同行业的另一家公司便宜一些。只要个人投资者每月进行一定数量的交易，折扣经纪人就非常乐于为投资者提供“免费”的复杂软件和数据包，并鼓励这些投资者“像专业人士一样进行交易。”

这些结构性因素的最终结果是，个人投资者如果得知自己做的事情与其看到的高薪代理人做的事情不同，他们就会陷入一种心理陷阱，认为自己做错了什么。这是受到了我之前提到的一种行为偏差，即羊群效应的强化，也就是说，人类常常跟随他人而不是冒险独立行动来获得安全感。

一般来说，任何不关注企业长期经济价值的信息或者策略都应当被聪明的投资者视为转移注意力的信号，并且被忽视。个人投资者在短期或者相对业绩方面没有获得补偿，所以那些能够在这一领域为其提供优势的信息应当受到质疑。

既然你已经很好地理解了本书第一部分介绍的期权背后的理论，以及如何在不落入第二部分介绍的行为与结构陷阱的情况下评估合理的估值区间的理论，那么就让我们将这些知识应用到实际的投资任务中。本书第三部分介绍了如何将股票估值的原理应用于期权投资，并展示了如何平衡风险和回报，使之对我方有利。

THE

INTELLIGENT

OPTION INVESTOR

APPLYING
VALUE INVESTING
TO THE
WORLD OF
OPTIONS

第三部分

聪明的期权投资

既然你了解了期权如何操作以及如何为公司估值，那么现在是时候将理论应用于实践，来了解如何将其应用于投资了。在本书的第三部分，我们将从理论转向实践，当你完成这部分的学习时，你将成为一位聪明的期权投资者。

要投资期权，你必须知道如何进行期权交易，这正是第 7 章的主题。在本章中，你将了解如何解读期权定价屏幕，并分解屏幕上的信息，这样你就可以了解期权市场对某只股票的未来价格的预测。我还谈到了一位聪明的期权投资者需要了解的一个希腊字母——Δ。

第 8 章论述的主题——杠杆对期权投资者而言是必不可少的。不是所有的期权策略都是杠杆策略，但很多策略都是杠杆策略。因此，如果不了解杠杆是什么、如何衡量和使用杠杆以及如何将杠杆安全、合理地纳入一个投资组合，那么你就不能说你真正了解了期权。第 9 章 ~ 第 11 章介绍了获得、接受和混合敞口的具体策略。在这些章节中，我对选择什么样的执行价最有效、当投资的预期结果发生实质性变化时应当做些什么以及如何将每个策略纳入你的投资组合提供了具体建议。第 11 章还对所谓的“期权备兑策略（option overlay strategy）”提供了指导，在这种策略中，股票的头寸通过由期权备兑来修改股票的风险回报情况（比如为套期保值买入保护性看跌期权以及为产生收入卖出备兑看涨期权）。

与其他书籍不同的是，本书只介绍了少数策略，其中大部分策略非常简单。我避开复杂的头寸有两个原因。第一，正如你看到的那样，期权交易是非常昂贵的，期权策略越复杂，潜在回报的吸引力就越小；第二，期权策略越复杂，可供投资者利用的期权的内在方向性的作用就越小。

简单的策略是最好的。如果你能够很好地了解这些简单的策略，那么当需要时，你就可以对它们进行调整，以满足特定的投资场景。也许通过使用这些简单的策略，你将无法与当地投资俱乐部的期权大师聊聊“铁鹰套利中的 γ”，但那将是他或她的损失，而不是你的。第 12 章将介绍什么是智慧的投资，同时通过选股来了解你所承担的两种风险：市场风险和估值风险。

THE INTELLIGENT OPTION INVESTOR
APPLYING VALUE INVESTING
TO
THE WORLD OF OPTIONS

第 7 章

寻找错误定价的期权

到目前为止，我们所有与期权有关的讨论都是理论性的。接下来该深入实践，来看看期权在市场上是如何运作的。读完这一章后，你应当明白：

1. 如何解读期权链定价屏幕；
2. 期权的具体定价特征，比如广泛的买卖价差、波动率微笑、买价和买价的波动率以及有限的流动性 / 可利用性；
3. 什么是 Δ 以及它为什么对聪明的期权投资者很重要；
4. 如何比较期权市场对未来股票价格的暗示与一个明智的确定区间。

很明显，本章与我们成为聪明的期权投资者的目标相契合，就这一点而言，即使你很了解期权和估值理论，但如果不了解在现实世界中找到真正投资机会而必须采取的实际步骤，那么所有这些理论都对你没有好处。

本章使用的术语如下所示。

收盘价	买价隐含波动率	
结算价	卖价隐含波动率合约规模	波动率微笑
借贷套利	希腊人	
买卖价差	Δ	

期权报价

我们可以从期权定价屏幕来开始讨论（见图 7–1）。这些屏幕起初看起来似乎很吓人，但是到本章结尾处，你就能够真正看懂它们了。

看涨期权							说明	看跌期权						
Last	Chng	Bid	Ask	Impl. Bid Vol.	Impl. Ask Vol.	Delta		Last	Chng	Bid	Ask	Impl. Bid Vol.	Impl. Ask Vol.	Delta
							▼ JUL 26 ′13							
0.86	-0.23	0.91	0.94	◆ 21.672%	24.733%	◆ 0.8387	31	0.09	+0.01	0.07	0.09	◆ 22.812%	24.853%	◆ -0.1613
0.23	-0.14	0.24	0.26	◆ 20.380%	21.722%	◆ 0.4313	32	0.45	+0.10	0.39	0.42	◆ 20.456%	22.469%	◆ -0.5689
0.02	-0.04	0.02	0.04	◆ 19.627%	22.988%	◆ 0.0631	33	1.15	+0.11	1.17	1.20	◆ 19.851%	24.612%	◆ -0.9373
C0.00			0.02	N/A	62.849%	◆ 0.0000	37	C4.99		4.90	5.25	N/A	85.803%	◆ -1.0000
C0.00			0.02	N/A	72.188%	◆ 0.0000	38	C5.99		4.85	7.25	N/A	203.970%	◆ -1.0000
C0.00			0.02	N/A	81.286%	◆ 0.0000	39	C6.99		5.40	8.90	N/A	267.488%	◆ -1.0000
							▼ AUG 16 ′13							
C12.01		10.35	13.30	N/A	201.771%	◆ 0.9580	20	C0.00			0.02	N/A	77.739%	◆ -0.0420
C11.01		9.30	12.40	N/A	192.670%	◆ 0.9598	21	C0.00			0.02	N/A	70.681%	◆ -0.0402
C10.01		8.40	11.35	N/A	175.779%	◆ 0.9620	22	C0.00			0.02	N/A	63.514%	◆ -0.0380
1.16	-0.17	1.17	1.19	◆ 19.408%	20.098%	◆ 0.7053	31	0.33	+0.02	0.33	0.34	◆ 19.958%	20.303%	◆ -0.2948
0.54	-0.14	0.56	0.58	◆ 18.405%	18.997%	◆ 0.4743	32	0.76	+0.09	0.71	0.73	◆ 18.577%	19.170%	◆ -0.5261
0.22	-0.06	0.20	0.22	◆ 17.721%	18.491%	◆ 0.2461	33	1.40	+0.14	1.35	1.38	◆ 17.954%	19.011%	◆ -0.7545
C0.00			0.01	N/A	25.587%	◆ 0.0357	37	C4.99		4.95	5.30	N/A	41.423%	◆ -0.9652
C0.00			0.01	N/A	29.201%	◆ 0.0392	38	C5.99		4.65	6.55	N/A	61.602%	◆ -0.9616
C0.00			0.02	N/A	35.855%	◆ 0.0482	39	C6.99		6.70	7.30	N/A	52.378%	◆ -0.9524
							▼ SEP 20 ′13							
C12.02		11.75	11.90	N/A	55.427%	◆ 0.9897	20	C0.00			0.02	N/A	50.831%	◆ -0.0103
C11.03		10.70	12.35	N/A	123.903%	◆ 0.9869	21	C0.01			0.03	N/A	48.233%	◆ -0.0131
C10.04		9.50	10.10	N/A	64.054%	◆ 0.9834	22	C0.03		0.01	0.05	◆ 37.572%	46.993%	◆ -0.0166
1.65	-0.13	1.65	1.68	◆ 22.720%	23.311%	◆ 0.6325	31	0.84	+0.07	0.80	0.82	◆ 22.989%	23.384%	◆ -0.3679
1.06	-0.12	1.08	1.10	◆ 22.019%	22.407%	◆ 0.4997	32	1.23	+0.05	1.23	1.25	◆ 22.284%	22.672%	◆ -0.5008
0.66	-0.07	0.65	0.67	◆ 21.378%	21.813%	◆ 0.3606	33	1.88	+0.16	1.79	1.82	◆ 21.453%	22.106%	◆ -0.6402
C0.06		0.04	0.05	◆ 20.455%	21.147%	◆ 0.0463	37	C5.03		4.95	5.55	N/A	36.111%	◆ -0.9558
0.03	0.00	0.01	0.03	◆ 19.050%	22.144%	◆ 0.0266	38	C6.00		6.15	6.30	◆ 17.134%	30.947%	◆ -0.9757
0.02	+0.01	0.01	0.02	◆ 21.354%	23.409%	◆ 0.0155	39	C6.99		6.85	7.55	N/A	44.342%	◆ -0.9871
							▼ JAN 17 ′14							
C12.05		11.55	12.30	N/A	54.689%	◆ 0.9712	20	C0.11		0.11	0.13	◆ 37.790%	38.919%	◆ -0.0318
C11.07		10.05	12.00	N/A	66.920%	◆ 0.9628	21	C0.15		0.13	0.17	◆ 35.385%	37.587%	◆ -0.0406
C10.10		9.85	10.00	◆ 0.000%	35.642%	◆ 0.9535	22	C0.19		0.17	0.19	◆ 34.172%	35.246%	◆ -0.0503
C2.58		2.44	2.48	◆ 23.193%	23.656%	◆ 0.5890	31	1.80	+0.09	1.75	1.78	◆ 23.567%	23.914%	◆ -0.4120
1.93	-0.09	1.91	1.93	◆ 22.845%	23.072%	◆ 0.5118	32	2.27	+0.12	2.22	2.25	◆ 23.145%	23.485%	◆ -0.4879
1.42	-0.14	1.45	1.48	◆ 22.218%	22.553%	◆ 0.4324	33	2.73	+0.04	2.76	2.80	◆ 22.479%	22.925%	◆ -0.5665
0.38	-0.06	0.39	0.41	◆ 21.148%	21.460%	◆ 0.1664	37	C5.57		5.70	5.80	◆ 21.404%	22.967%	◆ -0.8294
C0.30		0.27	0.29	◆ 20.913%	21.374%	◆ 0.1258	38	C6.43		6.50	6.85	◆ 19.420%	26.265%	◆ -0.8690
C0.22		0.18	0.21	◆ 20.899%	21.581%	◆ 0.0923	39	C7.35		7.40	7.85	◆ 18.411%	28.715%	◆ -0.9025
							▼ JAN 16 ′15							
12.10	-0.20	12.10	12.20	◆ 30.523%	32.597%	◆ 0.9064	20	0.68	0.00	0.66	0.68	◆ 33.203%	33.497%	◆ -0.0906
3.40	-0.26	3.50	3.60	◆ 24.198%	24.854%	◆ 0.5354	32	4.25	+0.09	4.15	4.25	◆ 25.378%	26.033%	◆ -0.4520
1.69	-0.10	1.70	1.75	◆ 23.081%	23.426%	◆ 0.3336	37	C7.27		7.30	7.40	◆ 24.054%	24.745%	◆ -0.6521

图 7–1　期权定价屏幕

图 7–1 是我截取的甲骨文公司在 2013 年 7 月 20 日和 21 日这个周末的期权定价屏幕，这时市场处于休市状态。7 月 19 日星期五时，甲骨文公司股票的交易价为 31.86 美元，较星期四的收盘价下降了 0.15 美元。你的经纪人的屏幕看起来可能和这个不太一样，但你应当能够拉回这里显示的所有数据列。我已经限制了这个屏幕上的所有数据，以提高其可读性。我们能够得到更多的执行价和到期日数据。这里显示的到期日是未来的 1 周、26 天、60 天、180 天和 544 天，544 天是证券交易市

场中最长的期限。

在不关注所列数字的情况下，让我们先来看看屏幕本身是如何设置的。如图 7–2 所示。

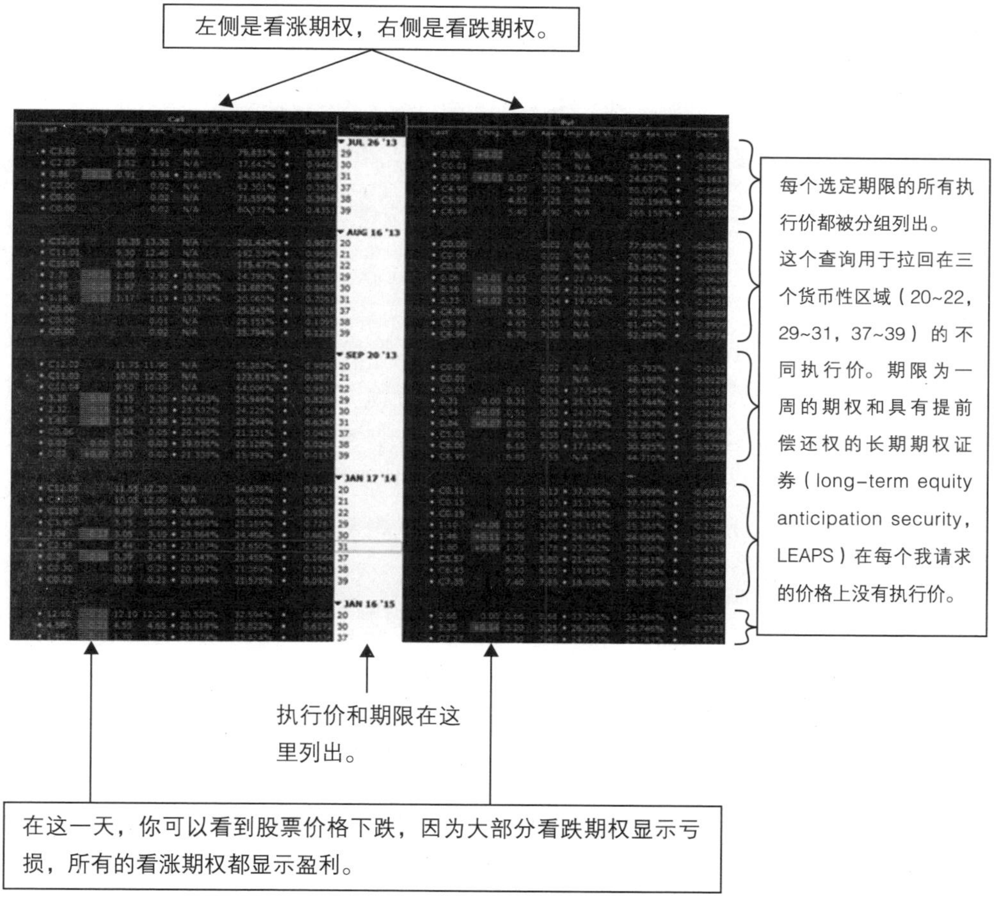

图 7–2　期权定价屏幕的结构

现在你已经了解了一般设置，那么让我们深入研究一下一只到期的看涨期权，看看每一列意味着什么。如图 7–3 所示。

看涨期权							说明
Last	Chnq	Bid	Ask	Impl. Bid Vol.	Impl. Ask Vol.	Delta	
							▼ SEP 20 ´13
C12.02		11.75	11.90	N/A	55.427%	◆ 0.9897	20
C11.03		10.70	12.35	N/A	123.903%	◆ 0.9869	21
C10.04		9.50	10.10	N/A	64.054%	◆ 0.9834	22
1.65	-0.13	1.65	1.68	◆ 22.720%	23.311%	◆ 0.6325	31
1.06	-0.12	1.08	1.10	◆ 22.019%	22.407%	◆ 0.4997	32
0.66	-0.07	0.65	0.67	◆ 21.378%	21.813%	◆ 0.3606	33
C0.06		0.04	0.05	◆ 20.455%	21.147%	◆ 0.0463	37
0.03	0.00	0.01	0.03	◆ 19.050%	22.144%	◆ 0.0266	38
0.02	+0.01	0.01	0.02	◆ 21.354%	23.409%	◆ 0.0155	39

红色（亏损） 绿色（收益）

图 7–3　一只到期的看涨期权的定价屏幕

最终价格

这是相关合约交易的最终价格。请注意，与远期价内执行价（20 美元、21 美元和 22 美元）相关的最终价格和一个远期价外执行价（37 美元）的前面有一个字母 C。这只是我的经纪人使用的一种方式，它表示的是合约在当天的交易时段没有交易，而且列出的最终价格是前一天的收盘价。收盘价不一定是市场价。在当天结束时，如果合约没有交易，那么交易所将给出当日的指示性收盘价（或者结算价）。甲骨文公司于 2013 年 8 月 16 日到期、执行价为 20 美元的期权可能已经六个月或者更长时间没有被交易了，交易所每天都在简单地“标记”一个收盘价。

期权价格的一个重要事实是，它们是以每股价格进行报价的，但必须在表示多股控制权的合约中进行交易。由一个合约控制的股份数量被称为合约规模。在美国市场，一份标准合约代表着对超过 100 股股票的控制权。有时，单一合约控制的股数会不同（比如通过股份交换被收购的公司），但是这些通常不能用来交易。一般来说，合约规模是 100 股容易记住。

你不能把合约分解成更小的合约或者只购买合约的一部分，期权交易意味着你必须在不可分割的合约中且每份合约控制 100 股的情况下这样做。因此，如果你要交易图 7–3 展示的那些期权中的一只期权，那么你花费的资金量都将是你图中所看到的每个价格的 100 倍。例如，31 美元执行价的期权的最终价格为 1.65 美元。购买那份合约的投资者为其支付了 165 美元（加上费用、税收和佣金，这些都不包括在公布的价格中）。在本书剩下的内容中，当我计算某笔交易的花费时，你总能看到我会乘以 100。

变化

这是较前一天收盘价的变化。我的经纪人只显示了当天交易活跃的合约的变化。

接近平价的执行价看起来是最活跃的，因为有两笔远期价外期权交易，一笔价格根本没有变化，另一笔价格涨了 1 美分。在标的股票下跌的一天，这些看涨期权的价格理论上也应当下跌（因为执行价与股价的比率正变得越来越大）。这只是表明，当涉及期权时，理论和实践有时是脱节的。

要理解可能正在发生的事情，我们就应当了解一下做市商。做市商是券商的员工，他们负责确保证券市场的流动性和有序。作为同意为每个执行价提供最低 10 份合约的最低流动性的回报，每次交易时，做市商都有机会赚取买卖价差（稍后我将介绍买卖价差）。然而，做市商发布了一个给定的价格，他或她就会保证以该价格进行交易。如果在这种情况下（因为我们正在处理价外看涨期权）出现一些意想不到的积极消息，这些消息一旦渗入市场，将使股价大幅上涨，在做市商意识到它们之前，一位观察力强、反应迅速的投资者看到了它，那么投资者可以在那些远期价外看涨期权中获得一个非常好的价格（比如投资者用 1 美分购买远期价外看涨期权，并且在做市商意识到发生了什么的时候以 50 美分卖出）。如果发生这种情况，为防止一些做市商亏损太多资金，做市商通常会公布远期价外期权或者股票流动性相对较差的期权的价格（在这个水平，一位聪明的投资者是不会以那个价格与他或她进行交易的）。做市商已承诺提供流动性，但协议未规定必须以合理的价格提供流动性。因此，你经常会看到远期价外期权的价格不遵循期权的理论性“规则”。

买价 – 卖价

对于股票投资者而言，买入价与卖出价的差额是无关紧要的。不过，对于期权投资者来说，这是一个必须考虑的因素，我将在下一小节中详细介绍原因。考虑买卖价差最简单的方法就是从买一辆新车的角度来思考。假设你花了 20 000 美元买了一辆新车，这是卖价。你拿到了车钥匙，绕着大街开了一圈，回到汽车展厅又卖给了经销商。经销商以 18 000 美元买下了它，这是买价。在这个例子中，买卖价差为 2000 美元。

从比例上看，期权的买卖价差比股票的买卖价差大得多。例如，我在这里强调的期权是一只非常大、非常重要且流动性很好的股票期权。执行价为 32 美元的看涨期权（你将在下一节学习到这个内容，即平价）的买卖价差是 0.02 美元，中间价是 1.09 美元。这相当于买卖价差百分比是 1.8%。与此相比，甲骨文公司股票本身的买卖价差为 0.01 美元，中间价为 31.855 美元，价差百分比为 0.03%。

对于规模较小、流动性较差的股票来说，买卖价差的百分比甚至更大。例如，图 7–4 展示的是穆勒水务集团（Mueller Water Products）的期权链。

看涨期权							说明	看跌期权						
Last	Change	Bid	Ask	Impl. Bid Vol.	Impl. Ask Vol.	Delta		Last	Change	Bid	Ask	Impl. Bid Vol.	Impl. Ask Vol.	Delta
							▼ AUG 16 ′13							
C5.30		5.20	5.50	N/A	340.099%	0.9978	2.5	C0.00			0.10	N/A	292.169%	-0.0000
C2.80		2.70	2.95	N/A	142.171%	0.9978	5	C0.00			0.10	N/A	128.711%	-0.0000
0.55	0.00	0.50	0.55	39.708%	46.039%	0.7330	7.5	C0.25		0.20	0.30	40.733%	53.108%	-0.2778
C0.00			0.10	N/A	76.652%	0.1316	10	C2.25		2.10	2.35	N/A	88.008%	-0.8663
							▼ NOV 15 ′13							
C5.30		5.20	5.50	N/A	163.282%	0.9347	2.5	C0.00			0.05	N/A	117.369%	-0.0616
C2.80		2.80	3.00	N/A	75.219%	0.8524	5	C0.00			0.10	N/A	60.675%	-0.1447
C0.85		0.80	0.90	36.722%	42.610%	0.6103	7.5	C0.55		0.50	0.60	36.550%	42.433%	-0.3886
C0.10		0.10	0.20	36.336%	45.215%	0.1516	10	C2.35		2.30	2.40	35.664%	44.802%	-0.8447
							▼ FEB 21 ′14							
C5.30		5.10	5.50	N/A	122.894%	0.9933	2.5	C0.00			0.15	N/A	110.810%	-0.0018
3.00	+0.15	2.85	3.10	38.754%	64.543%	0.9190	5	C0.10		0.05	0.15	38.181%	50.757%	-0.0787
C1.10		1.05	1.15	38.318%	42.697%	0.6070	7.5	C0.85		0.70	0.85	35.520%	42.074%	-0.3890
C0.35		0.30	0.40	39.127%	44.728%	0.2566	10	C2.55		2.45	2.60	35.509%	43.947%	-0.7375
C0.10		0.05	0.20	36.347%	50.218%	0.1024	12.5	C4.80		4.60	4.90	N/A	49.401%	-0.8913

图 7–4　穆勒水务集团的期权链

看看 11 月到期的平价看涨期权，它们的执行价是 7.50 美元，并在截图中被圈出。你可以看到，中间价为 0.85 美元，买卖价差为 0.10 美元。结果为 11.8%。

因为期权合约的买卖价差非常大，所以期权合约的借贷套利[①]造成了一个很大的障碍，那就是投资者必须熬过证券的回报才赚到钱。在穆勒水务集团的例子中，投资者购买的期权必须在价格上发生 11.8% 的变化，投资者才能赚到钱。正是这个原因，我认为期权的日内交易和 / 或使用涉及同时买卖多份合约的复杂策略都是一种糟糕的投资策略。

隐含买价波动率 / 隐含卖价波动率

由于买价和卖价不同，所以由期权价格隐含的未来股价区间可以被认为不司，这取决于你是买入还是卖出合约。采用我们之前在本书中使用的图形惯例，这种影

① 借贷套利意味着先购入一项担保，然后再把它卖掉。

响如图 7-5 所示。

图 7-5 甲骨文公司的股价图

甲骨文公司是一家大型且流通性较好的企业，所以不同买卖价隐含波动率所隐含的股价差异并不大，但对于那些规模较小、流动性较差的公司来说，这种差异可能非常大。在卖价隐含波动率那一栏，你会注意到远期价内期权的隐含波动率与平价和价外期权的隐含波动率有巨大的差异。之前图中的数据是不完整的，但是如果你打算绘制包含所有隐含波动率数据的图，你会得到图 7-6。

未来股票价格的波动率意味着什么呢？它是对一系列可能的价值区间的一种预测。从不同价格的期权执行价可能会预测出完全不同的股价区间，这是毫无道理的。实际上，市场的意思是，它对股价未来的可能区间有不同的预期，这取决于选择哪种期权。显然，这没有多大意义。

这种“荒谬”的影响实际上证明了实践者了解的 BSM 模型的假设是不正确的，尤其是当回报率呈正态分布时，股价的突然下跌确实比预期的更频繁。这种效应确实存在，甚至还有一个名字，即波动率微笑。虽然以这种方式绘图时，这种效应会非常明显，但是对于我将要介绍的聪明的期权投资策略来说，它并不是特别重要。

也许，你要意识到的最重要的事情是远期价外和远期价内期权的定价要比平价期权的定价更随意、更粗略一些，所以如果你想要交易价外期权或者价内期权，寻找最好的交易是很值得的。例如，请注意，在图 7-5 中，21 美元执行价的隐含波动率实际上明显高于 20 美元执行价的波动率。如果你有兴趣买入一只价内看涨期权，那么你为 20 美元执行价的期权付出的时间价值要少于对 21 美元执行价的期权，从本质上说，这是同样的投资。在下一节讨论 Δ 时，我会更多地谈到波动率微笑。

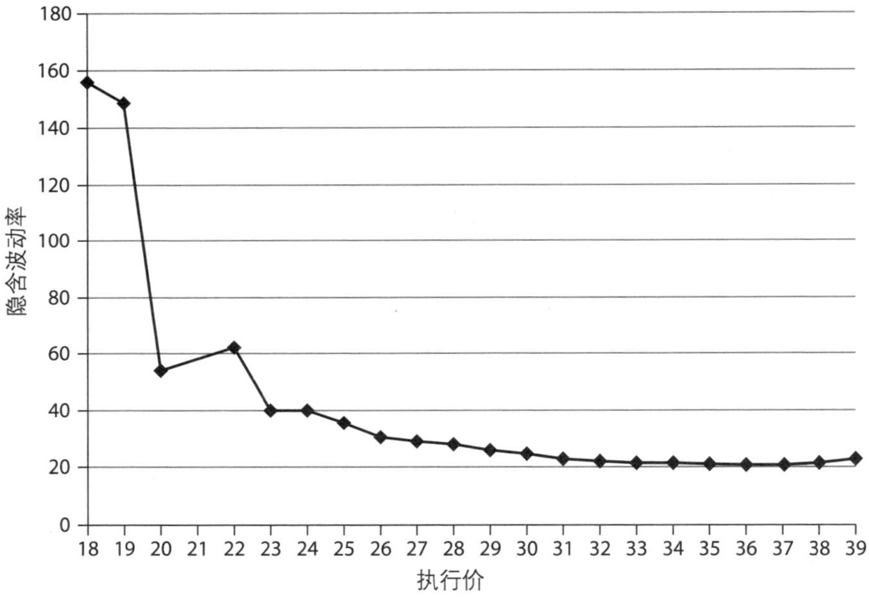

图 7-6　甲骨文公司的隐含波动率

同样，有时看跌期权的隐含波动率不同于同一执行价的看涨期权的隐含波动率。这也是期权市场中出现的市场摩擦之一。这种效应也有投资意义，我将在详细介绍不同的期权投资策略的章节中介绍。

这个价格显示屏上的最后一栏是 Δ，它是一个非常重要的指标。

Δ：最有用的希腊字母

那些试图找出一些关于期权资料的人几乎都知道希腊字母很重要。事实上，我认为它们没那么重要，所以我不在本书中做详细介绍。如果你知道了期权是如何定价的，你就会知道了解这些字母是常识。

不过，对于聪明的期权投资者来说，Δ 的重要性足以让他们了解更多的细节。Δ 是给出一只股票在特定时间点上高于（看涨期权）或者低于（看跌期权）给定执行价概率的一个数字。

看涨期权的 Δ 总是带着正号（+），而看跌期权的 Δ 总是带着负号（-）。例如，一只给定股票的看涨期权的 Δ 为 0.50，那么看跌期权的 Δ 为 -0.50。看涨期权 Δ 为 0.50 意味着股票将有 50% 的概率在执行价以上到期，看跌期权 Δ 为 -0.50 意味着股票将有 50% 的概率在执行价以下到期。事实上，这个执行价论证了平价的技术性定义，即根据 BSM 模型，这个执行价最有可能是股票的未来价格。

Δ 如此重要的原因是，它为你提供了创建 BSM 模型概率锥的方法，你可以使用这个模型找到期权投资机会。回想一下，在我们的 BSM 模型锥图中，虚线意味着股票在统计学上最可能的未来价格。在统计学上，股票最有可能的未来价格（假设股票是随机波动的，BSM 模型就是这样的）是一个价格水平，在这个水平上，实际未来股价高于或低于该水平的概率是相等的。换句话说，在我们的 BSM 模型锥中，50-Δ 表示的是股票的远期价格。

现在再回顾一下，锥上标出的每条线代表股票在未来某一特定时点达到那个价格的概率约为 16%。这意味着，如果我们找到看涨期权的执行价（执行价的 Δ 最接近 0.16 和 0.84）或者看跌期权的执行价（执行价的 Δ 最接近 -0.84 和 -0.16），那么我们就可以勾勒出未来某一时点上的 BSM 模型锥。如图 7-7 所示（我绘制图 7-7 所用数据如表 7-1 所示）。

我仔细研究（有时会做一个快速推断）想要获得最接近于 84Δ、50Δ 和 16Δ 标记的价格。当然，你可以更仔细地计算，并且得到准确的数字，但这样做是为了大致了解市场认为某一特定股票未来价格的走势会如何。

显然，与前面章节所展示的漂亮的、光滑的 BSM 模型锥相比，底部区间看起来完全扩张了。这种扩张只是观察波动率微笑的另一种方式。就像波动率微笑一样，扩张的 BSM 模型锥表示期权市场参与者的一种尝试，他们想让 BSM 模型在实际情况中更有用；而在现实情况中，股票真的会并且确实严重下跌了，即使有效市场假说认为情况不应当是这样的。这个形状表示“我们认为，这些远低于当前价格的价格更有可能高于他们假设的正常百分比回报率”，或者换句话说：“我们害怕！”

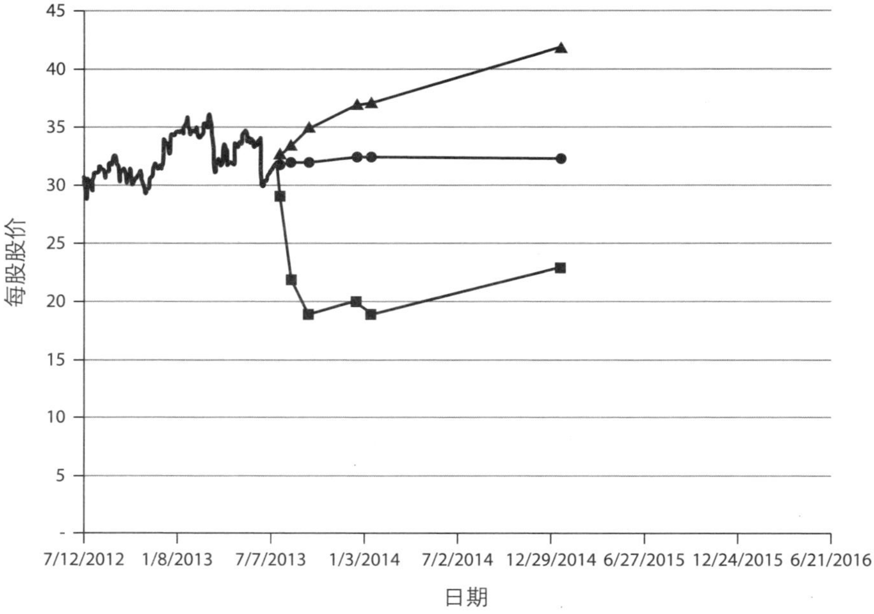

图 7-7 甲骨文公司的股价

表 7-1 绘制图 7-7 所用的数据

到期日	较低价	中间价	较高价
7/25/2013	29.10	31.86	32.75
8/16/2013	22.00	32.00	33.50
9/20/2013	19.00	32.00	35.00
12/20/2013	20.00	32.50	37.00
1/17/2014	19.00	32.50	37.20
1/16/2015	23.00	32 30	42.00

把 Δ 推导出的“锥”与理论推导出的 BSM 模型锥相比，将会得到图 7-8。

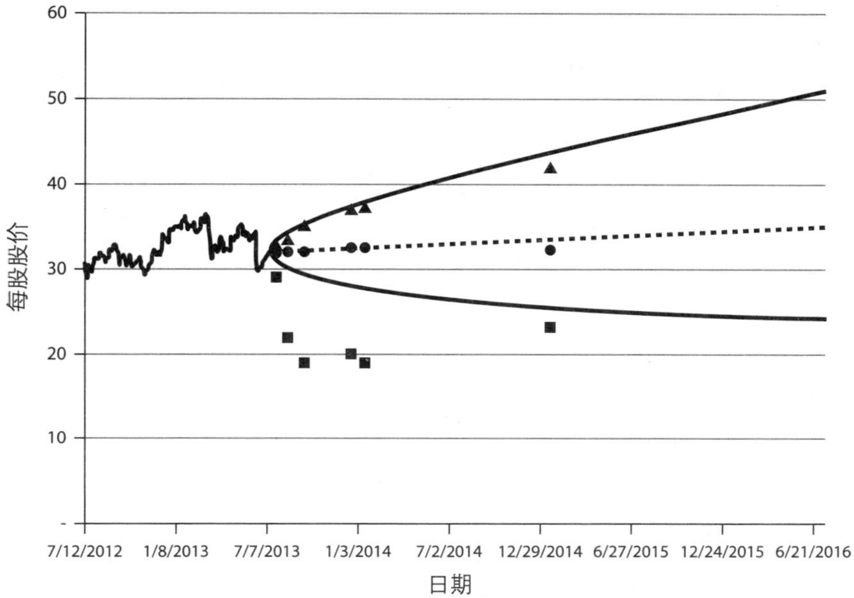

图 7-8　甲骨文公司的股价

当然，我们不需要 BSM 模型锥告诉我们，与下跌执行价相关的点看起来太低。但是看到上升的和最可能的价值非常接近 BSM 的预测是非常有趣的。

我们也要注意到，从 BSM 模型可以看出，在最远到期日的下跌点几乎相当于定价，与较短期限的期权相反。这可能是因为没有人交易远期价内看涨长期期权，所以做市商已经以 BSM 模型为基础简单地公布了他或她的买价和卖价。这在市场中是经常发生的，也就是说，参与者从一个机械产生的价格开始（比如利用 BSM 模型或者其他计算期权定价的模型），并且基于哪种感觉正确、哪种套利机会可用等进行调整。

需要注意的一件重要的事情是，虽然我们正在使用 Δ 数据来了解市场分配给某一特定股票价格结果的概率，但是我们也将 Δ 用于那些几乎没有人交易的期权。大多数期权成交量集中在 50-Δ 标记附近，而且 10% ~ 20% 的点带在其周围（比如从 30-Δ 到 40-Δ 到 60-Δ 到 70-Δ）。在我看来，这些交易清淡的期权包含大量关于未来股价的市场预测的真实信息是值得怀疑的。

用 Δ 了解市场预测的另一个问题是，我们只能在有限的时间内预测出有效执行价的数量。作为例子，我选择了股票流通性非常好的一家高科技公司，它有大量的到期期权和执行价可以让我们详细地了解 Δ。然而，如果我们正在了解穆勒水务集团的期权链并试图找出市场在说什么呢？

图 7–9 展示了三只到期期权，收集这些数据时，它们距到期日分别还有 26 天、117 天和 215 天。此外，几乎没有什么执行价接近我们关键的 84–Δ、50–Δ 和 16–Δ 的执行价，这意味着我们必须做出大量推断来尝试找到市场对 BSM 模型锥的看法。

看涨期权							说明
最终价格	变化	买价	卖价	隐含买价波动率	隐含卖价波动率	Δ	
							▾ AUG 16 ´13
◆ C5.30		◆ 5.20	5.50	N/A	340.099% ◆	0.9978	2.5
◆ C2.80		◆ 2.70	2.95	N/A	142.171% ◆	0.9978	5
◆ 0.55	0.00	◆ 0.50	0.55	◆ 39.708%	46.039% ◆	0.7330	7.5
◆ C0.00			0.10	N/A	76.652% ◆	0.1316	10
							▾ NOV 15 ´13
◆ C5.30		◆ 5.20	5.50	N/A	163.282% ◆	0.9347	2.5
◆ C2.80		◆ 2.80	3.00	N/A	75.219% ◆	0.8524	5
◆ C0.85		◆ 0.80	0.90	◆ 36.722%	42.610% ◆	0.6103	7.5
◆ C0.10		◆ 0.10	0.20	◆ 36.336%	45.215% ◆	0.1516	10
							▾ FEB 21 ´14
◆ C5.30		◆ 5.10	5.50	N/A	122.894% ◆	0.9933	2.5
◆ 3.00	+0.15	◆ 2.85	3.10	◆ 38.754%	64.543% ◆	0.9190	5
◆ C1.10		◆ 1.05	1.15	◆ 38.318%	42.697% ◆	0.6070	7.5
◆ C0.35		◆ 0.30	0.40	◆ 39.127%	44.728% ◆	0.2566	10
◆ C0.10		◆ 0.05	0.20	◆ 36.347%	50.218% ◆	0.1024	12.5

图 7–9　三只到期期权的定价屏幕

为了更好地了解市场传达的信息，我建议查看交易量最大的期权，并假设这些执行价的隐含波动率提供了市场对股票未来价格区间的假设的真实信息。把交易量大的合约隐含波动率作为市场预期的真正的远期波动率，使我们能够在理论上创建一个 BSM 模型锥，我们可以通过它无限地延伸至未来（更进一步说，延伸至股票未来价格区间），而且它可能更接近于反映远期波动率的真正的市场预期。一旦有了 BSM 模型锥，我们就可以将其与我们得出的最好和最坏情况下的估值进行比较，作为公司分析过程的一部分。

我们将在下一小节来了解这个过程，我会一步一步地介绍如何将估值区间与期权市场所隐含的估值区间进行比较。

聪明的估值区间与 BSM 模型估值区间的比较

本书的重点是教你如何成为一名聪明的期权投资者，而不是如何做随机微积分，或者如何编写计算机程序来计算 BSM。因此，我不会解释如何从数学上推导出 BSM 模型锥。我有一个应用程序，它允许你填入几个数字，并创建一个 BSM 模型锥的图形，执行本小节中介绍的比较过程。你唯一需要知道的是在这个应用程序中填入什么数字。我将这个过程分为三个步骤：

1. 创建一个 BSM 模型锥；
2. 在 BSM 模型锥上备兑你的合理估值区间；
3. 寻找差异。

创建一个 BSM 模型锥

一个 BSM 模型锥的核心是远期波动率数据。正如我们已经看到的那样，随着远期波动率的提高，BSM 模型预测（和市场预期）的未来股价区间也增大。然而，在看过期权的市场定价后，我们也知道大量的波动率数据是可用的。我们应当看哪一个呢？每个执行价都有自己的隐含波动率数据。我们应当使用什么执行价的波动率呢？到期日也有多个。我们应当看哪种期限的期权呢？我们应当看处于买价的隐含波动率，还是处于卖价的隐含波动率呢？也许，我们应当采用"激进现实主义"的方法，只需计算所有列出的隐含波动率的平均值。实际上，如果你使用一些简化的假设来选择一个单一的波动率数据，答案就很简单了。我不是一个学者，所以我不需要关心这些简化的假设是否与理论一致。我也不是一个套利者，所以我不太关心数字是否精确，这种态度也很适合使用简化的假设。我们需要确保的是，简化的假设没有扭曲我们的认知，不会导致我们做出糟糕的经济选择。

以下是我们将要做的假设。

1. 距离到期还有一个或两个月的合约的隐含波动率（平价或至少在 40-Δ 至 60-Δ 区间，而且交易频繁）将包含市场关于股票真实的远期波动率的最佳想法。
2. 如果要在不久的将来发布一项重要公告，隐含波动率可能会出现偏差，所以它们的信息可能不可靠。在这种情况下，你要尝试在公告发布之后找到一笔到期时接近平价执行价的交易。如果公告将在大约四个月或者更长的时间内发布，那么你只需要尝试关注期限为一个月和两个月的合约的平价波动率。

3. 如果存在较大的买卖价差，那么相关的远期波动率就等于我们想要交易的隐含波动率。换句话说，如果你正在考虑获得敞口，那就使用卖价隐含波动率；如果你正在考虑接受敞口，那就使用买价波动率。

基本上，这些规则只是在说："如果你想知道期权市场对未来股价区间的预期是什么，那么就找一个不错的、流动性好且靠近平价执行价的隐含波动率并使用它。"大多数期权交易都是在当前平价附近的一个区间内进行的，期限从零到三个月不等。通过查看最大交易量的隐含波动率，我们正在充分利用市场的价格发现功能。重要公告有时可以摆脱真实的波动率情况，这就是为什么我们尝试避免收集来自这些情况（比如法律判决、食品和药物管理局的审判决定，尤其是有深远影响的季度收益公告等）下的期权信息。

如果我正在观察甲骨文公司，我可能会选择于 9 月到期、执行价为 32 美元的期权。这些是期限为 61 天的 50-Δ 的期权，而且看涨期权与看跌期权之间或者买价和卖价之间没有太大区别。我对 8 月到期的期权有些怀疑，因为我认为它们的隐含波动率比其他期权的低几个百分点。不过，你使用哪种期权可能没有太大区别。我们正在努力寻找那些被严重错误定价的机会，不想对这几个百分点做过多详细的分析。综上所述，我可能会用 22% 附近的一个数字来表示甲骨文公司的远期波动率，如图 7-10 所示。

							▼ SEP 20 '13							
C12.02		11.75	11.90	N/A	55.427%	◆ 0.9897	20	C0.00			0.02	N/A	50.831%	◆ -0.0103
C11.03		10.70	12.35	N/A	123.903%	◆ 0.9869	21	C0.01			0.03	N/A	48.233%	◆ -0.013
C10.04		9.50	10.10	N/A	64.054%	◆ 0.9834	22	C0.03		0.01	0.05	◆ 37.572%	46.993%	◆ -0.0165
1.65	-0.13	1.65	1.68	◆ 22.720%	23.311%	◆ 0.6325	31	0.84	+0.07	0.80	0.82	◆ 22.989%	23.384%	◆ -0.3673
1.06	-0.12	1.08	1.10	◆ 22.019%	22.407%	◆ 0.4997	32	1.23	+0.05	1.23	1.25	◆ 22.284%	22.672%	◆ -0.5003
0.66	-0.07	0.65	0.67	◆ 21.378%	21.813%	◆ 0.3606	33	1.88	+0.16	1.79	1.82	◆ 21.453%	22.106%	◆ -0.6402
C0.06		0.04	0.05	◆ 20.455%	21.147%	◆ 0.0463	37	C5.03		4.95	5.55	N/A	36.111%	◆ -0.9553
0.03	0.00	0.01	0.03	◆ 19.050%	22.144%	◆ 0.0266	38	C6.00		6.15	6.30	◆ 17.134%	30.947%	◆ -0.9757
0.02	+0.01	0.01	0.02	◆ 21.354%	23.409%	◆ 0.0155	39	C6.99		6.85	7.55	N/A	44.342%	◆ -0.987

图 7-10　甲骨文公司的期权定价屏幕

对穆勒水务集团而言，这有些棘手。如图 7-11 所示。

最后，我可能会选择与执行价为 7.50 美元、2013 年 8 月到期（距离到期日还有 26 天）的期权相关的隐含波动率。我在这些期权与 11 月到期、执行价相同的期权之间犹豫不决，但 8 月到期的期权至少交易活跃，而且看涨方的买卖价差的百分比低于 11 月到期的期权。不过要注意的是，虽然 2013 年 8 月的看跌期权到目前为止是买卖价差非常大的价外。但在这种情况下，我可能会仔细观察看涨期权的隐含波动率。最终，我将会有一个约 39% 的买价波动率和约 46% 的卖价波动率。由于买卖价差大，所以我可能想看看买价和卖价的模型锥。

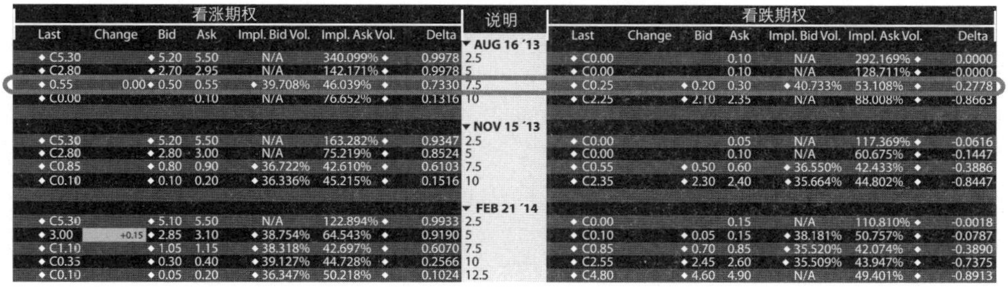

看涨期权							说明	看跌期权						
Last	Change	Bid	Ask	Impl. Bid Vol.	Impl. Ask Vol.	Delta		Last	Change	Bid	Ask	Impl. Bid Vol.	Impl. Ask Vol.	Delta
							AUG 16 ´13							
C5.30		5.20	5.50	N/A	340.099%	0.9978	2.5	C0.00			0.10	N/A	292.169%	0.0000
C2.80		2.70	2.95	N/A	142.171%	0.9978	5	C0.00			0.10	N/A	128.711%	-0.0000
0.55	0.00	0.50	0.55	39.708%	46.039%	0.7330	7.5	C0.25		0.20	0.30	40.733%	53.108%	-0.2778
C0.00			0.10	N/A	76.652%	0.1316	10	C2.25		2.10	2.35	N/A	88.008%	-0.8663
							NOV 15 ´13							
C5.30		5.20	5.50	N/A	163.282%	0.9347	2.5	C0.00			0.05	N/A	117.369%	-0.0616
C2.80		2.80	3.00	N/A	75.219%	0.8524	5	C0.00			0.10	N/A	60.675%	-0.1447
C0.85		0.80	0.90	36.722%	42.610%	0.6103	7.5	C0.55		0.50	0.60	36.550%	42.433%	-0.3886
C0.10		0.10	0.20	36.336%	45.215%	0.1516	10	C2.35		2.30	2.40	35.664%	44.802%	-0.8447
							FEB 21 ´14							
C5.30		5.10	5.50	N/A	122.894%	0.9933	2.5	C0.00			0.15	N/A	110.810%	-0.0018
3.00	+0.15	2.85	3.10	38.754%	64.543%	0.9190	5	C0.10		0.05	0.15	38.181%	50.757%	-0.0787
C1.10		1.05	1.15	38.318%	42.697%	0.6070	7.5	C0.85		0.70	0.85	35.520%	42.074%	-0.3890
C0.35		0.30	0.40	39.127%	44.728%	0.2566	10	C2.55		2.45	2.60	35.509%	43.947%	-0.7375
C0.10		0.05	0.20	36.347%	50.218%	0.1024	12.5	C4.80		4.60	4.90	N/A	49.401%	-0.8913

图 7-11　穆勒水务集团的期权定价屏幕

为甲骨文公司代入 22.0/22.5[①]，将得出如图 7-12 所示的 BSM 模型锥。

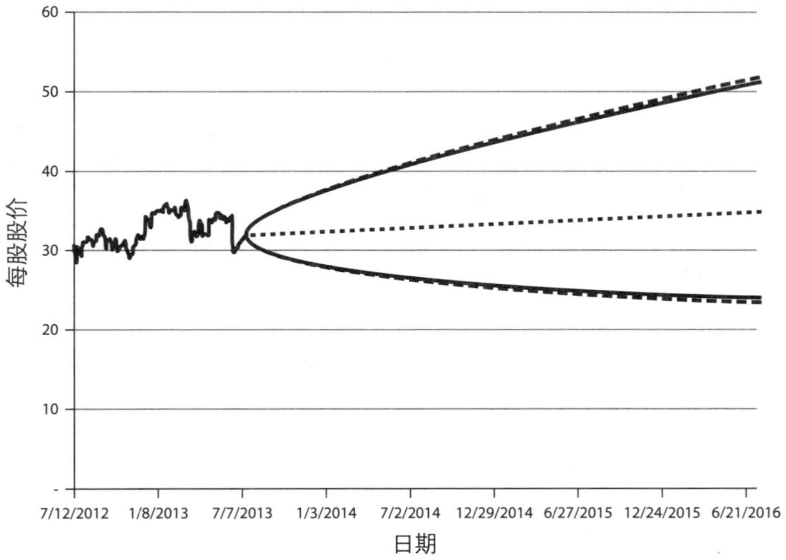

图 7-12　甲骨文公司期权的价格图

① 这仅仅意味着买价波动率为 22.0% 以及卖价波动率为 22.5%。

为穆勒水务集团代入 39/46，将得到图 7-13。

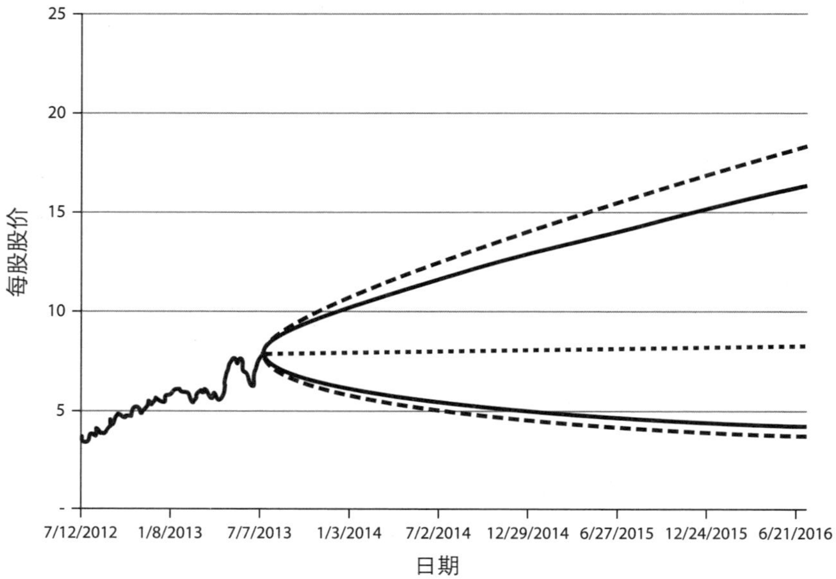

图 7-13 穆勒水务集团期权的价格图

根据预测结果，你可以看出，穆勒水务集团买价和卖价隐含波动率之间七个百分点的差异有多大。39% 的买价隐含波动率仅在 15 美元左右产生一个上限；46% 的卖价隐含波动率产生的上限为 20% 或者高于 20%。在 BSM 模型锥上备兑一个智能的估值区间对于大公司或者小公司来说，都很简单且完全相同，所以我将继续以甲骨文公司为例。在对甲骨文公司的估值进行了全面评估后，你已经了解最好情况的估值和最糟糕情况的估值了，也许还对可能的估值有些想法。你简单地把这些数字画在图上，如图 7-14 所示。

我们一旦完成了这一步，就可以准备进行下一步和最后一步了。

寻找差异

最后一步也很容易。期权将股票收益分成上升敞口和下降敞口，所以我们既需要观察向上敞口，也需要观察向下敞口，以了解我们的预期与市场预期的不同之处，如图 7-15 所示。

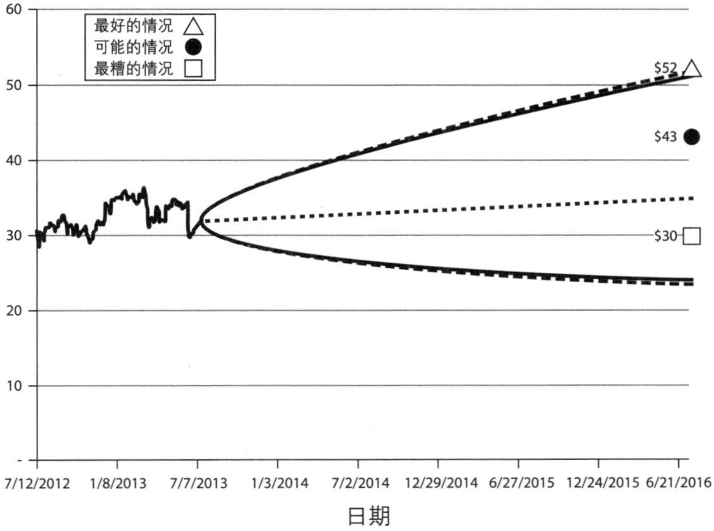

图 7-14　甲骨文公司期权的价格图

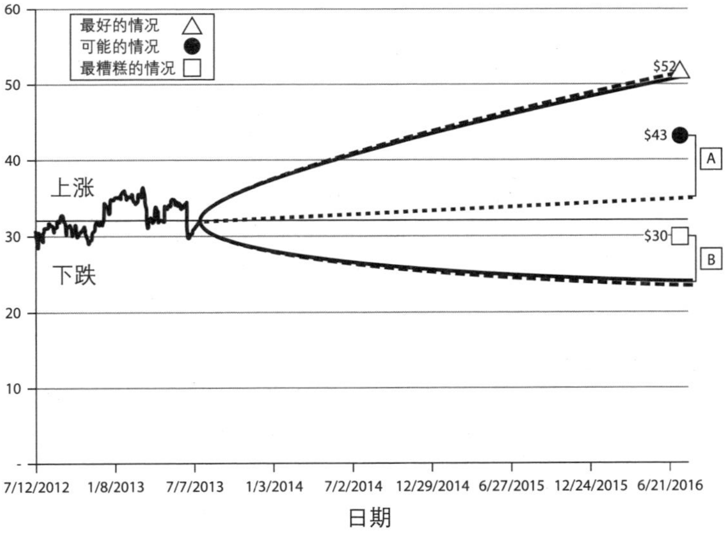

图 7-15　甲骨文公司期权的价格图

在上升趋势中，我们可以看到，可能情况下的估值为每股 43 美元，而 BSM 模型最可能的估值略低于 35 美元，两者相差超过 20%。这是图 7-15 中标记“A”的区域。BSM 模型基于股票达到一定价格水平的可能性来确定期权价格。BSM 模型认为 43 美元的价格水平相对是不可能的，而我认为这相对是有可能的。因此我相信，让我获得甲骨文公司上涨潜力敞口的期权，即看涨期权的价值被低估了。为了保持低买的古老投资规则，我想通过买入低价看涨期权来获得甲骨文公司上涨的敞口。

在下跌趋势中，我注意到，在我对最糟糕情况的估值（30 美元）和 BSM 模型锥的较低端线（约 24 美元）之间有相当大的差异，这是图 7–15 中标记“B”的区域，两个值之间的间隔再次（仅是偶然）达到 20% 左右。BSM 模型定价期权对为下降趋势授予敞口、执行价为 24 美元的期权，即看跌期权定价，好像它们很可能会发生一样。一些很可能发生的事情会被 BSM 模型进行昂贵的定价。另一方面，我的分析让我认为，BSM 模型的估值结果是非常不可能的。这种差异让我相信看跌期权的价值被高估了，也就是说，BSM 模型认为 24 美元的估值是有可能的，因为期权价格昂贵，而我认为这是不可能的，因为期权几乎毫无价值。在这种情况下，我们应当考虑古老投资格言的另一半，并且逢高卖出。

这种策略看起来可能如图 7–16 所示。

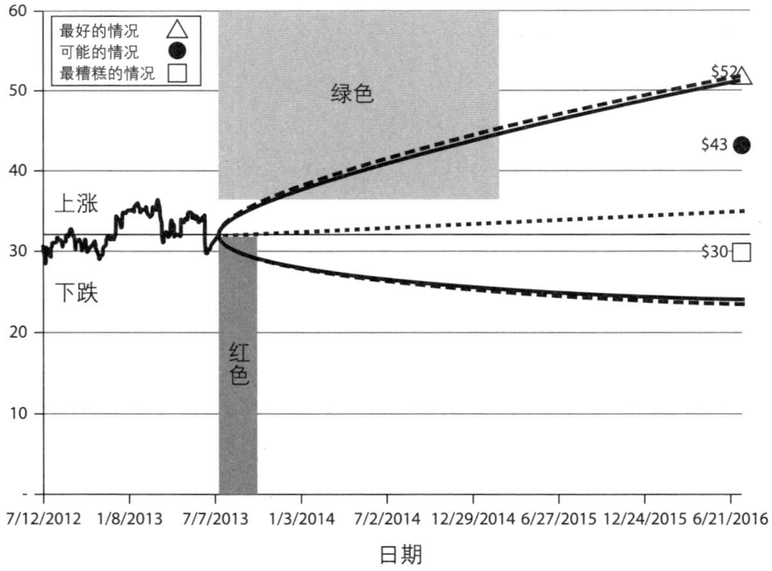

图 7–16　甲骨文公司期权的价格图

为什么我会选择卖出这种看跌期权？为什么我要挑选一只价外看涨期权买入？

这些问题我将在第 9 章 ~ 第 11 章回答，这些章节介绍了不同期权策略的特点。

然而，在我们研究策略之前，那些不了解杠杆是什么，不了解如何在投资组合中安全且有效地利用杠杆的期权投资者是无法被称为聪明的期权投资者的。我们将在第 8 章中详细地介绍这些内容。

第 8 章

THE INTELLIGENT OPTION INVESTOR
APPLYING VALUE INVESTING
TO
THE WORLD OF OPTIONS

理解并管理杠杆

在媒体口中，“杠杆”这个词似乎经常与“危险”“投机”甚至“不负责任”等词语一起出现，所以大多数人都从心里认为杠杆在道德上是错误的。推而广之，期权（它们是杠杆工具）也被视为在道德上是错误的。事实上，几乎每个人每天都在他们的生活中使用着杠杆，既没有出现意外，也没有产生道德污点。在我看来，问题不在于杠杆，而在于不知道杠杆如何运作、过度使用杠杆以及“灾难只发生在别人身上”的人类固有的信念。

杠杆是一个强大的工具。但是，像所有强大的工具一样，如果滥用杠杆且不了解它，可能就会给使用者带来不愉快的结果。当然，没有很好地解释杠杆的作用，那么关于使用期权合约获得和接受敞口的讨论是不完整的。

我喜欢从经营、财务和投资这三个方面来看待杠杆，前两个方面我已经在前面的章节中有所提及。本章将深入研究投资杠杆，但是在某种程度上，投资杠杆与其他形式的杠杆相似。在本章中，我将提出投资杠杆的定义，介绍如何通过使用债务或者期权来获得杠杆、衡量杠杆作用的常用方法以及投资组合中衡量并管理杠杆的一种独特方法。

杠杆不容小觑。很多受过专业培训和良好教育且资本充足的投资者最后却破产了，都是因为认识不到杠杆是一把双刃剑。当然，不了解或者没有深刻认识到杠杆在发挥积极作用的同时也可能发挥破坏作用的期权投资者，就不能被称为聪明的期权投资者。

本章使用的术语如下所示。

λ

名义敞口

投资杠杆

记住以下定义：

> 投资杠杆是通过改变人们在单笔投资中面临风险的资本来提高按百分比计算的投资回报。

投资杠杆与借款有着密切的联系，也就是我所说的“改变人们面临风险的资本”。在这方面，它与财务杠杆非常相似。事实上，在我看来，财务杠杆与投资杠杆的区别在于，企业使用财务杠杆为生产产品或者提供服务的项目提供资金支持，而投资杠杆不是用来生产商品或者服务的，而是要放大投机头寸的影响。

人们常常认为投资杠杆就是借钱投资。但是，正如我前面提到的那样，你一生都可以投资期权，但是在这个过程中可能从未借过钱。我相信，前面的定义足够宽泛到可以处理以下两种情况：一是通过直接借贷所产生的投资杠杆；二是通过期权产生的杠杆。

让我们再看几个投资的例子：无杠杆投资、债务杠杆投资以及期权杠杆投资。

无杠杆投资

假设你以每股 50 美元的价格买入了一只股票，期望其内在价值接近每股 85 美元。在接下来的一年中，该股股价上涨了 5 美元或者价值增加了 10%。在这笔投资中，你未实现的收益率显然是 10%。如果该股股价在这一年中跌至每股 45 美元，那么你的未变现亏损率为 10%。

当然，这很简单。现在让我们来看看使用借入资本买入普通股的情况。

利用债务进行杠杆投资

假设为了买入一只 50 美元的股票，你以每年 5% 的利率从银行借了 45 美元，再加上自己的 5 美元现金来购买同样的股票。再假设，股票的价值在一年内增加了 5 美元，收盘价为每股 55 美元。年底，你卖掉了这只股票，并偿还了银行贷款和利息（共 47.25 美元）。这样你就能从 5 美元的原始投资中获得 7.75 美元的总收入，这相当于净利润为 2.75 美元，意味着 55% 的投资回报率。

通过比较杠杆和无杠杆投资的例子，我们需要注意以下三件重要事情。

1. 杠杆投资的回报率更高（55% 与 10% 比较），因为你减少了面临风险的资本数量，远远超过了你在分子上减少的回报。
2. 在杠杆投资的例子中，实际获得的金额较低（2.75 美元与 10 美元比较）。如果你的投资任务是“创造至少 10 美元的投资回报”，那么杠杆投资的单一单位将无法完成这个任务。
3. 显然，标的资产及其回报在杠杆投资和无杠杆投资的情况中是一样的，即我们正在改变我们对标的资产的利润敞口，而不是改变它的波动率或者其他行为。

然而，为了充分了解杠杆的影响，我们也应当考虑亏损的情况。假设我们借了 45 美元，并花了自己的 5 美元来买入每股 50 美元的股票。第二天早上醒来我们得知，该公司发现其在国外的一家重要子公司存在会计违规行为，导致该公司在过去三年谎报了收入和利润。股价因为这条消息突然下跌了 10%。未实现亏损为 5 美元，因为股价下跌 10% 已经将我们的投资资本 100% 耗尽了。

这就是人们在金融市场中得到的惨痛教训：杠杆的双重作用，即在繁荣时期，利润滚滚而来，而在经济不景气时期，亏损不可避免地减少。

利用期权进行杠杆投资

如果我们关注的是获得敞口，那么讨论基于期权的投资杠杆会更容易。大多数人都更愿意考虑长线投资，所以让我们看看一家公司获得上行敞口的例子。

假设我们看到了一只每股 50 美元的股票，我们认为它的价值为 85 美元（在这个例子中，假设为了简化图 8-1，我们只对该公司的内在价值做一些预估。通常情况下，考虑公允价值区间对我们更有帮助，正如本书第二部分介绍的那样）。我们愿意购买这只股票，直至它上涨至 68 美元（这意味着如果以 68 美元买入、以 85 美元卖出，我们就有 25% 的回报），并且可以以 1.5 美元获得每股执行价为 65 美元的看涨期权。这种前瞻性投资如图 8-1 所示。

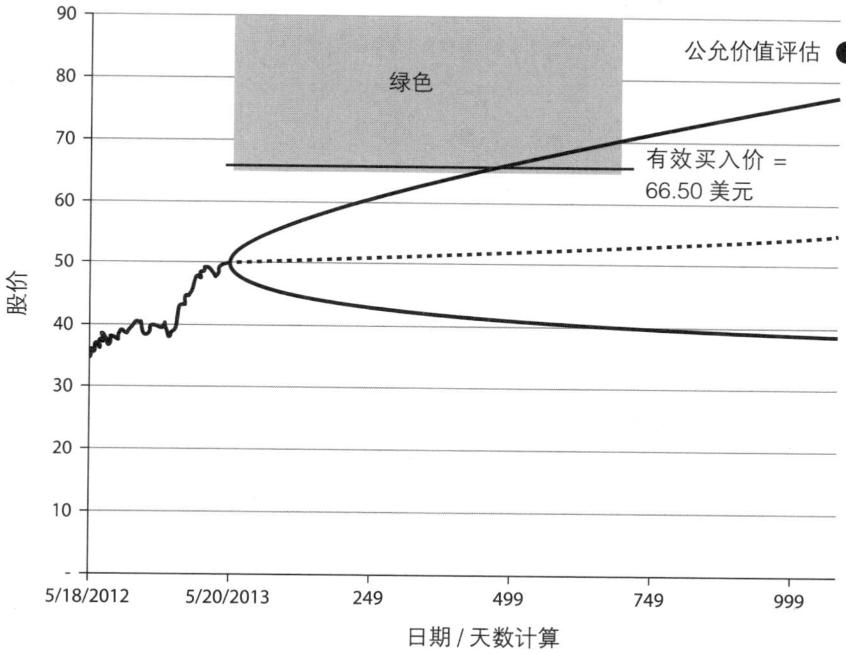

图 8-1　先锋建筑公司的股价

在两年内，如果想要持有股票，你有义务向你的对手方支付 65 美元，而是否持有股票以换取回报则完全由你决定。从本质上说，你可以将买入看涨期权视为在未来某个时间的有条件的资金借入。在买入看涨期权时，你可能会认为："从现在开始的两年内，我可能想借 65 美元。现在我会先付给你一些利息，如果我决定两年后借入 65 美元，那么我再付给你本金。"

我们可以这样考虑这笔交易，如图 8-2 所示。

如果股票在期权到期时确实达到了 85 美元，那么我们将在 1.5 美元的投资上实现 20 美元（85 美元 -65 美元）的总利润，回报率为 1233%！很明显，从改变投资者面临风险的资金以及提高后续投资回报的角度看，看涨期权与贷款非常相似。然而，虽然杠杆看起来非常相似，但是它们有以下两个重要区别。

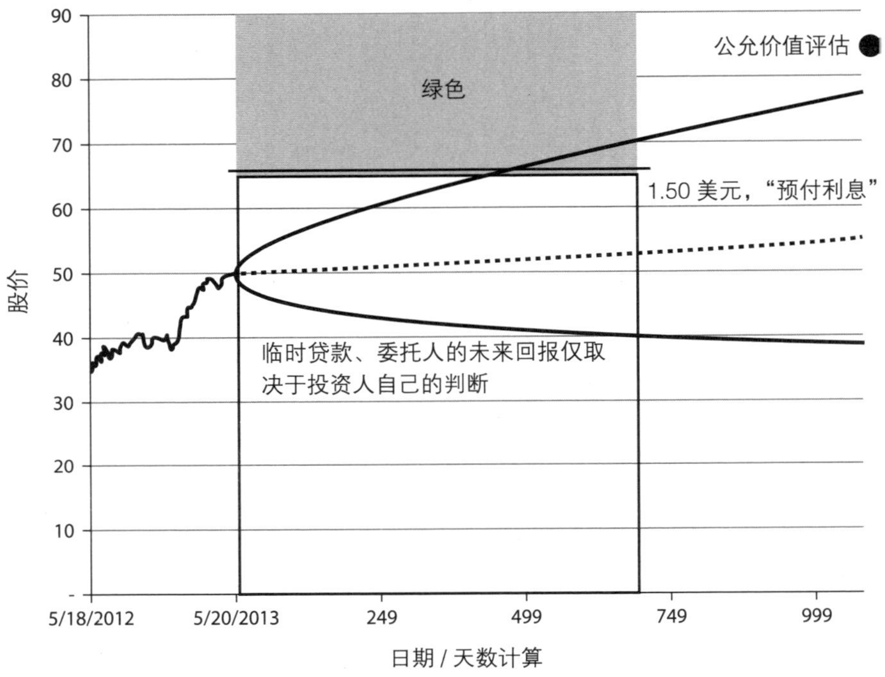

图 8-2　先锋建筑公司的期权

1. 正如前面所介绍的那样，当使用期权时，在这种情况下，支付 65 美元的本金是有条件的，而且完全可以自行决定。对期权而言，利息支付是预先支付的，而巨是沉没成本。
2. 因为在期权的情况下，还款是自行决定的，你没有任何财务风险，以期权费的形式提前支付利息。偿还传统贷款是强制性的，所以如果你无法在到期时偿还本金，就会面对很大的金融风险。

关于第一个区别，贷款不仅是有条件且自由决定的，而且它也是有价值的，可以转给另一个人以获取利润。我的意思是如果股票上涨迅速，该期权在公开市场的价值将增加，而不是坚持到“贷款”到期，你可以简单地卖出，用你的利润抵销预付利息的原始成本，加上带给你的可观利润。

关于第二个区别，如果你是用借来的钱投资，而且你的股票严重下跌，那么经纪人将会追加保证金（比如要求你为账户存入更多的资金），如果你不追加保证金，那么经纪人就将头寸（大多数经纪人先出手，然后再提出问题，只要一有迹象表明保证金要求无法被满足，它们就会关闭头寸并卖出其他资产以弥补损失）。如果发生这种情况，虽然你的长期估值是 100% 正确的，却由于头寸被强行关闭而仍然无法从经济上获益。在期权的情况下，标的股票一天会亏损 20%，而看涨期权的持有者永远不会收到追加保证金。这种好处的另一面是，尽管你不会处于失去头寸以获得追加保证金的风险中，但是期权所有权也无法保证你会获得经济报酬。

例如，如果前面的例子中提到的期权在两年内到期，这时该股票以 64.99 美元进行交易，而且在过去的两年中已经支付了 2.10 美元的红利，那么期权持有人在期权到期时既没有股票，也没有红利支票。

衡量期权投资杠杆的简单方法

衡量基于期权的投资杠杆有几个单一的、很容易计算的数字。这些简单的杠杆衡量方法有其用处，但遗憾的是，出于我将讨论的原因，简单的数字不足以帮助投资者明智地管理包含期权头寸在内的投资组合。

衡量期权投资杠杆的两种简单方法是 λ 和名义敞口。以下我将分别介绍这两种方法。

λ

投资者用于确定期权头寸杠杆的标准衡量方法被称为 λ。λ（有时被称为 Δ 百分比）是我们在第 7 章中讨论的 Δ[①] 的一个导数，可以利用下面的公式得出：

$$\lambda = \Delta \times \text{股票价格} / \text{期权价格}$$

让我们看一个实际的例子。前几天，我买了一只执行价为 20 美元的重大价内长期看涨期权，此时股票的交易价为 30.50 美元，期权的 Δ 为 0.870 7，价格为 11 美元。我的期权头寸的杠杆计算方法如下：

① 这就是我把 Δ 称为最有用的希腊字母的原因之一。

$$\lambda = \Delta \times \text{股票价格} / \text{期权价格} = 0.87 \times 30.50 / 11 = 2.40$$

2.4 这个数字告诉我们，在我买入那只期权时，如果标的股票价格变化 1%，我的头寸的价值将变化约 2.4%。这不是一个硬性的数字，无论是股票还是期权的价格变化（由于波动或者时间价值或者其他任何因素的变化）都将改变 Δ，而且 λ 值将基于那些因素发生变化。

由于投资杠杆是通过改变相对于投资总规模的处于风险中的资本数额而产生的，所以你可以想象货币性对 λ 有很大的影响。让我们看一下对于价内、平价和价外来说，投资杠杆是如何发生变化的。当我们获得这些数据时，以下期权的标的股票的交易价为 31.25 美元，所以我展示的是将 29 美元和 32 美元执行价作为平价。如表 8-1 所示。

表 8-1　　投资杠杆在价内、平价和价外中的变化

执行价	执行价 / 股价	看涨期权的价格	Δ	λ	
15.00	0.48	17.30	0.91	1.64	价内
20.00	0.64	11.50	0.92	2.50	
21.00	0.67	11.30	0.86	2.38	
22.00	0.70	9.60	0.89	2.90	
⋮	⋮	⋮	⋮	⋮	
29.00	0.93	3.40	0.68	6.25	平价
30.00	0.96	2.74	0.61	6.96	
31.00	0.99	2.16	0.54	7.81	
⋮	⋮	⋮	⋮	⋮	
39.00	1.25	0.18	0.09	15.63	价外
40.00	1.28	0.13	0.06	14.42	
41.00	1.31	0.09	0.05	17.36	

当期权是重大价内时，就像在执行价为 20 美元的看涨期权的情况下一样，与投资规模相比，我们自己的资本支出非常可观。以 20 美元的执行价买入看涨期权，我们实际上借入了相当于 20 美元执行价的资金。除此之外，我们还要花费 11.50 美元，其中，11.25 美元是内在价值，0.25 美元是时间价值。我们可以将时间价值视为我们

在前面章节中介绍的预付利息，我们甚至可以计算出这个价格隐含的利率（比如这只期权距到期还有 189 天，这意味着每年要收取 2.4% 的利息）。这种预付利息可以部分或者全部由头寸实现的利润抵销，却永远无法收回，因此我们必须将其视为沉没成本。时间价值不会受到标的价格的变动而衰减，因此尽管股价的上涨会抵销花在时间价值上的金钱，但是花在时间价值上的金钱是永远无法收回的。

在支付给执行价为 20 美元的看涨期权的额外费用中，剩余的 11.25 美元是内在价值。如果股价跌至 31.25 美元以下，买入内在价值意味着我们将自己的资金暴露在未实现亏损的风险之中。相对于期权的"贷款"规模，λ 与我们暴露于未实现亏损中的资本数量直接相关，因此，由于我们使自己的 11.25 美元的资金处于风险中，并且通过期权借贷了 20 美元（资本与贷款的比例很高），用 λ 衡量的投资杠杆相对低 2.50。

现在，请你将注意力转移至一只远期价外看涨期权，其执行价为 39 美元。如果我们投资一只执行价为 39 美元的看涨期权，我们实际上将再次获得 39 美元的或有贷款来买入股票。我们再次拿出期权价格的时间价值部分（在这种情况下，全部额外费用为 1.28 美元）作为预付利息（隐含的年利率为 6.3%），请注意，我们并没有将自己的资金暴露于未实现亏损的风险中。因为我们在这笔投资中没有动用自己的资金，也没有贷款，所以我们的投资杠杆飙升至 15.63 这样一个非常高的值。这意味着标的股票一个百分点的变化将使我们的投资回报率提高 15% 以上。

显然，这些计算告诉我们，当我们购买价外期权时，投资回报在标的价格上的微小变动比我们买入远期价内期权时更不稳定。对于那些对更多投机策略感兴趣的人来说，这是个不错的消息。如果一位投机者认为股票将迅速上涨，他或她可以买价外看涨期权，而不是买入股票，而且如果股票涨得足够快，并且很快就足以抵销隐含波动率的下降和时间衰减，那么他或她将赚到一笔可观的高杠杆利润。

然而，有几个因素会限制 λ 的有效性：第一，由于 Δ 不是一个常数，所以杠杆因素不会随着股票的波动而停留在原处；第二，对于那些打算更长期持有该头寸的人来说，λ 所能提供的关于该头寸在其投资时限内表现如何的信息非常少。

此外，前面对 λ 的描述表明，这种衡量只针对期权价值的百分比变化。虽然每个人（尤其是那些不可靠的新闻编辑）都喜欢吹嘘他们的回报率，但是我们从早期的杠杆调查了解到，回报率只是成功投资的一部分。让我们来看看为什么使用我之前提到的三种投资，即执行价为 20 美元的价内看涨期权、执行价为 39 美元的价外看涨期权和 31 美元的长期股票仓位。

我认为，该股票的价值可能会超过 40 美元，准确地说是在 43 美元的范围内（我对其最糟糕的估值是 30 美元，最好的估值是 50 美元左右）。如果我是对的，而且如果这只股票在我的期权到期时达到了 43 美元，[①]那么我将从这些投资中获得什么呢？

让我们看一下表 8–2。

表 8–2　　三种投资方式的对比

	花费	总利润	净利润	利润百分比
执行价为 39 美元的看涨期权	0.18	4.00	3.82	2122
执行价为 20 美元的看涨期权	11.50	23.00	11.50	100
股票	31.25	43.00	11.75	38

表 8–2 意味着，在执行价为 20 美元的看涨期权的情况下，我们花了 11.50 美元获得了 23 美元（43 美元 –20 美元）的总收益，投资净利润为 11.50 美元。11.50 美元的投资产生的净利润为 11.50 美元表示我们获得了 100% 的净利润。

观察这张表时，你首先需要注意的是"利润百分比"这一列。2122% 的回报看起来就像你可能看过的销售期权服务的广告。那个收益百分比很美好，直到你意识到你的美元所获得的绝对价值买不了星巴克的一杯拿铁。同样，执行价为 20 美元的期权的 100% 回报看起来比股票微不足道的 38% 更好，直到你再次意识到后者仍然比你多赚了 1/4。

回想一下杠杆的定义，它是一种按照百分比计算投资回报，再回想一下我以前介绍的财务杠杆，我提到过绝对美元价值在无杠杆情况下总是最高的。事实是，很多人都会对极高的百分比回报率感到兴奋，但是你只有将投资组合中很大一部分暴露于这些回报时，极高的百分比回报率才会有意义！ λ 是一种很好的衡量方法，它可以显示百分比回报率对股价变动的敏感度，但是当你试图了解这些回报率的绝对投资组合效应时， λ 是毫无用处的。

① 当我提取这些数据时，我提取的是期限为 189 天的期权，所以我的股票在短时间内达到如此高的价格的可能性很小，但是我关于百分比相对于绝对回报的观点仍然成立。

名义敞口

回顾一下表 8–2。假设我们想要通过了解要购买多少份合约来匹配标的股票的绝对回报，而使 λ 在理解投资组合效应上更有用。由于执行价为 39 美元的看涨期权的预期回报仅占直接股票投资的绝对回报的约 1/3（3.82 美元 / 11.75 美元 = 32.5% ≈ 1 / 3），因此，如果我们想通过投资这些看涨期权获得与买入股票一样的回报，那么我们将不得不买入我们想买入的每只股票的三只看涨期权。回想一下那些以 100 股合约交易的期权，我们知道，如果我们愿意购买 100 股甲骨文公司的股票，我们将不得不买入那些控制 300 股以上的期权，才能为我们的投资组合创造同样的绝对利润。

我把这种隐含控制称为名义敞口。继续以执行价为 39 美元的期权为例，我们可以看到名义敞口基础上的杠杆衡量是 3 : 1。名义敞口的价值是用它乘以执行价来计算的。在这种情况下，300 股的名义敞口乘以 39 美元的执行价等于 11 700 美元的合约的名义价值。这种值被称为期权头寸的名义金额。

有人使用期权的总成本除以名义金额来计算杠杆数。在我们的例子中，我们将为三个合约分别支付 18 美元，所以以这种方式计算出的杠杆为 217（11 700 美元 / 54 美元）。事实上，我认为最后一种衡量杠杆的方法不是非常有用，但是在本章后面介绍卖出看涨期权价差的杠杆时，名义上的控制将变得非常重要。

这些衡量杠杆的简单方法在分析期权投资策略时各有其意义，但是为了真正掌握杠杆，你必须在投资组合管理的背景下来了解杠杆。

了解杠杆对投资组合的作用

从 λ 或者名义控制观察杠杆得到的关于杠杆的信息是非常有限的，而我认为了解基于期权的投资杠杆的最好方法是了解杠杆对实际投资组合配置的影响。这让我们对杠杆如何帮助或者损害我们的投资组合有了更丰富、更细致的了解，同时也让我们深入地了解了如何才能构建起一个期权–股票投资组合。

让我们通过思考如何选择投资进行组合来开始介绍投资组合中的杠杆。我们将假设我们有 100 美元的现金，并且想要使用部分或者全部现金来投资一只风险证券。现金无风险（除了通胀风险，但让我们暂时忽略这一点），所以我们在投资组合中所承担的风险将通过持有现金来控制，而且我们将从投资组合中获得的回报也会受到类似控制。

我们的资本有限，而且我们想把这些资本按以下两个因素的比例分配给风险投资：

1. 我们认为可以从这笔投资中获得的收益；
2. 我们对投资的信心，这是衡量我们对投资风险的感知的一种方式。

我们可能会看到一笔潜在的投资，它将使我们每投资 1 美元就可以获得 9 美元的利润（即我们会获利很多），但是如果我们对这笔投资信心不足（即我们认为每投资 1 美元获得 9 美元的概率很低），那么我们就不愿意把我们的很多投资组合配置给该笔投资。

在构建投资组合时，大多数人会对他们想要配置给任意投资的投资组合的比例做出一些限制。我个人更倾向于集中的头寸，但是会假设你将更多的注意力给了那些比我做得好的大学金融教授，并且认为你想将你在任一证券的敞口限制在 100 美元投资组合的最大收益，即 5 美元内。

无杠杆投资组合意味着每 5 美元的分配都要花费你的 5 美元资本。你会知道如果标的证券的价值减少 2.50 美元，那么分配的价值也将减少至 2.50 美元。相反，如果标的证券的价值增加 2.50 美元，那么分配的价值将上涨至 7.50 美元。

在杠杆投资组合中，每 5 美元分配使用的不是你的资本，这些资本是在保证金贷款的情况下借入的以及偶尔在期权的情况下借入的。这意味着，标的证券的价值每增加或者减少 1 美元，杠杆分配会增加或者减少超过 1 美元。在这种情况下，杠杆表示对于标的证券价值的每一个单位变动，分配价值的增加或者减少的比率。

当考虑杠杆的风险时，我们必须区别对待不同类型的亏损。已实现损失表示资本的永久损失，即未来收益可以抵销却永远不会抵销的一种沉默成本。未实现损失可能会影响你的心理，却不会影响你的财富（除非你为了其他事情需要实现损失而产生现金流，我将在第 11 章中介绍这一点）。因此，在标的证券下跌时，我们会衡量杠杆的作用，我们将根据我们离已实现损失的距离来衡量杠杆的作用，而不是根据未实现损失来衡量。利润方面的杠杆将以同样的方式进行处理：我们将把公允价值估值视为将实现收益的价格。由于证券的当前市场价格可能没有完全处于公允价值估值和已实现损失的点之间，所以上升趋势和下跌趋势中的杠杆可能会不同。

让我们结合一个实例来看看这是怎么回事。例如，我查看了英特尔公司的股票和期权的价格，此时该公司股票的交易价为 22.99 美元。假设我们想要把我们投资组合值的 5% 投给英特尔公司，我们认为每股值 30 美元。对于我们投资组合中的每 100 000 美元而言，这意味着我们要买入 217 股。这笔购买将花费 4988.83 美元（当然，这忽略了税收和费用），并且会留给我们 11.17 美元的现金储备。在我们买入股票后，股票价格会出现波动，并取决于 540 天到期时它的价格（我正在使用投资期限最长的长期期权到期日的投资时限），分配的盈亏情况如图 8–3 所示。

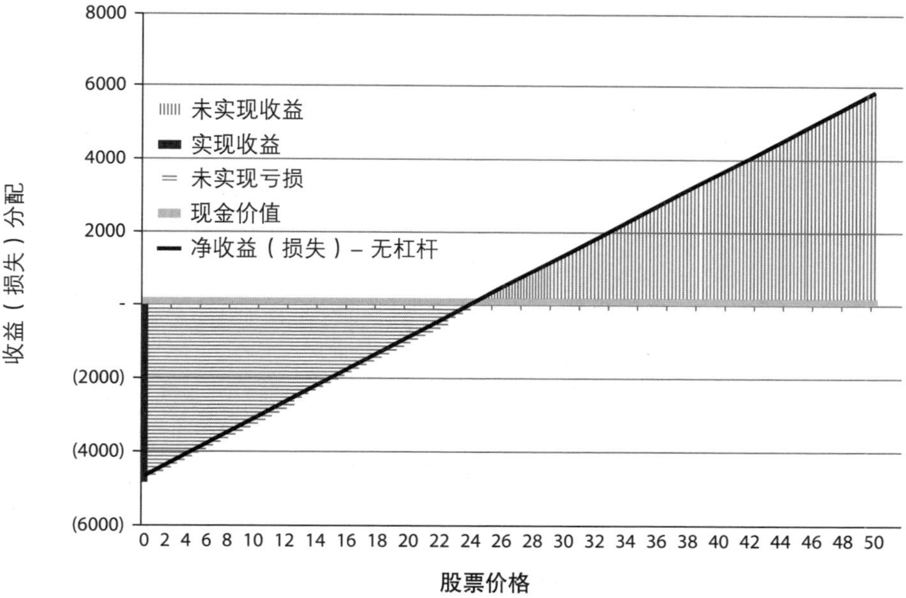

图 8–3　无杠杆投资（全配置）

在图 8–3 中，横坐标轴上列出了从 0 到 50 的未来股票价格，纵坐标轴上列出了头寸的净利润或者损失。显然，任何收益或者损失都是未实现的，除非英特尔的股票价格跌至零，在该点上，总头寸仅仅值我们的闲钱，无论多少。黑色盈亏线是直的，即头寸将随着股价的变化，以一对一的形式实现亏损或者盈利，所以我们的杠杆为 1.0。

既然我们已经了解了直线股票仓位的图形，让我们来看几种不同的期权头寸。我为这个例子绘制数据时，我可以得到如表 8–3 所示的 540 天到期的看涨期权。

表 8-3　　期限为 540 天的看涨期权的相关数据

执行价	卖价	△
15	8.00	0.79
22	2.63	0.52
25	1.43	0.35

让我们从价内期权开始，构建一个简单的头寸，尝试用我们为这笔投资预留的5000 美元尽可能多地购买这些期权合约。我们将以每股 8 美元的价格或者每份合约800 美元的价格购买 6 份合约，总共花费 4800 美元。这些期权只有 0.01 美元（15美元 + 8 美元 −22.99 美元）的时间价值，因为至今为止，它们是价内的。这意味着我们为每份合约支付的 1 美元是永远无法收回的时间价值，所以我们应当将其视为已实现损失。如果我们用这只期权绘制我们潜在的盈亏图，假设我们正在分析的期权就像 540 天到期的期权一样，我们将得到图 8-4。

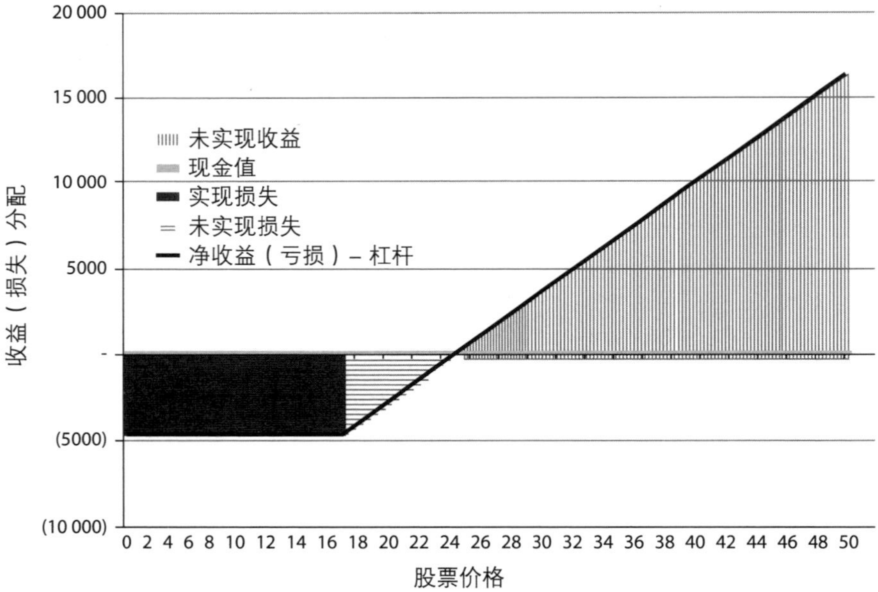

图 8-4　杠杆策略概览

与无杠杆头寸图（图 8-3）最明显的差异是：第一，净收益 / 净亏损线在执行价处扭曲；第二，如果英特尔公司的股票收盘价为 15 美元或者低于 15 美元，我们将实现全部投资资本的亏损，总计 4800 美元。曲线显示，之前关于基于期权的投资杠杆的第一点意义，即利润和亏损的非对称回报曲线。请注意，这条曲线就是除本书之外，人们在其他书中看到的表示期权在到期日时的利润和亏损的曲棍球杆图。虽然我认为曲棍球杆图对理解个人期权交易不是非常有用，但是在投资组合方面，它们确实很好地呈现了杠杆的影响。这条黑线表示一个杠杆头寸，而且它的斜率比无杠杆头寸上表示净利润和亏损的等值线陡峭。我们可以在同一张图上清晰地比较两条净利润线，如图 8-5 所示。

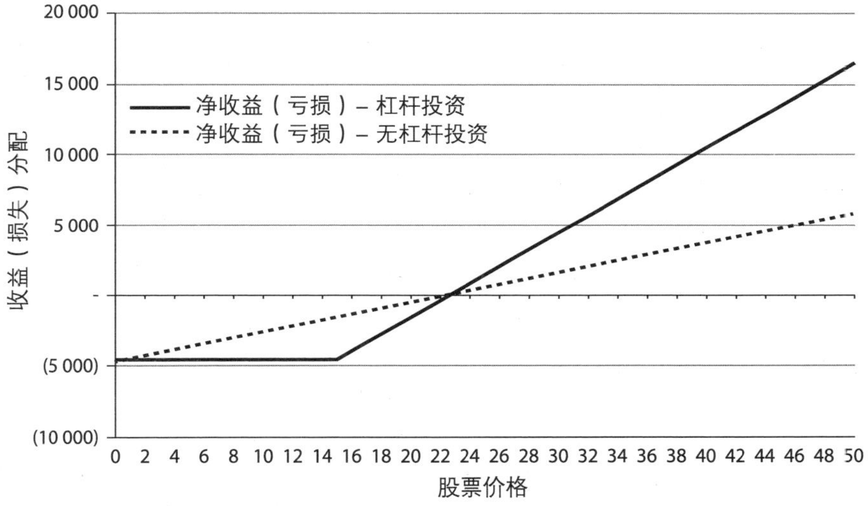

图 8-5　杠杆与无杠杆投资的盈亏图

通过观察图 8-5，你会发现这两个头寸的风险与回报的特点，具体如表 8-4 所示。

表 8-4　杠杆与无杠杆头寸的风险与回报的特点

投资	最大亏损价格	公允价值估值的净利润
股票	0 美元	1472 美元
期权	15 美元（2.8 × 股票亏损）	4200 美元（3.0 × 股票利润）

股票亏损的杠杆和股票利润的杠杆在这个例子中几乎是相等的，因为我们实现亏损（15 美元）时，与我们假设的公允价值（30 美元）相比，它与市场价之间的距离差不多。亏损杠杆可以按照下列公式计算得出：

$$亏损杠杆 = \frac{实现亏损占分配的百分比}{股票下跌百分比}$$

在这个例子中，如果股票下跌35%，我们将遭受96%（4800美元 ÷5000美元）的亏损，那么方程变为：

$$亏损杠杆 = \frac{96\%}{-35\%} = -2.8 \times$$

（按惯例，我总是把亏损杠杆写为负数）该等式意味着下跌35%会实现96%的分配亏损。

利润杠杆只是杠杆投资组合净利润与无杠杆投资组合的净利润在公允价值估值上的一个比率。对于这个例子，我们有：

$$利润杠杆 = \frac{4200美元}{1472美元} = 3.0 \times$$

让我们对平价期权和价内期权做相同的行权，并从风险收益的角度来看看具有这些期权的完全杠杆投资组合是什么样子。如果我们买了与5000美元头寸规模（总共19份合约）同样多的执行价为22美元的期权，那么我们的盈亏如图8-6和表8-5所示。

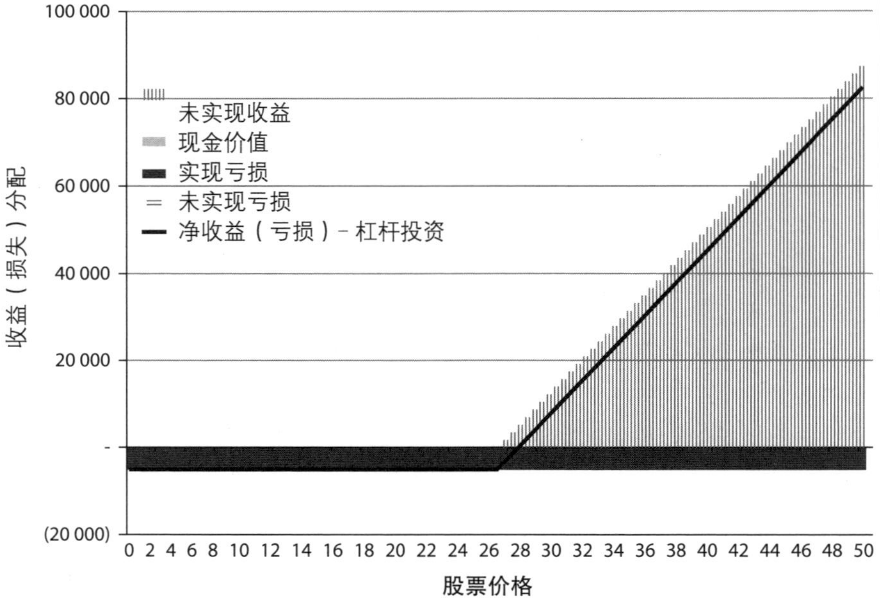

图8-6 杠杆策略概览

表 8-5　　杠杆投资盈亏对比

工具	最大亏损价格	公允价值估值的净收益
股票	0 美元	1472 美元
期权	22 美元（23.2× 股票亏损）	10 203 美元（6.9× 股票利润）

这是相当可观的潜在利润，即比我们使用直接股票仓位获得的利润高 6.9 倍，可是却存在巨大的风险。股价每下跌 1 美元相当于该头寸的价值下跌 23.20 美元。请注意，已实现亏损从 22 美元上涨至 23 美元。这只是表明在执行价之上，我们唯一实现的亏损是我们花费在时间价值上的钱。

最后一个例子是完全杠杆价外涨期权。我们可以用表 8-6 说明这种情况。

表 8-6　　杠杆投资盈亏对比

工具	最大亏损价格	公允价值估值的净利润
股票	0 美元	1472 美元
期权	25 美元（即时实现亏损 5%）	12 495 美元（8.5× 股票利润）

这只期权没有内在价值，所以期权的所有成本从一开始就被看作即时实现亏损（immediate realized loss，IRL）。“即时实现亏损 5%”意味着整个投资组合的即时实现亏损为 5%。最大净亏损又一次出现在执行价为 25 美元的期权上。我们公允价值估值定价的杠杆为 8.5，但这种杠杆又一次出现在你的投资组合已实现 5% 亏损的价格上，即 500 个业绩基点，而且你不确定是否会有足够的或者任何利润来抵销这种已实现亏损。

当然，投资选择并不像我介绍的这样黑白分明。如果你想要将你投资组合中的 5% 直接投资于股票，那么你不得不在股票上花费你投资组合价值的 5%，但对于期权来说并不是这样的。例如，我可能选择将我的投资组合价值的 2.5% 用于平价看涨期权（在这个例子中有九份合约），从 5% 的股票投资的角度上考虑头寸，那么剩下的部分将作为现金储备。如果从杠杆角度看这笔投资，具体如图 8-7 和表 8-7 所示。

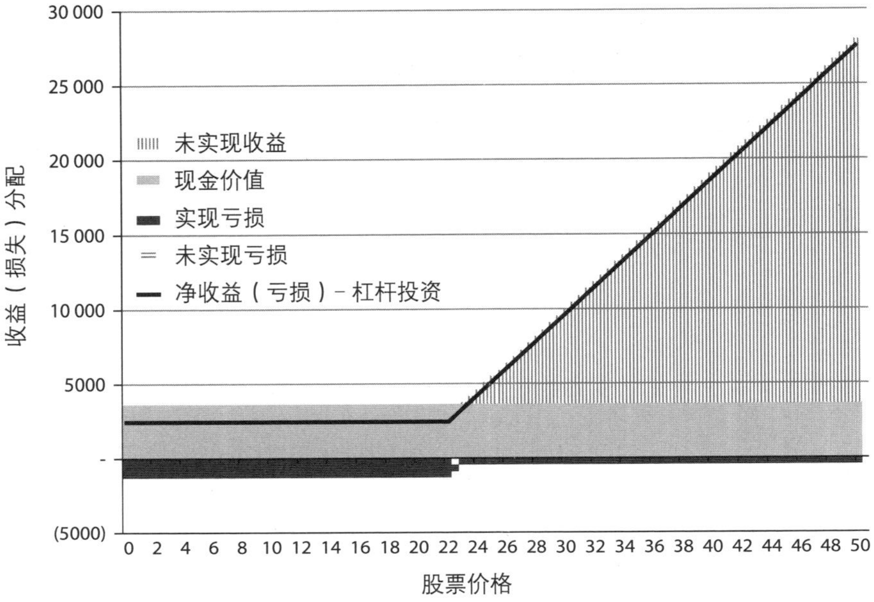

图 8-7　杠杆策略概览

表 8-7　杠杆投资盈亏对比

工具	最大亏损价格	公允价值估值的净利润
股票	0 美元	1472 美元
期权	22 美元（11 × 股票亏损）	4833 美元（5.1 × 股票利润）

11 倍的亏损可按照以下方法计算：如果股票价格下跌了 4.3%，我分摊这笔投资亏损总额的 47.3%，所以 -47.% / 4.3% = -11.0。显然，当使用杠杆时，储备一些现金的政策是投资组合管理的一种明智做法。如果一位投资者在直接投资股票方面做了 20 笔，而这些投资在投资期限里都没有达到他或她的预期公允价值，那么他可能有几年的业绩很糟糕，但是一位使用最大期权杠杆并分摊 5%~20% 的投资者如果在期权到期时没能实现，那么他最终将破产！

与设定现金储备类似，你也可能决定做一笔结合现金、股票和期权的投资。例如，我可能买入了 100 股英特尔公司的股票和三份价内期权合约，剩下的 5% 将留作现金，那么盈亏情况如图 8-8 和表 8-8 所示。

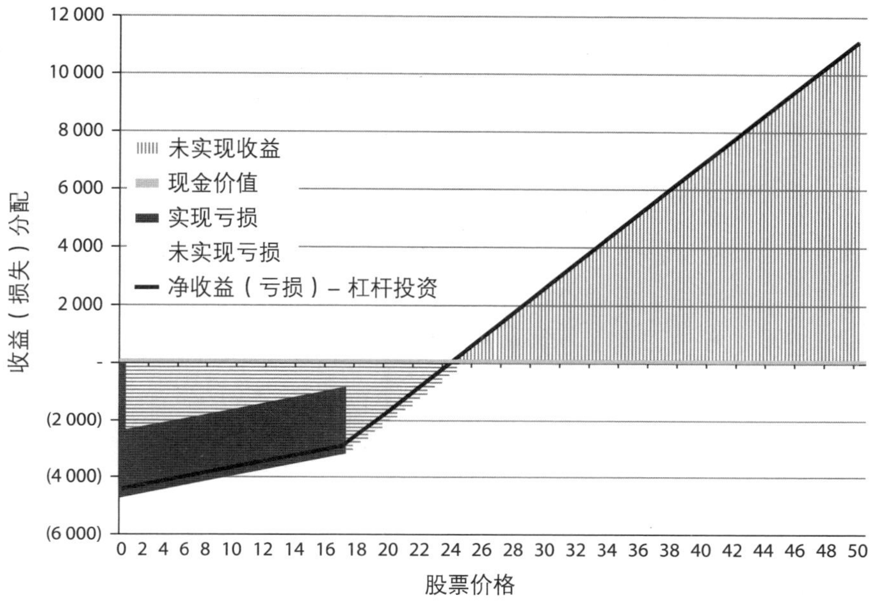

图 8–8　杠杆策略概览

表 8–8　杠杆投资盈亏对比

工具	最大亏损价格	公允价值估值的净利润
股票	0 美元	1472 美元
期权	15 美元（1.8× 股票亏损）	3803 美元（2.6× 股票利润）

三份 800 美元的期权合约表示资本为 2400 美元或者这种配置的资本的 48%。因此，在股票下跌 34.8%、资金亏损了 48% 的情况下，产生 -1.4 倍的期权价值加上我们另外添加的，即 0.4 倍的代表小股票配置亏损的价值，这些加在一起就产生了你在亏损一栏中看到的 -1.8 倍。当然，如果期权亏损实现了，我们仍然拥有 100 股，所以我们不会感受到最大亏损，直到股价达到 0 美元，如图 8–8 所示。

在本书的其余部分中，我将使用以下两个术语来描述杠杆头寸：亏损杠杆和利润杠杆。我将用以下方式写这些术语：

$$\frac{-X.x}{Y.y}$$

其中，第一个数是亏损杠杆比率，第二个数是基于前面我用于计算的规则所得出的利润杠杆比率。所有的价外期权都将以即时实现亏损作为标记，遵循用于期权购买中使用的总投资组合的百分比（不是单个配置的百分比，而是你的投资资本的总百分比）。

管理杠杆

对我来说，已实现亏损是很严重的事情。投资者有时必须接受已实现损失，尤其是在他或她对企业的公允价值或者公允价值区间的看法发生实质性变化，而导致投资头寸变得毫无吸引力时。然而，如果你发现自己经常由于估值的重大变化而接受已实现亏损，那么你就应当找到你在估值过程中犯错的地方，或者只把你的钱投给低佣金共同基金，然后用你的时间做一些更有效的事情。

重点在于如果你是一个好的投资者，那么承担已实现亏损并不是一件经常发生的事情，希望当需要承担这些亏损的时候，亏损很少。因此，我认为成功管理杠杆有两种方法。第一种方法是通过投资价内期权和股票来保守地使用杠杆。价内期权价格主要代表内在价值，而且由于时间价值一开始就代表已经实现的亏损，所以购买价内期权意味着你要最小化已实现亏损。

第二种方法是当你无法拒绝采取更高的杠杆头寸时，尽可能少地为其投入资本。这意味着当你看到一家公司的实际价值可能远高于或远低于当前交易价值，而实际价值仍可能比其他估值方案低的时候，你应当谨慎投资。通过以高杠杆进行小额投资，你不会在一次投资中亏损太多的资本，而且如果你在这些低概率、高回报的赌注上至少有时候是对的，那么你最终会获利。

当然，你也可以将这两种方法结合使用。例如，我发现，结合使用这两种方法有助于将股票和价内看涨期权结合起来，或者买入一些价外看涨期权作为一个头寸的主要部分。随着投资年限和公司运营数据的增加，如果这些信息让我对股市的前景更乐观，那么我可能会再一次使用价外看涨期权增加杠杆，尤其是当我看到隐含波动率以特别低的水平进行交易，或者股价本身由于市场普遍疲软而下跌时。

我曾经认为，如果你对自己的估值有信心，并且你的估值意味着一个足够大的无杠杆回报率收益，那么不以尽可能多的杠杆进行投资来获得敞口是不合理的。几次惨痛的亏损已经让我相信，信心十足的杠杆操作在理论上是一种合理的投资制度，但实际上是一种愚蠢的游戏，它更可能耗尽你的投资资本，而不是让你打出本垒打。

那些仍然有很长的投资生涯，并且有足够时间弥补错误的投资者可能认为使用的杠杆越多越舒服，但是当你越来越需要使用你的投资（比如支付退休金、孩子上大学的费用或者其他费用）时，使用的杠杆越低越好。

回顾一下表 8-8，也许该表的最后一行很吸引你，此处的杠杆为 -1.8/2.6。对于我来说，由于风险回报平衡的不对称性，这是一个非常有吸引力的杠杆比率。这个头寸是杠杆化的，但杠杆是不平衡的，对投资者有利，所以投资者赢的比他或她失去的多。

这种不对称性是成功投资的关键，无论是从杠杆的角度还是从经济的角度来说。我认为，一种明智的、以估值为中心的投资方法（正如本书介绍的这种方法）允许投资者通过识别估值与市场价格不一致的情况而获得优势。这本身就提供了一个不对称的获利机会，而且一位聪明投资者的真正工作就是找到尽可能大的不对称性，并大胆地投资那家公司。在我看来，如果你也可以调整你的杠杆，使你的支出对你有利，这只会增加获得额外回报的可能性。

-1.8 / 2.6 的杠杆比率投资吸引我的另一个原因是，它与巴菲特的伯克希尔哈撒韦公司的杠杆相似。

在 AQR 资本管理公司最近发表的一篇题为《巴菲特的 α》（*Buffett' s Alpha*）的学术论文中，研究人员发现，巴菲特具有传奇色彩的回报很大一部分可以归因于他找到了估值风险较低的公司，并使用大约 1.8 的杠杆比率进行投资。杠杆来自他的保险公司的浮动资金（客户支付的保费超过需要赔付的金额）。作为个人投资者，我们没有可以从中获得连续浮动的专属保险公司，但是通过谨慎地购买期权和使用杠杆，我们也可以以类似于投资大师的方法进行投资。

在本章中，我们只讨论了购买期权获得敞口时对杠杆的考虑。我们有一个很好的理由忽略这样一种情况，即我们通过卖出期权来获得敞口。我们将在第 10 章介绍保证金时介绍这种情况。我们现在继续学习关于收益敞口、接受敞口和混合敞口。在这些章节中，我们将使用我们所学的期权定价、估值和杠杆来介绍实用的期权投资策略。

第 9 章

THE INTELLIGENT OPTION INVESTOR
APPLYING VALUE INVESTING
TO
THE WORLD OF OPTIONS

获得敞口

本章专门以百科全书的方式列举了获得敞口的主要策略（比如购买期权），这些都是聪明的期权投资者应当了解的知识。起初，获得敞口似乎很容易，因为方法直截了当，简单地说就是只需预先支付保费，然后如果股票的价格在到期时进入你的期权的敞口区间内，你就赢了。然而，你在投资敞口方面使用这些策略越多，出现的细微差别就会越多。

我应当选择什么样的到期期限？我应当选择什么样的执行价？如果我的期权是价内，我是否应当及早行权？对于一笔特定的交易，我应当投入多少资本呢？如果股价的变化方向与我的期权的敞口区间相反，那么我应当关闭我的期权头寸吗？所有这些问题都说明了为什么通过购买期权获得敞口并不是最初看起来那么简单的一个过程，这也是我在接下来要谈到的所有问题。

获得敞口意味着购买期权，而期权购买者永远不要忽视的一件事就是时间总是在对他或她不利。期权是有时限的。如果你的期权价外到期，你花在这些期权保费上的资本则是实现的损失。无论你对自己的估值看涨有多自信，你都应当一直牢记期权购买这一不变的事实。的确，总会有降低这种风险发生或者以这样一种方式（即这种资本损失就变成了交易的成本，这些成本将在以后的投资中得到弥补）来管理投资组合的方法。

对于本章中提到的每项策略，我都会展示一个程式化图形，它代表了 BSM 模型锥和期权的敞口区间以及最佳和最差估值方案。这是作为智能投资期权策略需要输入的两项数据：智能化确定的估值区间以及机械式决定的 BSM 模型预测区间。相对于智能的估值区间（比如“上行敞口被低估了”），我还将提供关于上行和下行敞口的相对定价的总结、执行战略的步骤及其潜在的风险和回报。

在概述过本章内容之后，我提供的文本式讨论包括期限选择、执行价选择、投资组合管理（即行权等）以及其他需要注意的事项。很好地理解策略，并且知道如何使用你手头的工具来平衡风险和回报是聪明的期权投资的标志和最高境界。当市场低估了某项估值的可能性，而投资者认定它是合理结果的时候，聪明的期权投资者就获得了敞口。从图形上看，这意味着投资者最佳或者最差估值方案中，有一种或者两种出现在 BSM 模型锥之外。

获得敞口的简单（单一期权）策略包括：

- 长期看涨期权；
- 长期看跌期权。

获得敞口的复杂（多重期权）包括：

- 宽跨式（long strangle）；
- 跨式（long straddle）。

本章使用的术语如下所示。

滚动

比值（比率）

买入看涨期权

要点

当投资者认为某家公司的价值远远高于其目前的市场价格时，他或她就会采用这种策略。投资者必须支付溢价才能开始建立头寸，而且代表时间价值的溢价的比例应当被视为已实现的亏损，因为它是无法恢复的。如果在期权到期前，股票未能进入敞口区间，那么就不会有利润来抵销这已实现的亏损（见图 9-1）。

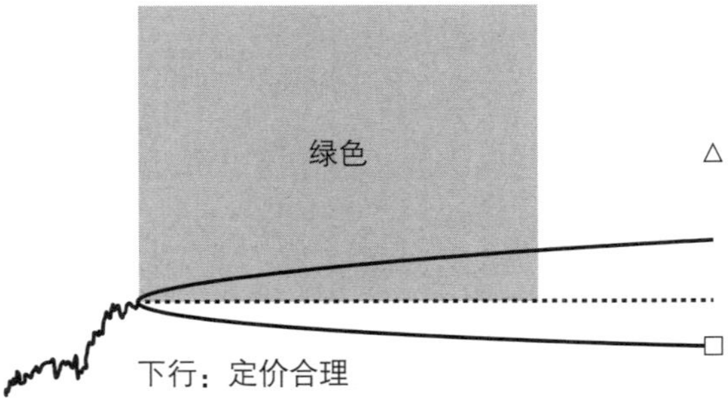

图 9-1　买入看涨期权

从经济学角度看，这笔交易使投资者可以做多一家价值被低估的公司，而无须承担股价下跌带来的不确定性风险。排除非确定性损失风险，投资者必须支付固定的溢价，而不用为不确定的亏损风险买单。这种策略遵循的是与本书之前介绍过的杠杆原则，即价内看涨期权提供更少的杠杆功能，但在时机方面要比平价期权或者特别是价外期权宽容得多。

期限选择

一般情况下，获得敞口的规则是尽量购买长期期权。如果一只股票的上涨速度比你预期的快，那么这只期权仍然有时间价值，而且你可以卖出该期权，以收回你为了购买长期期权而额外花费的资金。此外，长期期权的价格通常比短期限斯权要便宜得多，具体如表 9-1 所示。这些卖价是谷歌公司的看涨期权的价格，无论其执行价如何，每个期限都最接近 50-Δ 标记。

表 9-1　　谷歌公司看涨期权的价格

到期日	卖价	边际价格（按日计算）	Δ
3	6.00	2.00	52
10	10.30	0.61	52

续前表

到期日	卖价	边际价格（按日计算）	Δ
17	12.90	0.37	52
24	15.50	0.37	52
31	17.70	0.31	52
59	22.40	0.17	49
87	34.40	0.43	50
150	42.60	0.13	50
178	47.30	0.17	50
241	56.00	0.14	50
542	86.40	0.10	50

"边际价格"这一列只是你为在合约上得到额外天数而支付的额外费用。例如，还有三天的合约是 6 美元。为了多得到七天的敞口，你总共需要额外支付 4.30 美元，相当于每天 0.61 美元。当我们从 59 天到 87 天再到 150 天时，我们看到边际价格每天都在出现波动，但这些只是数据可用性的人工产品。对于每个到期日而言，最接近的执行价并没有相同的 Δ 值。

事实证明，表 9–1 正好与我们在第 3 章中介绍的原则相反："我们越接近到期日时，时间价值消失得越快。"如果时间价值越接近到期日而消失得越快，那么这意味着离期日越近的时间价值比离到期日远的时间价值更有价值。表 9–1 只不过简单地陈述了这个事实。

价值投资者一般喜欢讨价还价并且批量买入，所以我们也应当"批量"买入我们的期权的时间价值，方式是买入最长期限，并且获得最低的日价。因此，如果某只股票可以获得具有提前偿还权的长期期权证券，通常最好买入其中的一项。具有提前偿还权的长期期权证券是奇妙的工具，因为除了表 9–1 所示的时间价值定价之外，如果你发现一只股票具有低估的上涨潜力，你可以从以下两种不同的效应中获利。

1. 期权市场为期权定价，就好像标的股票在可能不存在的情况下被有效定价一样（比如股票价值为 70 美元时，市场却认为其价值 50 美元）。这种差异为典型的价值投资者带来了机会。

2. 只要利率低，漂移项就会低估股票市场每年 10% 左右的实际的、可能的漂移。无论定价差异是否与最初的想法相去甚远，这种效应往往有利于长期看涨期权。

在以下几种特殊情况下，不应当使用该“尽量购买最长期限”的经验法则。第一种情况是，如果你相信一家公司可能被收购，最好不要花太多时间考虑时间价值。当我介绍选择执行价时，我将再次提到这种情况。但是如果一家公司同意被另一家公司收购（而且市场认为不会有另外一个报价，监管机构也将审批通过），那么期权的时间价值会突然下降，因为股票作为独立实体的预期寿命已经被兼并公司缩短。对于以股票为基础的收购（比如部分或者完全使用股票作为收购币种）来说，这种情况会变得更复杂，因为被收购方期权的所有者获得了收购方期权的股份，执行价将按照收购条款中规定的比例进行调整。在这种情况下，被收购方期权的时间价值在收购后并没有消失，而是转移至收购方公司的期权中。真正的问题是，据我所知，猜测一项收购是用现金还是用股份进行的是不可能的，所以尽可能少购买时间价值的经验法则仍然是成立的。

一般来说，很难利用期权从潜在的合并项目中获利，因为你必须同时准确把握交易的时机和收购价格。我将在下一小节中介绍一种可能的解决方案。

第二种情况是，当你正在按照某份特定的公司公告进行交易时，没有必要购买期限尽可能长的期权。一般情况下，这种预测股价走势的博弈是很难获胜的，而且价值投资者通常会绕开这一点，但如果你确信某天或者某个星期公司发布公告，却又不想对该公司进行长期投资，那么你可以购买期限较短的期权，但是这只期权必须包括预计的公告日期。在你的到期日与预计公告日之间留出一些缓冲时间可能是一个不错的想法，因为有时候公告时间会被推迟并重新安排。

执行价的选择

从之前章节中关于杠杆的讨论可以得知，很显然，选择执行价与你为给定赌注选择的杠杆水平有很大关系。归根到底，执行价的选择（换句话说就是杠杆的管理）最终与你的风险状况以及你对风险的喜恶程度密切相关。

我将在接下来的章节中更多地介绍投资组合管理。对于其他人而言，我的这种方法可能过于保守，但作为众多选择之一，而且随着时间的推移，我发现这种方法是明智的。任何投资在某种程度上都有风险，以至于公司的估值从来都无法完全确定。一些公司的估值区间相当紧凑，这就意味着其收入流、利润流和投资效率的汇合点不会因最佳情况和最差情况而有很大的差别。其他公司的估值区间则相对宽松，很可能一些估值场景相差甚远或者仅有一两个外围估值场景。

偶尔，我们会发现一家估值区间远不同于目前市场价（无论是窄还是宽）的公司，我宁愿为这个想法投入更多的资本，而且对我来说，为单一想法投入更多的资本意味着使用更少的杠杆。换句话说，我愿意购买一只价内看涨期权，并以合理的比率利用杠杆（比如我们在之前英特尔公司的例子中看到的 -1.8× / 2.6×）。我的方法如图 9-2 所示。

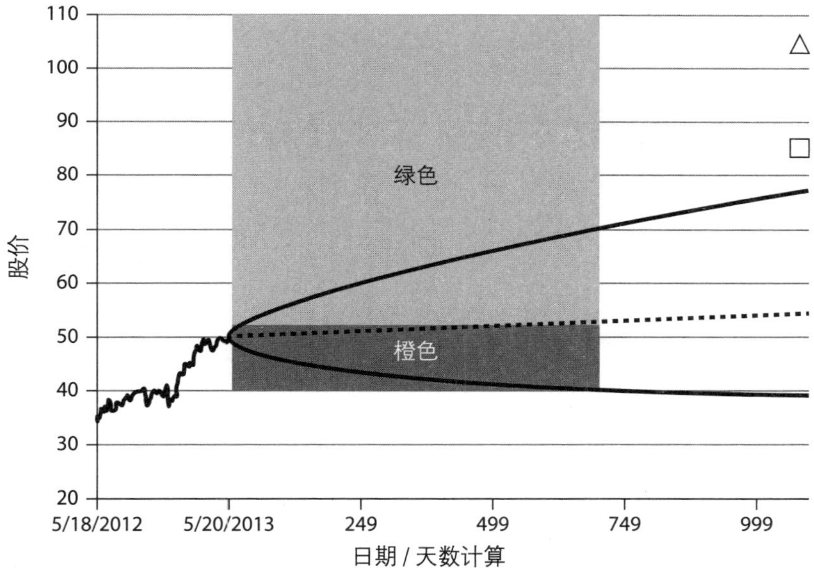

图 9-2 先锋建筑公司的期权

在这里，我购买了给我大约 -1.5/2.0 杠杆的价内看涨期权 LEAPS。我再次使期限最大化，并用价内看涨期权最小化了我的杠杆比率。只要股票在我的期权到期时上涨，这种结构就将使我获利，即使股价没有达到某个价外执行价。

更常见的情况是，我们会发现一家公司在大多数场景中可能被公平估值，但是在一或两个外围估值场景下，它似乎没有被市场合理地定价，我将为这种想法投入较少的资本，而使用更多的杠杆。我的方法如图 9–3 所示。

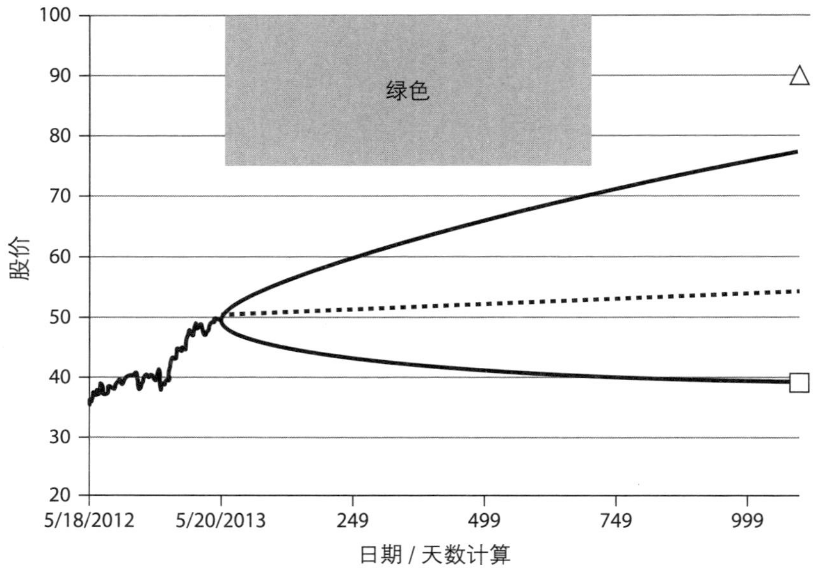

图 9–3　先锋建筑公司的期权

我再次通过购买具有提前偿还权的长期期权证券最大化了我的期限，但这一次我增加了杠杆，就像星号线位于“IRL / 10”水平，而且卖给我的股票价格不同于正常的估值。

有些人会说，我的 IIM 方法完全与理性方法相反。如果你对自己的估值区间很有信心（这是反对意见），你应当尽力试着为这个想法获得尽可能多的杠杆。购买价内看涨期权是愚蠢的，因为你没有发挥期权杠杆的最大潜力。这种反驳有其道理，但我发现，市场存在太多的不确定性，因此你不能过于大胆地使用杠杆。

期权是依赖于时间的工具，如果你的期权到期了就毫无价值，你已经意识到无论最初你为它花的时间价值是多少，都会变成损失。如今，世界各地的经济体都深深地交织在一起，这是一件非常复杂的事情，所以如果我声称我完全可以了解一家公司未来的价值几何以及市场价格需要多长时间方可反映其价值，就是一种狂妄自大的表现。此外，作为个人决策者，我正在通过基于行为偏差的先天筛选方法来分析这个世界和投资。

由于我对市场的巨大复杂性以及根深蒂固的人性缺点保持着谦卑的态度，当我想要把大笔资本投入某个想法时，我会使用相对较少的杠杆，我发现，基于我的风险承受能力和经验，这是我进行一般投资的最佳方法。

相反，我们都有特别的投资爱好或者其他什么，而且有时我们必须通过资本的投入来表达自我。例如，如果某家公司真的能够研发治疗艾滋病的药物，那么它的股票将飙升。在这种情况下，我宁愿选择减少投入资金，用一个更小但更高杠杆的赌注来表达我对结果的怀疑。平均而言，如果我的投资偶尔成真，而且当它们确实成功时，我购买的关于它的期权所获得的回报足以抵销那些没有成功的投资项目的亏损，最终，我的净收益会进一步增加。

对于一般投资，这些经验法则是我自己的。在特殊情形下投资一个可能的收购目标时，我们要多考虑一些因素。一家公司可能在以下两种情况下被收购：第一，这是一家经营良好的公司，掌握着另一家公司希望得到的客户群、产品线或者地理位置；第二，这是一家经营糟糕的企业，因为管理无效、业绩长期下滑，或者其他原因，但是它有一些其他公司想要拥有的有价值的资产，比如知识产权。

如果你认为那家可能被收购的公司是第一种类型，我认为最好是买入价内看涨期权，尝试使花费在这笔投资上的时间价值最小化（你也可以卖出看跌期权，我将在第 10 章介绍这种方法）。在这种情况下，你想要使花费的时间价值最小化，因为当宣布并且接受收购时，你知道你购买的时间价值会流失。购买一份价内合约主要是购买了内在价值，因此如果启动收购流程，那么这时你失去的时间价值就很少。如果你认为一家属于第二种类型的公司（一家处于衰退期的糟糕公司）可能被收购，我认为最好是通过不购买很多看涨期权合约并且以价外方式购买，以使花费在这笔投资上的时间价值最小化。在这种情况下，你希望通过限制购买合约的数量使你用于价外期权的时间价值最小化，这是因为当你持有这些期权时，如果这家糟糕的公司失去价值，你不想陷入其中而失去太多的资本。典型的收购溢价在 30% 的范围内，所以如果公司被摘牌了，那么购买看涨期权 20% 的价外就能够产生不错的利润。请记住，收购溢价为上一个最低报价的 30%，而不是你决定投资时的价格的 30%。如果你买 20% 的价外看涨期权，而且在宣布 30% 溢价收购之前，该股下跌了 10%，那么你将一无所获，如以下时间线所示。当该股的交易价为 10 美元时，买入执行价为 12 美元的期权：

- 股票跌至 9 美元；
- 收购是在高于上一个最低报价的 30%，即 11.70 美元时宣布的；
- 执行价为 12 美元的看涨期权的所有者的利润为 0 美元。

然而，让收购者为未来的被收购者付钱是没有绝对的保证的。根据收购方对获得目标资产的渴望程度，实际上它可能允许目标公司破产，然后以每股 0.30 美元或者其他价格收购其资产。正是由于这种不确定性，所以将太多资金投入一家糟糕公司的想法是不明智的，即使你认为该公司可能被收购。

投资组合管理

我喜欢把聪明的期权投资视为一顿大餐。在我们的投资大餐里，基本工具（即股票）在大多数情况下都应当是那道主菜。

人们对证券投资组合多元化有不同的看法，而且对于投资组合的最大百分比应分配给某个具体想法的意见也不同。显然，大多数人更愿意将其投资组合的更大部分分配给更有信心的想法上，但这通常是以相对水平为框架的（比如对于某些人来说，一个坚定的想法将在其投资组合中占 5%，而不坚定的想法占 2.5%；对其他人来说，坚定的想法将在其投资组合中占 20%，而不坚定的想法则占 5%）。与其考虑多大规模的投资是最好的选择，不如考虑一下投资大餐的组成。

考虑到作为主菜的标的股票，我认为杠杆就是酱汁和配菜。价内期权的头寸是使主菜更有趣和更美味的主要酱汁。

你可以把价内期权加到股票上，并将杠杆增加到你觉得合适的水平。当然，没有必要达到巴菲特的 1.8∶1 的杠杆。当一家公司的业绩符合你的最佳预期时，采用更弱的杠杆不会给你带来太大冲击，而且如果公司业绩平平或者有些糟糕，那么你承担严重损失的风险也很小。价外期权头寸（和“对角线策略”将在第 11 章讨论）可以被视为与主菜相配的麻辣小菜。如果你投资的公司正在经历一个糟糕的季度，而且股价因情绪因素而非基本面因素下跌，那么它们可以增加额外的味道。价外期权也可以作为两餐之间充饥的零食。在这种情况下，零食意味着在公司中更小的头寸，这些公司有一种虽小但真实的上涨潜力，有更大的机会得到公平的估值；或者就某家公司而言，你不相信这样的头寸有能力为你（即公司企业所有者）创造更多的价值。

关于投资杠杆适当水平的另一个考虑应当也适用于给定头寸，即一家企业的经营和财务杠杆有多少。一家杠杆高的企业将具有更宽松的估值区间，并将更有可能受到宏观经济因素的影响，而这些因素超出了管理团队的控制，投资者也无法预测。在这种情况下，我认为最好的回应就是按照“安全边际”原则和逆向投资原则来调整投资杠杆。

通过创建估值区间，而不是只考虑对企业的估值，我们无意中让自己变得善于选择合适的安全边际。例如，我最近关注了一家公司的价值，其股票的交易价约为每股 16 美元。该公司有非常高的运营和财务杠杆，所以我的估值区间也非常大，即从最糟糕的每股 6 美元左右到最好的每股 37 美元左右，而最有可能的价值为每股 25 美元左右。安全边际是 36% [（25 美元 -16 美元）/ 25 美元]。虽然有些人可能认为这是合理的安全边际，适合采用大胆的集中头寸，但是我转而选择采取小且无杠杆的头寸，因为对我来说，这只股票 9 美元的安全边际仍然不够宽。采用更大的头寸并且使用更高杠杆的最佳时机就是在市场对股票定价的时候，就好像几乎可以肯定这家公司会面临最坏的未来，而你却认为这种最糟糕的情况似乎不太可能发生。例如，如果股价下跌 50% 至每股 8 美元，而我对公司的估值保持不变（分别是最糟糕的情况为 6 美元，最可能的情况为 25 美元，最好的情况为 37 美元），我认为我有足够的安全边际来保证我的投资组合中更大比例的投资，并增加更多的投资杠杆。在股票处于每股 8 美元的水平时，我的风险（8 美元 -6 美元 = 2 美元）较低，而且当我潜在的回报很大，更接近无风险时，这不太可能实现。当股票的现价为每股 16 美元的时候，我的风险（16 美元 -6 美元 = 10 美元）很大，而且当最糟糕的情况伴随最坏的情况出现时，更容易发生巨大的风险。

从这个角度来考虑安全边际，很明显，人们不应当按照任意的水平为自己设定框架（比如“我的规则是只买入那些比我的公允估值低 30% 或者以上的股票”），而是应当在聪明的估值区间内考量这些边际。在这个例子中，36% 的安全边际足够让我将投资组合用于非杠杆化投资，但不能“全部投入”。对于这笔投资中的集中式杠杆头寸，我需要的安全边际应当接近 76%，即（25 美元 -6 美元）/ 25 美元，并至少超过 60%，即（25 美元 -10 美元）/ 25 美元。

这么大的安全边际什么时候会出现呢？就是当市场失去了所有希望，并且正在为公司进行灾难性定价的时候。这就是逆向思维粉墨登场的时候。对于一家经营杠杆水平高的公司来说，进行杠杆性投资的最佳时机是当市场上其他人都在担忧这种经营杠杆可能产生负面作用的时候。例如，在经济衰退期，消费者需求降低，工厂闲置时间增加。这对那些拥有闲置工厂的公司的盈利能力具有快速且往往是非常负面的影响，而且如果情况够糟糕或者近期（比如六个月内）没有解决方法的话，那么这些公司的股价就有可能暴跌。从估值的角度看，市场价常常下跌至如此之低，因而工厂有可能永远保持闲置状态。在这些情况下，我认为不使用投资杠杆可能比使用投资杠杆更有可能带来真正的风险（详见我在第 12 章中对风险的介绍）。

在繁荣时期，真实情况正好相反。工厂产能已接近满负荷，而需求依然强劲。当持续强劲的需求促使工厂产能变得更高的时候，市场上的大多数人只想着能从运营中挤出额外的利润百分点。正如每位逆向投资者都知道的，这正是喜欢上一家杠杆运营公司的股票的错误时机，也正是利用投资杠杆来获得杠杆运营公司股票敞口的错误时机。

财务杠杆更危险，在考虑估值时需要更加仔细，特别是如果经济处于或者开始进入衰退期时更是如此。在衰退时期，消费者对产品的需求降低，但是银行和债券持有人对利息和本金支付的需求持续不变。如果需求如此之低，以至于企业无法产生足够的现金流来支付其债务利息，或者如果它能够支付债务利息，而手头却没有足够的现金支付全部本金（而且银行拒绝资助），该企业的股份将一文不值。正如 2010 年巴菲特在给伯克希尔哈撒韦公司股东的信中所写的那样："任何一列巨数，即使它们是天文数字，只要乘以一个零，就可能一文不值。"在繁荣时期，一家企业无论多么辉煌都不重要；而在糟糕时期，如果其股权价值降至零，那么该企业的股票持有者将失去他们的全部资本。

生活中一件可悲的事情是，在很多情况下，有高经营杠杆的公司（比如那些拥有工厂的公司）会通过发行债券为这些杠杆融资，即把财务杠杆加到经营杠杆上。在萧条时期，由于财务杠杆对于股票投资者而言就是一种严重的风险，而且很难知道下次衰退会在什么时候出现，所以我个人认为，对符合这种条件的公司要少使用投资杠杆。

假设你已经决定了投资大餐的组成部分，并且使用你选择的分配规模和杠杆对它们进行了研究。你如何知道什么时候停止"就餐"，并且关闭全部或者部分头寸？

或者相反，当你意识到这顿大餐比你想象的更美味可口时，你应当如何做呢？这都是很自然的问题。

在你建立头寸之后的一段时间内，这家公司倾向于何种估值会变得更清晰。在某些情况下，会出现一些对为该公司进行估值至关重要的信息，而其他的市场参与者可能还没关注到这些信息。显然，如果这些信息对你为该公司进行估值有很大的积极或者消极影响，那么你应当相应调整你的头寸的大小。如果你相信影响是积极的，那么通过增持股份，并且 / 或者通过添加“香料”（即调整目标杠杆）去建立一个头寸是非常有意义的。如果影响是负面的，那么从降低杠杆（或者你可以将其视为增加支持特定头寸的现金比例）开始是可行的，即使这种降低意味着实现亏损。如果消息的影响是如此消极，以至于从风险回报的角度看，这笔投资不再有吸引力，那么我认为它应当被关闭，而且宜早不宜迟。考虑到我们对前景理论的了解，在心理上这是一件很难实现的事情，但是根据我的经验，等待关闭一个你不再有信心的头寸对你没什么好处。

显然，投资的风险 / 回报方程式也受到一只股票的市场价的影响。如果市场价开始触及你的估值区间的上边缘，那么现在是时候降低杠杆和 / 或关闭头寸了。

如果你的期权在股票达到你的公允价值估值之前处于到期的危险中，你可能会通过卖出你的期权头寸来滚动头寸，然后用收益来购买到期日更远的另一个期权头寸。这时，你必须再次考虑你的目标杠杆，并且相应地调整你的期权执行价。如果股价在整个期权合约有效期内一直下跌，这就意味着你将实现亏损，在心理上，这不是一件轻松的事情，但是考虑到所有期权投资的时限，在这种情况下，这是不可避免的。

我不喜欢投资不具有提前偿还权的长期期权证券看涨期权，一个原因是这种滚动意味着我们不仅必须支付另一系列的经纪人和交易所费用，而且还必须支付双方的买卖差价。期权的买卖价差那么大，对回报是非常大的阻力，你应当考虑预期回报是否值得进入长期看涨期权头寸，在该股票到达你的公允价值估值前，它可能需要进行多次滚动。

顺便说一下，在某种程度上，你想滚动的期权有明显的时间价值，那么最好是在时间衰减开始变得极端之前进行滚动。这通常发生在到期前三个月左右。结果表明，期权的流动性在到期前的最后三个月有所增加，而且流动性越高，滚动就越容易进行。

在介绍了买入看涨期权后获得牛市敞口后，我们将介绍如何买入看跌期权来获得熊市敞口。

买入看跌期权

要点

当投资者认为某家公司的价值很可能远低于当前其市场价时，他们就会使用这种策略。投资者必须支付溢价来建立头寸，而且代表时间价值的溢价应当被视为已实现亏损，因为它无法恢复。如果股票在期权到期之前未能进入敞口区域，那么就没有利润可以被用来抵销这种亏损（见图 9–4）。

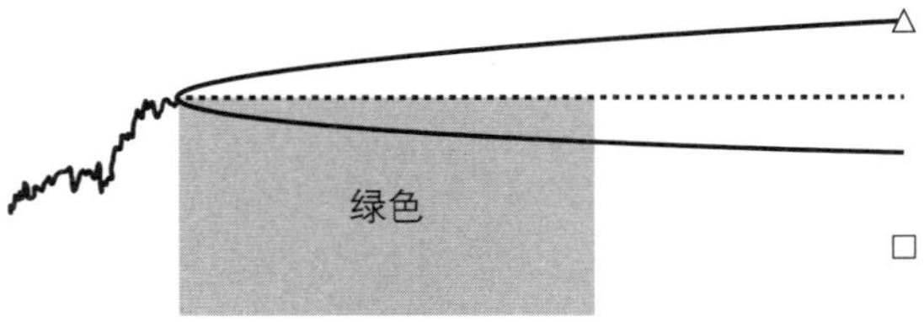

下行趋势：被低估
上行趋势：定价合理
执行：买入看跌期权
风险：支付溢价的金额
回报：溢价金额等于执行价

图 9–4　买入看跌期权

在经济学中，这种交易会使投资者卖空某家估值过高的公司，而无须承担股价上涨带来的不确定亏损风险。投资者必须支付固定的溢价，而不是为不确定的亏损风险买单。这种策略遵循本书之前介绍过的相同的杠杆原则，即在亏损实现之前，与平价或者价外看跌期权相比，价内看跌期权的杠杆更少，但是缓冲作用更大。

期限选择

做空股票是你在买入看跌期权时做的事情，这是一项艰难的工作，不适合那些胆小的人。原因如下。

1. 市场是普遍上涨的，无论好坏，涨潮通常会将所有船只都抬高。
2. 即使某家公司的价值被高估，也很难知道何种催化剂将在何时让市场的其余部分知道了这一事实。

用全球最大的卖空对冲基金的基金经理吉姆·查诺斯（Jim Chanos）的话来说，市场是一台“巨大的正向强化机”。当全世界似乎都不同意你的观点时，持有熊市头寸在心理上是很困难的。期权放大了所有熊市头寸的困难，因为期权是杠杆工具，而且当它们发生在杠杆头寸上时，亏损会变得更严重。

我获得牛市敞口的原则是尽可能选择期限最长的期权。我的观点是，通过买入具有提前偿还权的长期期权证券，你可以享受一个可能的上涨漂移，而该上涨漂移超过了期权定价假设的漂移。当买入看跌期权时，你处在这个漂移因素的反面（即那个“涨潮会抬高所有的船”的因素），如果你没有享受到利润，股票每下跌一天，时间价值就衰减一天。另一方面，如果你不想在时间价值上花费更多，并且买入了期限更短的看跌期权，除非市场认为该股票价值被高估，并且在更短的期权到期之前下跌，否则当你滚动你的看跌期权时，必须再次支付所有的买卖价差以及经纪人和交易所的费用。

这告诉我们，当选择看跌期权的期限时，你需要用买卖价差来平衡现存的市场向上漂移（这为选择更短期期权的观点增加了可信度）和其他费用（这为长期期权的论点增加了可信度）。如果能够识别出催化剂，你就可以根据预期的催化剂来计划期权投资的期限。然而，遗憾却又神秘的事实是，熊市的催化剂往往会被市场的“快乐机器”所忽视，直到熊市突然出现，股票崩盘的那一刻。当市场意识到股票估值过高时，对卖空者来说，关键是要参与到这场博弈中。

执行价的选择

提到执行价，做空者发现，他们在以大致同于选择到期期限的方式来对抗漂移。如果卖空者做空的股票不如市场中其他股票上涨得快，那么他或她的股票就会成功。做空敞口的作用是对冲整个投资组合，如果它损失的钱少于投资组合其他部分的收益，那么这笔投资就可以被视为一笔成功的投资。

然而，对于看跌期权的买家来说，成功的定义是不同的，如果他们要享受利润，不仅需要看到自己在熊市的押注不会上涨太多，而且还需要看到他们在熊市的押注下跌。如果投资者决定通过买入价外看跌期权来获得想要的熊市敞口，一旦卖出看跌期权，他就必须接受已实现亏损。另一方面，如果投资者希望将预先接受的已实现亏损减少到最少，那么他就必须接受自己杠杆化的熊市头寸，这样股价每上涨1%，该头寸产生的亏损会超过1%。

还有另一种熊市策略，你可以通过接受敞口使用，我将在下一小节中介绍，但是对于那些正在获得熊市敞口的投资者而言，刚才提到的期权卖空者的窘境是无解的。

投资组合管理

我们无法在价外风险和价内风险之间进行权衡，因为无论是在牛市还是在熊市的投资中，杠杆原则都是不可改变的。但是有一些投资框架可以让聪明的投资者更放心地对这类熊市押注。首先，在我们自己看来，与看跌头寸有关的亏损和与看涨头寸有关的亏损是不同的。原因可能是如果你决定积极地投资市场，就必须购买证券，但你不需要做空所有股票。事实上，当你从事一项你认为不必要的行为时，遗憾和自我怀疑的感觉会增加，你正在承受损失，而这恰恰是投资中必不可少的一部分。

此外，在一个投资组合背景中，投资者似乎可以接受牛市中的投资表现不佳比如“某公司正在亏损，但它只占我所持股票的5%，我投资组合的其余部分都在上涨，因此没问题”，但是看看那些表现不佳的看跌投资，就好像这些投资项目是其唯一的投资一样，比如“我在那些该死的空头头寸上损失了5%。我当初为什么不在第一时间做空那只股票呢？”一般情况下，人们很难从投资组合的角度来观察投资（我将在第11章中更多地介绍这一点），但是在看跌的情况下，这个问题似乎严重得多。

我解决这个困境的方法（从业绩角度来看，这种方法也许不是最好的，或许也不是最合理的，但从心理学角度来看，对我而言，这种方法是最可控的）就是以更小的头寸规模买入价外看跌期权，相比之下，以同样的确定水平，我为看涨期权所使用的头寸规模可能会更大。这意味着我拥有更小而杠杆更高的头寸。这种策略对我有用，因为一旦我花费溢价购买了看跌期权，我就认为钱花掉了（这是一笔沉没成本），在那之后，除非股价大幅下跌，我甚至不会去看期权的市值。不知何故，比起看到我的价内看跌期权头寸由于股票每天上涨而遭受1.5倍的未实现亏损，这种预先接受已实现亏损的心理状态是比较容易接受的。

这种策略可能很好地证明了我不是天生的卖空者，既然你现在已经了解了相关问题，那么你就应当设计一种适合自己风险承受能力的获得看跌敞口的方法。

宽跨式

要点

当市场低估了股票价值显著高于或者低于其当前的市场价的可能性时，就会用到宽跨式期权策略。这是一种更具投机性的头寸，因为两条端线为价外，是高度杠杆化的。它有时对一些自身价值取决于某一特定药品的成功或者失败的公司（比如规模更小的制药公司）或者对一些有可能破产的公司有用，但是如果这些可能破产的公司能够避免这种极端的下跌状况，那么其价值要远超过其目前的交易价（见图 9–5）。

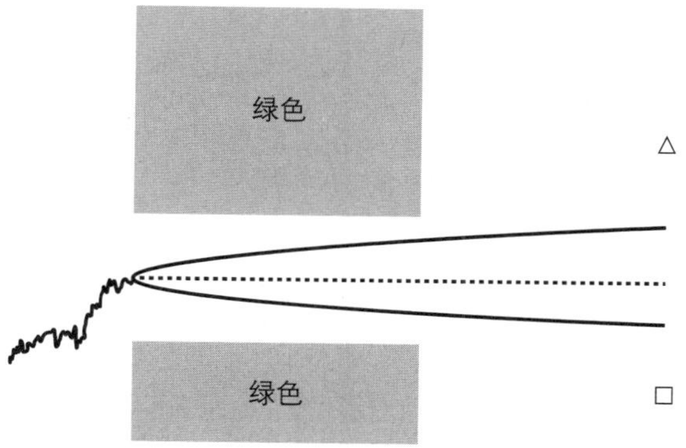

下行趋势：被低估

上行趋势：被低估

执行：同时购买一只价外看涨期权和一只价外看跌期权

风险：支付溢价的金额

回报：无限上涨，受限于执行价少于下跌趋势上（两条端线）的溢价总额

图 9–5　宽跨式期权策略

支付的所有溢价必须视为已实现的亏损，因为它们永远无法收回。如果股票未能在期权到期前进入其中一个敞口区域，那么就没有利润来抵销这一实现的亏损。

你没有理由必须购买同等数量的看跌期权和看涨期权。如果你相信上涨和下跌两种情况都是有可能发生的，而且相信下跌的可能性更大，那么你可以买入更多的看涨期权，而不是看跌期权。这就是所谓的“头寸比值（ratioing a position）”。

期限的选择

因为宽跨式是我们已经介绍过的两种策略的组合，对于期限的思考也是相同的，即利用具有提前偿还权的长期期权证券的漂移优势，购买这些证券或者期限最长的看涨期权，平衡漂移和滚动与购买期限更短的看跌期权的成本。

执行价的选择

宽跨式期权策略在本质上与其两个组成部分，即买入看涨期权和买入看跌期权稍有不同。投资者使用宽跨式期权表达了这样一种信念，即他们相信市场普遍低估了企业估值的内在不确定性。期权是一种方向性工具，而宽跨式是一种策略，它承认投资者不清楚股票的未来走向，投资者只知道在不同的情况下，其未来价值会有别于其目前的市场价。

因为两种策略购买的期权都是价外，在我看来，这意味着一种更具投机性的投资，这是一种可以在到期前获利的投资。尽管如此，如果股票定价是期权到期时两种执行价之一，那么我的保守主义将迫使我选择执行价，因为这个价格将可以使整个头寸获利。因为我购买了上行和下行敞口，我总是喜欢确保无论期权何时到期，股价必定会处于我的估值区间的边缘，那么这笔收入足以支付我这两条端线的成本（再加上很吸引人的回报）。

投资组合管理

如前所述，这自然是一种更具投机性的期权投资方式，在到期前关闭成功的策略比持有头寸到期可能更有利。与本章提出的下一种策略（跨式策略）相比，如果持有宽跨式期权至到期日，那么实际上会产生更差的回报，所以如果你在投资中途已经对自己的收益感到满意，那么你就应当关闭头寸，而不是等待到期。这个规则的例外情况是，如果有消息让你相信企业的价值比你事先预测的更高或者更低，而且另一个方向的不确定性已经消除，你就应当评估加大对该企业投资的可能性。

投资者，即使是那些经验丰富、思维缜密的投资者都会面临一个常见的问题，即他们认真审视了股票过去的历史价格，并确定了该股票是否有“更多的空间”朝着一个特定的方向移动。当考虑投资时，你要知道的最重要的两件事情是投资的价值以及围绕价值的不确定性。股票在三年前更便宜还是更贵一些并不重要，因为这都是向后看，而你不能用后视镜进行投资。

关于这种策略的最后一点注意事项是如何处理未使用的那条端线。换句话说，如果股票走强，你在看涨期权上获利，你应当如何处理看跌期权呢？遗憾的是，未使用的端线几乎总是没有价值的，而且关闭它的成本常常会超过其价值。我通常保持这条端线的开放状态，因为你永远不知道会发生什么，而且也许在到期之前，你能够以更好的价格关闭该头寸。

这是一种投机策略，是投资大餐中的一点香料或者餐后的薄荷糖。不要指望用它致富（如果你用它致富，这意味着你非常走运，因为你在这个过程中将不得不使用很多杠杆），但是你可能时不时地会因为这种方法给你带来的帮助感到惊喜。

现在我们来简单介绍一下跨式策略（见图 9-6）。

跨式策略

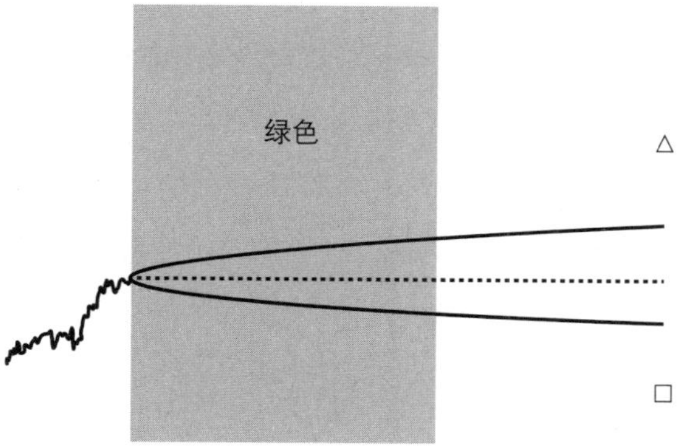

下行趋势：被低估
上行趋势：被低估
执行：同时购买平价看跌期权和平价看涨期权
风险：支付溢价金额
报酬：无限?

图 9-6　跨式期权策略

要点

为了完整起见，我在这里包括了跨式。在本书中，我没有介绍很多更为酷炫的多重期权策略，因为多重期权策略要比其价值更昂贵，对于那些对证券有明确的方向性要求的人而言更是如此。然而，跨式通常表面上看很有吸引力，因此我在此介绍它是要警告投资者，如果没有其他原因，不要使用这种策略。

当然，跨式与宽跨式有很多相似之处，但跨式极其昂贵，因为在期权的期限内，你要为股票每一次可能的价格波动付钱。例如，我刚刚看了黑莓公司（BBRY）的期权价格，其股票的交易价为 9 美元。在 86 天到期时，执行价为 9 美元的看涨期权（$\Delta = 0.56$）的定价为 1.03 美元，而执行价为 9 美元的看跌期权（$\Delta = -0.44$）的定价为 1.13 美元。

总溢价为 2.16 美元，相当于股价的 24%，这意味着如果隐含波动率（约 60%）保持不变，在投资者实现盈亏平衡之前，股票必须有 24% 的波动。事实上，在股价突然下跌的过程中，隐含波动率通常会上升，所以股价可能会稍有下跌，至保本线。而在突然上涨的过程中，隐含波动率往往会下降，将使其难以实现盈亏平衡。

尽管如此，如果能够坚持到到期，跨式期权在同一只股票上给投资者的盈亏平衡点仍会比宽跨式更低。关键在于，如果要在到期前关闭头寸，宽跨式几乎总是会比跨式产生的利润更高，只是因为宽跨式的初始成本更低，而其每条端线的相对杠杆更高。如果你对产生的利润感到满意，这也是考虑及早关闭宽跨式的另一个理由。

如果你不知道股票是否会上涨或者下跌，你所能期望的最好的事情就是对该公司进行一次投机性的押注。当进行投机性赌注时，你最好减少花费的金额，否则你将减少用于轮盘赌的资本。减少花在单项赌注上的金额是聪明的投资者远离跨式的理由。

了解了所有获得敞口的主要策略，我们现在来学习通过卖出期权来接受敞口。

第 10 章

接受敞口

经纪商和交易所通过对手方接受敞口的方式，与那些想要获得敞口的对手方的方式截然不同。这有一个很好的理由：尽管获得敞口的投资者可以在未来进行交易，但是他或她的对手方，也就是一位接受敞口的投资者已经承诺未来会以期权买方完全自由决定的方式进行交易。如果接受敞口的投资者没有进行所承诺交易的财力，那么经纪商或者交易所有义务承担责任。①

例如，一位以每股 50 美元的价格卖出看跌期权的投资者承诺在未来某个时候以每股 50 美元的价格买入相关股票，这就是接受敞口的本质。然而，如果投资者在未来某个时候没有足够的钱以 50 美元的价格来购买股票，那么投资者购买股票的承诺就毫无经济价值。

为防止这种情况出现，经纪人要求接受敞口的投资者提供一笔保证金，以充分履行投资者承诺承担的金融义务。例如在之前的例子中，投资者必须持有 5000 美元（每股 50 美元 ×100 股 / 合约）作为储备，而且在合约到期前，这些储备金无法用于购买股票或者期权。

① 事实上，这就是美国纳税人都有机会拥有一份美国国际集团（AIG）股份的关键原因所在。美国国际集团下属的一家子公司做出的交易承诺随次贷泡沫的破灭没有能力继续执行了。在这种情况下，美国国际集团倒闭的风险不是某位经纪商或者某家交易所必须承担的（因为美国国际集团交易的合约属于直接交易，因此不受交易所制约），这种风险在很大程度上是由金融体系，特别是美国的纳税人承担。

由于这种保证金要求，事实证明，我们接受杠杆（卖出看跌期权）的策略之一总是带有为 -1.0 的杠杆损失，这与股票的亏损杠杆完全相同。我们可以这样想：用 50 美元购买股票和将 50 美元存入一个你无法接触的托管账户中并承诺，未来你将用托管资金购买股票的区别是什么？从风险的角度来看，答案是风险“极小”。

卖出看涨期权更复杂，但是我将利用第 8 章中介绍的结构元素来介绍它们带来的杠杆作用。在下面的概述中，我在详细介绍头寸保证金要求的表格中添加了一条线。

聪明的期权投资会在市场对价值的可能性估值过高时接受敞口，他们认为估值的结果不是一个理性的结果。以图形表示的话，意味着投资者最好的和最坏的估值方案中有一种或者两者都正好处于 BSM 模型锥中。

接受敞口的简单（一只期权）策略包括：1. 卖出看跌期权；2. 卖出看涨期权（看涨期权价差）。

接受敞口的复杂（多只期权）策略包括：1. 卖出宽跨式；2. 卖出跨式。

本章使用的术语如下所示。

保证金	看跌–看涨平价
提前行权	备兑（一个头寸）
沽出（一只期权）	

现在我们来简单介绍一下卖出看跌期权。

看跌期权

要点

市场对股票价格将要下降的预期相对较高，并且正在据此定价。从更长的投资时间框架来看，投资者相信股票的价值至少相当于目前的市场价值或者高于市场价值。投资者同意接受市场的下跌风险，并因此获得溢价。溢价无法完全实现，除非期权在价外到期。如果期权在价内到期，那么投资者支付的金额等于股票的执行价，但可以由获得的溢价抵销部分股票成本。因此，投资者承诺以期权的执行价减去收到的溢价（我称其为“有效购买价格”）的价格买入考虑中的股票（见图 10-1）。

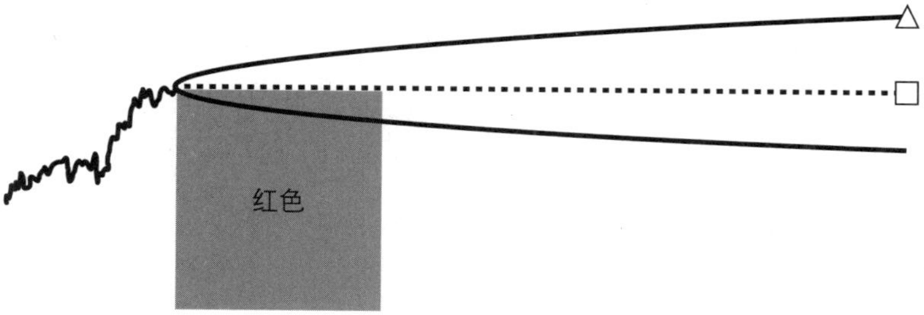

下行：高估
上升：公平估值
执行：卖出看跌期权合约
风险：执行价减去收到的溢价（与股票投资者的有效买入价一样）
奖励：收到的溢价有限
融资：头寸的名义数量

图 10-1　卖出看跌期权

我认为，卖出看跌期权策略与购买公司债券非常相似，而且这两种投资策略有很多相似之处。债券投资者本质上是希望（以利息的形式）获得特定的货币回报，以换取接受经营失败的风险。债券投资者唯一一次拥有一家公司的资产，是在该公司的普通股价值下跌至零且资产回归债权人控制之后。同样，卖出看跌期权，投资者希望（以期权溢价的形式）获得特定的货币回报，以换取接受该公司股票价值下跌的风险。卖出看跌期权投资者唯一一次拥有一家公司的股票，是在该公司股票的市场价值低于预先商定的执行价之后。

由于这些策略在概念上是相似的，所以我通常使用类似的术语来思考卖出看跌期权敞口，并将我从卖出看跌期权投资组合中产生的“收益”，与我可能从公司债券投资组合中获得的收益进行比较。出于这种考虑，并牢记这些投资是无杠杆的，[①] 博弈的目的是在投资时间框架内产生尽可能高的百分比回报，同时最小化你正在接受

① 事实上，这种无杠杆策略意味着获得的百分比回报准确表示了使用这种策略产生的绝对财富。正如我们之前看到的那样，杠杆投资可以带来很高的回报率，但绝对回报并没有那么高。这不符合卖出看跌期权的情况。

的实际下跌风险。

期限选择

一般来说，为使收益百分比最大化，最好是卖出那些期限相对较短的期权（期限通常为到期前的三个月至九个月）。购买长期期权规则的另一面：到期时间越长，每天的时间价值就越低。出卖较短期限期权的规则表明，如果你连续卖出两只六个月的看跌期权所获得的绝对收益，将高于你在交易初期卖出一只 12 个月的期权所产生的绝对回报。

在正常的市场条件下，卖出短期期权是最好的战略选择，但是在市场大幅下跌期间，当市场出现恐慌且所有公司期权的隐含波动率都大幅上升时，你通过卖出更长期限的期权所获得的收益可能高于你将一系列短期期权所获得的收益（因为据推测，期权的隐含波动率将随着市场企稳而降低，而这种降低意味着你随后卖出看跌期权所获得的收益会减少）。在市场压力极度大的时候，在某些情况下，你会发现做空长期限期权的机会，这些机会违反了经济逻辑，你应当伺机投机。

例如，在 2009 年市场急速下跌期间，我发现一家公司的价内看跌期权具有提前偿还权的长期期权证券的交易价如此高，以至于股票的有效买入价低于公司资产负债报表上的现金数量。显然，对于一家产生正向现金流的公司而言，股票不应当以低于资产负债表上的现金价值进行交易。我实际上得到了以资产负债表上 6 美元的现金价格买入一家公司的机会，而且几乎可以肯定的是，在以 5.50 美元购买期权的经济周期内，我还能多赚大约 2 美元。用 5.5 美元买入价值 6 美元 ~ 8 美元现金的机会并不常见，所以当你遇到时应当好好利用。

当然，你通过沽出（即卖出期权）短期看跌期权获得的溢价的绝对估值要低于你通过沽出长期期权所获得的溢价的绝对值。[①]因此，投资者必须平衡他或她在卖出看跌期权策略中投资的股票的有效买入价（期权的执行价减去获得的溢价）与如果看跌期权在价外到期时，他或她将获得的回报率。

我将在下一小节中介绍更多关于有效买入价的内容，但请你记住，如果我们想要产生最高的收益百分比，这通常意味着选择更短期限的期权。

① 沽出一只期权意味着卖出一只期权。

执行价的选择

一般而言，最好的策略是尽可能在接近 50–Δ（平价）标记附近卖出期权，因为此时，所有期权的时间价值都是绝对最大值。我们的期望是期权在到期时是没有时间价值的，如果事实确实如此，我们将在其最大值时卖出时间价值，并且以零关闭我们的时间价值头寸，也就是说，在其最小值时关闭头寸。这样，我们就（以相反的顺序）遵循了那句古老的投资格言——“低买高卖”。卖出平价看跌期权意味着我们的有效买入价将是执行价，在这个价格下，我们卖出的将少于我们获得的溢价。不用说，如果一位聪明的期权投资者不准备以有效买入价买入股票，那么他或她是不会同意接受这只股票的下跌敞口的。

有些人想卖出价外看跌期权，因此就造成有效买入价比目前市场价低很多。这种冲动可以理解，但只是试图使有效买入价最小化，意味着你必须忽略成功的卖出看跌期权策略的其他因素：使产生的回报最大化。有时，你可能想卖出一家公司的看跌期权，但只能以较低的执行价卖出。与其接受低回报的风险，我认为最好的策略是等待一段时间，直到市场有了短暂的停顿，股价达到你期望的执行价。

投资组合管理

正如我们所讨论的那样，卖出看跌期权的投资的最佳百分比回报来自卖出短期限平价期权。我发现，每个季度都有很好的机会，可以不断地找到这类短期押注。通过投资强劲的、高品质的蓝筹股，实现一定的回报水平（最近在高品质公司债券组合中发现的收益率是现在的两倍或更多，并且更接近高投机性、低信用评级的小公司的债券收益率）是可能的。在我看来，如果有这类股可用时，就很难将大量资金配置给公司债券。

一些投资者倾向于卖出波动较小或者价格大幅上涨的股票的看跌期权[①]，如果你考虑一下期权的定价方式，显然找到市场认为波动性更大的股票能让你获得更高的回报。你可以通过观察图 10–2 和图 10–3 来证实这一点，图展示了卖出看跌期权投资，给出了两种波动率。图 10–2 展示的期权的隐含波动率较低。图 10–3 所展示的期权的隐含波动率较高。

---

① 这对投资持保看涨期权的人来说特别真实。我将在第 11 章中介绍这种投资策略，这种策略有与卖出看跌期权策略相同的风险回报情况。

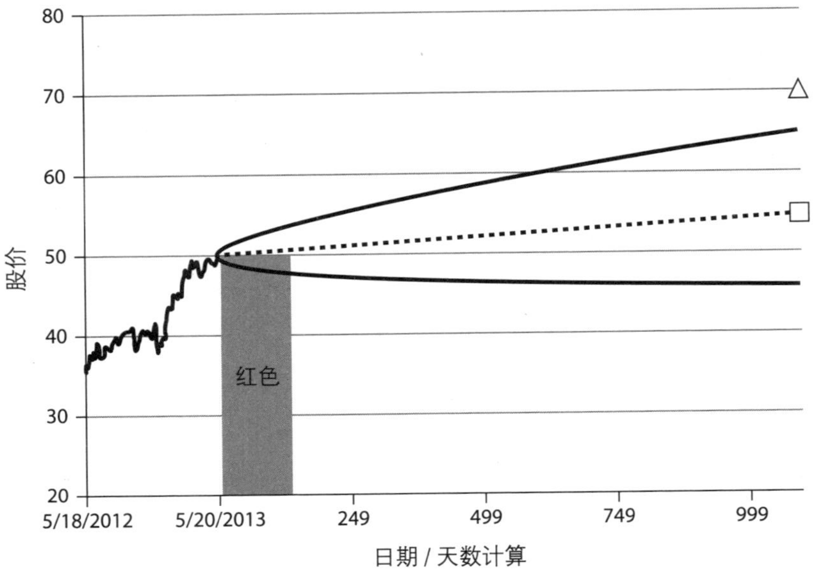

图 10–2　隐含波动率较低的期权

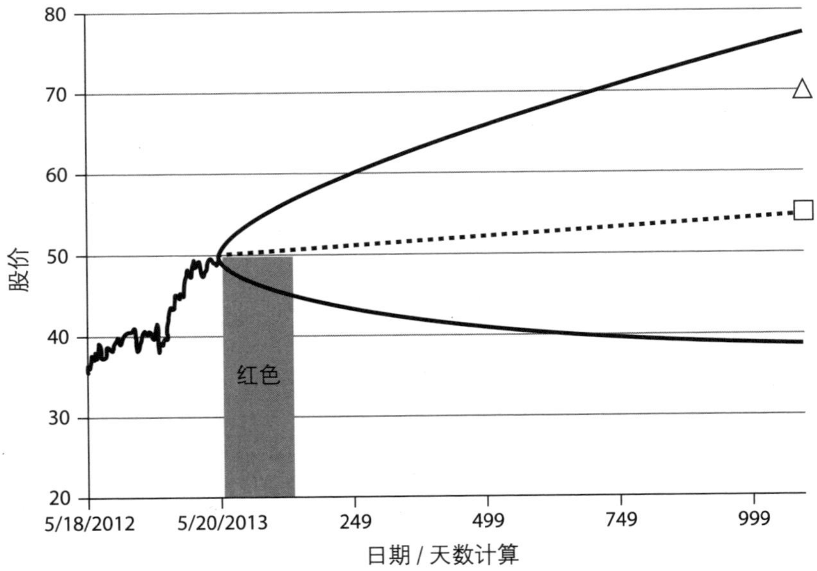

图 10–3　隐含波动率较高的期权

显然，在图 10–3 中，即在波动率较高的情况下，看跌期权的敞口区间不只在 BSM 模型锥内，这意味着当隐含波动率升高时，接受相同的下行风险的价格将大幅上涨。

成功配置卖出看跌期权的关键是找到那些下跌风险相对较低，却也具有明显的感知价格风险（正如市场所见）的公司，即使这种风险事实上只是暂时性的。季度业绩披露季几乎是为这个目的而定制的。卖方分析师（以及整个市场）主要利用报告收益的倍数来为股票制定目标价格。因此，由于短期和 / 或非实质性的会计技术原因所造成的报告收益的小幅下降，可能会导致卖方分析师和其他市场参与者大幅下调他们的短期目标价格，也可能会造成股价的大幅下跌。①

当一家高品质公司由于其他投资者感知到风险而大幅下跌时，这是补充卖出看跌期权投资组合的绝佳时机。如果你能很好地把握这些时机，那么你的卖出看跌期权的投资将在另一笔卖出看跌期权的投资变得有吸引力时到期，所以你可以利用直到近期才用来支撑首个头寸的保证金来支撑新头寸。

显然，这种策略只有在市场普遍上涨或者至少在你卖出看跌期权的投资时机内横向移动时适用。如果市场下跌，卖出看跌头寸平价内到期，这样你就有了标的股票的头寸。对一位期权交易者（比如短期投机者）而言，看跌股票是一场噩梦，因为他或她对公司的潜在价值并不了解。但是，对于一个聪明的期权投资者而言，看跌股票仅仅意味着在强势股票上有获得股息和享受本金升值的机会，且几乎没有下跌的估值风险。

当投资者卖出看跌期权，然后一段时间后又下调了他的最低估值时会出现大问题。例如，如果最糟糕的情况是每股 55 美元。如果你知道了新的重要信息，而这些信息会让你将较低的估值区间改为每股 45 美元，就像股票的市场价下跌一样，如图 10–4 所示，你会怎么做？

---

① 当然，业绩披露季波动性加剧还有其他原因，而且一些波动性反映了对估值至关重要的问题。然而，在我看来，在这时给出的大部分信息是有助于了解几个月的潜在业务成果的，因此，聪明的投资者对公司长期价值的看法不应当发生实质性的改变。

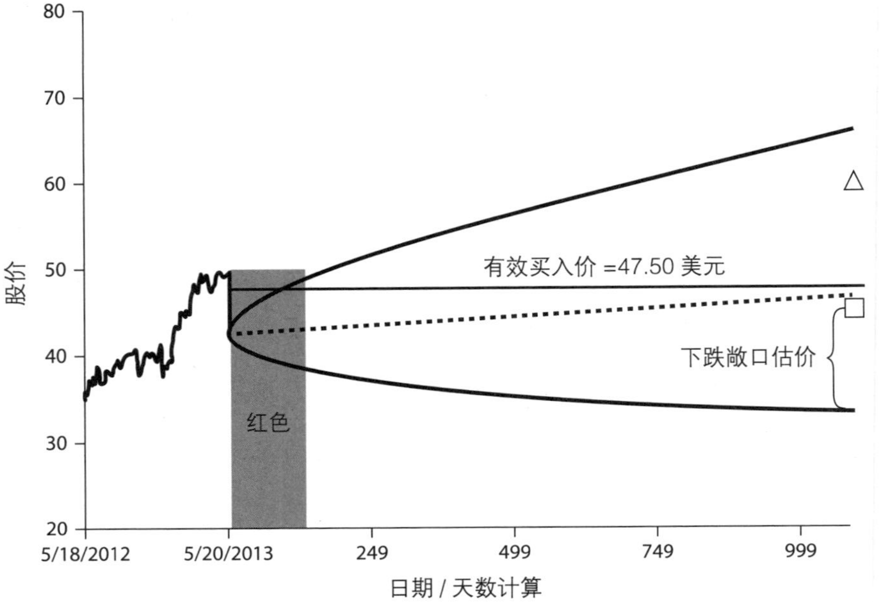

图 10–4　先锋建筑公司的期权

仔细观察图 10–4，你应当能看到以下几点。

1. 做空这只看跌期权的投资者在他或她的头寸上肯定有一个明显的未实现损失。你可以看出，这是因为投资者现在卖出的看跌期权比在最初卖出时更有价值（更多的敞口区间现在是由 BSM 模型锥创造出来的）。当你以某一价格卖出某物品，而且该物品的价值在未来会上升时，你可能会在最初的出售上遭受亏损。
2. 随着价格的下跌和公允价值的降低，这只股票的下行敞口看起来仍然被高估了。
3. 如果该公司的表现能够使其最终股价达到新的、降低的最佳估值水平，那么原始的卖出看跌期权头寸将产生利润，尽管该利润低于最初的预期。

在这一点上，投资者有以下几种选择。

1. 通过购买执行价为 50 美元的看跌期权把卖出看跌头寸上的未实现损失变成已实现损失，以关闭头寸（又称平仓）。
2. 保持头寸开放，并以投资者管理处于困境的股票仓位的方式对其进行管理。

在能够导致股价下跌的信息发布后立即平仓是一个非常好的想法（换句话说，

这是第一选择）。在这个时候，投资者普遍会感到恐慌，这种恐慌将导致你所购买的期权价格高于合理价格。几天或者几周后，对期权价格的恐慌将会消失（比如 BSM 模型锥变窄），而且股价逐渐稳定通常会让你以更有利的价格关闭期权头寸。这条规则有一个例外：如果你的新估价表示公允价值等于或者低于当前的市场价，那么你最好立即关闭这个头寸，并且意识到这些亏损。如果你不关闭头寸，那么你只是在赌博（而不是投资），因为你再也没有机会从投资中赚钱了。

保持头寸开放必须取决于你能做的其他潜在投资，以及在期权合约到期时你可能持有的股票仓位是如何相对累积起来的。例如，假设你已经在沽出执行价为 50 美元的看跌期权后获得了 2.50 美元的溢价。这样，你的有效买入价为 47.50 美元。现在，股票的交易价为每股 43 美元，所以你可以将你的头寸视为无杠杆的，未实现亏损为 4.50 美元或者略低于你的有效买入价的 10%。你最新的最糟糕的估值为每股 55 美元，这意味着你在有效买入价上获得的收益约为 15%；你的最佳估值为每股 65 美元，这意味着收益为 37%。

这些数字如何与你的投资组合中的其他投资比较？你的投资组合中有多少产能可用于额外投资？也就是说，你是否有足够的现金以新的市场价卖出更多的看跌期权或者购买股票来增加投资规模呢？如果有，你的投资组合会过于侧重某单一行业或者领域吗？通过回答这些问题并理解目前亏损的投资是如何与现有的或潜在的投资进行比较的，应当有助于管理你的投资组合。

投资者无法改变其在证券交易中的价格。他们所能做的最好的事情就是形成一种对证券价值的理性看法，并根据它相对于其他可能的投资的相对价值。来判断该证券。无论你是否做过期权交易，这都是一个需要牢记的良好原则。

现在让我们来看看卖出看涨期权和看涨期权价差，即用于接受上涨敞口的策略（见图 10–5）。

看涨期权与看涨期权价差

要点

市场高估了公司价值高于其当前市场价格的可能性。投资者接受估值过高的上行敞口，以得到固定的溢价费用。只有股价下跌且期权在价外到期，全部溢价才流向投资者。

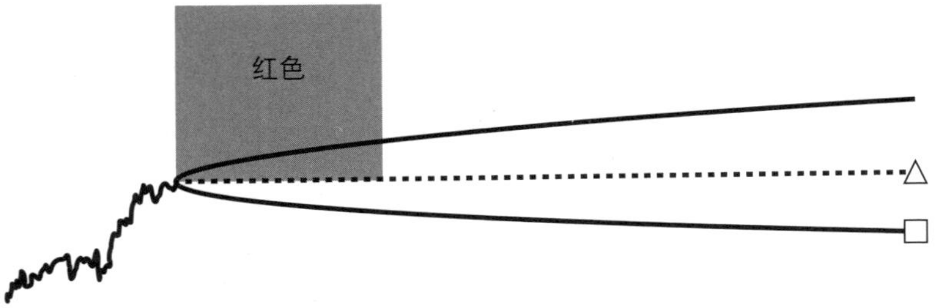

下行：公正估值
上升：估值过高
执行：卖出看涨期权合约（卖出看涨期权）；卖出看涨期权合约的同时，以更高的执行价买入看涨期权合约（卖出看涨期权价差）
风险：无限制地卖出看涨期权；执行价与收到的溢价之间的价差（卖出看涨期权价差）
奖励：收到的溢价金额有限
融资：卖出看涨期权的变量；金额等于该卖出看涨期权的不同执行价格之间的价差

图 10-5　卖出看涨期权

这种投资有两种变化：卖出看涨期权和卖出看涨期权价差。本书提到了前者，但主要介绍后者。卖出看涨期权使投资者面临潜在的、无限制的资本损失（因为股票在理论上没有价格上限），而且经纪人不会允许你使用该策略进行投资，除非具备以下条件。

1. 你是一位对冲基金经理，具备通过你的经纪人借入股票并卖空的能力。
2. 你卖出的不是关于股票的看涨期权，而是凭借交易所交易基金（ETF）或者期货交易合约持有多元化的指数（比如道琼斯工业指数或者标准普尔 500 指数），并持有多元化的股票投资组合。

对符合第一个条件的投资者而言，卖出看涨期权的方式与卖出投资组合的其余部分的方式是相同的。也就是说，你必须在投资开始时存入初始保证金，如果股价上涨，你必须支付变动保证金来保障头寸。显然，当股价下跌时，这个保证金账户会以对你有利的方式结算。对于符合第二条件的投资者而言，在你最初卖出看涨期权时，你的经纪人应当在你的声明中指出，你账户中的一部分将被视为保证金。这意味着你可以从你的证券多元化投资组合中获得经济效益，却无妨将其全部实现。如果市场走高，你的投资组合中的大部分将被视为保证金；如果下跌，投资组合中的一小部分将被视为保证金。基本上，当市场上涨时，你的多元化股票投资组合的收益部分都将重新分配，以作为卖出看涨期权的抵押；在市场下跌时，你的多元化股票投资组合亏损的部分都将被你卖出看涨期权的相关利润释放抵销。

由于大多数经纪人会限制个人投资者在个股上沽出无保护看涨期权的能力，因此本书介绍的其余部分将涉及个股的卖出看涨期权价差策略。

期限的选择

卖出看涨期权价差的期限应当非常短，这与卖出看跌期权的道理是相同的，短期限期权每天会收到更多的时间价值。看看那些期限在 3 ~ 9 个月的看涨期权。买入看涨期权的期限（以更高的执行价）应当与卖出看涨期权的期限（以更低的执行价）相同。从理论上讲，买入看涨期权的期限可能会更长，但很难想出这种结构的估值理由。买入正在上涨的投资中的一只期限较长的看涨期权，说明你认为该股票在长期内可能会上涨，可是这违背了这种策略的目的：表达一种看跌的投资观点。

执行价的选择

从理论上讲，你可以选择任意两个执行价，以较低的价格卖出看涨期权，以更高的价格买入看涨期权，并执行这笔投资。如果卖出价内看涨期权，你会获得由时间价值和内在价值构成的溢价。如果股票在到期时下跌，你会实现所有浪费的时间价值加上初始内在价值与到期内在价值之间的差额。

尽管理论上是这样，但是在实践中，有较低执行价的期权通常是受到转让的威胁而平价或者价外卖出。转让是当投资者选择行使其所拥有的期权而不是将其卖出获利时的一种交易过程。回顾一下第 2 章，有经验的期权投资者大多数时候不会这样做，因为他们知道，由于时间价值的存在，他们如果想要持有标的股票，在市场上卖出他们的期权，并使用这笔收益购买股票对他们通常更有利。然而，经验不足的投资者往往意识不到时间价值的细微差别，有时会选择行使期权。这种情况下，交易所会随机将那些希望行使期权的期权持有者与那些承诺以该执行价卖出期权的卖家进行配对。

有一种情况是：聪明的投资者可能选择提早行使价内看涨期权，这与被称为

“买卖权平价（put-call parity）”的期权定价原则有关。在 BSM 模型出现之前，这条原则被用于给期权定价，它只是简单地指出在一个执行价下的看跌期权的价格、相同执行价的看涨期权的价格和标的股票的市场价之间一定存在着某种关系。

虽然转让过程是随机的，但显然你卖出的合约越多，卖出的一部分或者所有合约被转让给你的机会就越高。即使持有至到期，你仍然有可能被指定去履行在结算时行使的合约。

显然，从期权销售效率的角度来看，卖出价内看涨期权是最明智的，同样的原因，卖出看跌期权在价内也是最有效的。因此，接下来的内容会假设你正在卖出平价执行价，并买回更高的执行价来弥补。

在看涨期权价差策略中，你处于风险中的资本是两个执行价之间的差额，这是必须存入保证金的金额。根据你所弥补的执行价，获得的净溢价会有所不同，因为你弥补的价外越多，看涨期权的成本就越低。随着看涨期权越来越价外，获得的溢价与风险中资本的比率也会发生变化。换句话说，卖出看涨期权价差似乎是一种杠杆策略，因为杠杆与改变处于风险中的资本有关，其目的在于改变百分比回报。这与卖出看跌期权价差的镜像策略相反，因为卖出看跌期权策略是没有杠杆的。

例如，表 10-1 的数据显示了 IBM 公司在 80 天内到期的平价和价外看涨期权。我在该公司股票的执行价为每股 196.80 美元时选取了数据。

表 10-1　　以 195 美元卖出一只看涨期权

以（美元）弥补	收到的净溢价（美元）	收益百分比	风险资本（美元）
200	2.40	48	5
205	4.26	43	10
210	5.47	36	15
215	6.17	31	20
220	6.51	26	25
225	6.70	22	30
230	6.91	20	35
235	6.90	17	40
240	6.96	15	45

在本表中，收到的净溢价是根据以 195 美元的执行价卖出，并以每一个上市执行价的卖价买入而计算得出的。百分比收益是收到的净溢价的比例占处于风险的资本的比例，即价差的宽度。表 10–2 清晰地展示了接受看涨期权的价差敞口是一种杠杆策略。只要降低处于风险中的资本数量，就能提高潜在的百分比回报。

然而，从该角度来看，尽管不可否认的是看涨期权价差的接受敞口是杠杆化的，但也有很大的差异：与本书之前介绍的买入看涨期权的杠杆不同（使用这种杠杆时，你获得的回报可能是无限的），卖出看涨期权价差投资者会提前获得溢价，表明这可能是投资最大的回报。因此，从投资者的潜在收益有限的意义上说，卖出看涨期权的价差头寸似乎是一种无杠杆投资。

考虑到卖出看涨期权价差的双重性质，使用两个步骤来管理这些头寸是最有帮助的，这两个步骤包括战术和战略两个方面。我们将在本节的其余部分研究杠杆的战术方面，在投资组合管理部分研究杠杆的战略方面。

从战术上讲，投资者一旦决定利用看涨期权价差接受股票上涨可能存在的敞口，他或她的投资选择就相对有限。假设我们以平价执行价卖出，在之前介绍的 IBM 公司的例子中，我们可以选择九个执行价。我们能够获得的最高溢价（我称其为最大收益）是通过备兑最远的执行价获得的。平价和最远执行价之间的每一个执行价至多只能产生一定比例的最大回报。

现在让我们来看看风险方面。假设我们用执行价为 210 美元的看涨期权卖出了执行价为 195 美元的看涨期权。现在假设有一些关于 IBM 公司的好消息被公布，股价刚好上涨至 210 美元。如果期权到期时，IBM 公司的交易价为 210 美元，那么我们将失去我们用来支撑这笔投资的所有保证金，合计 15 美元。这 15 美元的亏损将由我们通过卖出看涨期权价差所获得的溢价来抵销（在 IBM 公司的例子中，溢价为 5.47 美元），产生的净亏损为 9.53 美元（5.47 美元 –15 美元）。如果我们将其与利用最远看涨期权执行价来抵销而遭受的亏损进行比较，这时，我们竟获得了 6.96 美元的溢价，所以如果期权到期，而且这时 IBM 公司正在以与之前一样的 210 美元进行交易，那么我们的净亏损为 8.04 美元（6.96 美元 –15 美元）。由于我们的最大收益是在最大价差的情况下产生的，因此，对于将成为任意中间执行价的股票来讲，我们的最低亏损也将由最大价差产生。

同时，如果我们总是选择最大价差，就将面对一个完全不同的问题，即最大的价差使我们面临最大的潜在亏损。如果股价仅上涨至 210 美元，那么最大价差将产生比 195 美元 –210 美元价差更小的亏损。然而，在极端情况下，如果股票强劲上涨至 240 美元，我们将失去用于支撑保证金账户的毛利润 45 美元和 38.04 美元（45 美元 -6.96 美元）的净额。将其与 195 美元-210 美元价差的 9.53 美元净亏损进行比较可以看出，简单地说，如果股票只上涨一点，我们可能在更大的价差内做得更好；如果股票的上涨幅度很大，选择较小的价差更好。

总之，我们在考虑看涨期权价差时必须平衡我们的总敞口与中间结果的敞口数额，以及获得的溢价总额。我们将通过我们获得的溢价总额计算将会获得的中间结果。如果过于保护尽可能小的价差，我们亏损所有保证金的可能性会更高，但亏损的保证金金额会更小。另一方面，如果试图最大化我们的收益，并发起了尽可能大的价差，那么我们的总敞口是最大的，即使其全部亏损的机会较小。将这三个变量绘制在一张图表上可得到图 10-6。

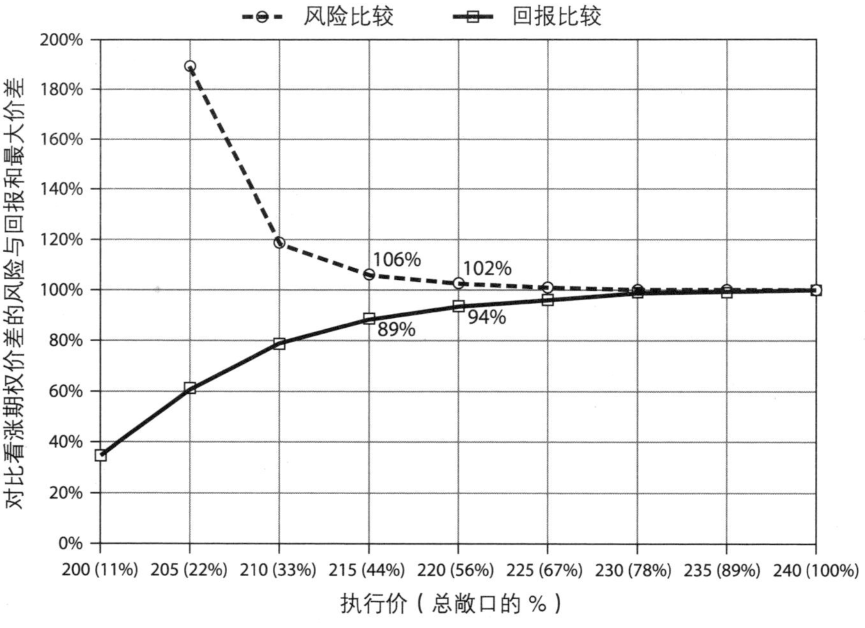

图 10-6　总敞口、中间敞口和溢价的关系

在图 10-6 中，在横轴上，我们有执行价和作为最大价差百分比的对应价差的大小。这表示处于风险中的资本的比例是多少（比如执行价为 215 美元，我们冒着总额为 20 美元的保证金风险；如果我们在执行价为 240 美元的水平上进行备兑，那么 20 美元是总敞口 45 美元的 44%）。上面的线表示如果我们使用那个执行价进行备兑，而不是最大执行价和该执行价上的到期期权，那么亏损会大多少（比如，如果我们以 215 美元的执行价进行备兑，而且期权到期时该股票的交易价为 215 美元，那么我们的亏损将比我们以 240 美元执行价进行备兑时高 6%）。下面的线表示如果我们以最高执行价进行备兑，如果股票价格下跌，作为总溢价的一部分，那么我们将实现的溢价就是收入。图 10–6 的数据来自表 10–2。

使用类似表 10–2 这样的表，一方面，你可以平衡在最糟糕情况的方案（见 a 栏）中减少总体敞口的程度和你在糟糕情况（股票居间上涨）的方案（见 b 栏）中正在承担的风险，以及如果股票确实如预期一样下跌，你将获得的溢价（见 c 栏）。

至于选择哪个备兑执行价是正确的，并没有硬性的快速判断规则，这取决于你对估值和时机、你的风险状况和头寸规模的信息。但是通过观察表 10–2，我倾向于执行价接近 215 美元和 220 美元。在这两个执行价的情况下，你将你在最糟糕状况下的敞口减少了大约一半，你在糟糕状况下的敞口只是增加了一点，而且还对你正在接受的溢价进行了小调整。[①]

既然我们已经了解了如何以每份合约为基础来考虑潜在的风险和回报，那么让我们从战略意义上了解一下杠杆，也就是计算出我们要把多少资本投入给定的看跌观点中。

投资组合管理

当我们从看涨期权买家的角度来思考杠杆时，我们思考了我们想对这个想法本身进行多大的投入，并在这种投入范围内改变我们的杠杆，从而改变我们想要获得的利润。让我们再次用 IBM 公司的例子进行分析，再次假设在该公司股票价格不会再上涨时，我们愿意将投资组合中的 5% 配置给一笔投资。以 196.80 美元的价格计算，5% 的配置将意味着每 100 000 美元投资组合价值将控制略多于 25 股的股份[②]。

① 我在这里提及的是从数学角度最吸引人的看涨期权，而不是从估值角度。我并未对 IBM 公司进行估值，在本书中，我绝对不会做出投资建议。我引用 IBM 公司的例子是因为该公司的期权是流动性期权，包含很多价外执行价，而不是因为我认为这是一个看跌的投资机会。

② 100 000 美元 ×5%=5000 美元；5000 美元 / 每股 196.80 美元 =25.4 股。

表 10–2

制作图 10–6 的数据来源

执行价格	美元/价差	最大价差百分比（a）	卖价价格	买价价格	以执行价格覆盖		在最大执行价格上的备兑认购				
					潜在收益	最糟糕状况的（亏损）	潜在收益	最糟糕状况的收益（亏损）	差额	风险比较（%）（b）	回报比较（%）（c）
195	—	—	7.05	7.10	—	—	—	—	—	—	—
200	5	11	4.55	4.65	2.40	（2.60）	6.96	1.96	（3.55）	N.C	34
205	10	22	2.75	2.79	4.26	（5.74）	6.96	（3.04）	2.29	189	61
210	15	33	1.54	1.58	5.47	（9.53）	6.96	（8.04）	0.87	119	79
215	20	44	0.84	0.88	6.17	（13.83）	6.96	（13.04）	0.53	106	89
220	25	56	0.38	0.54	6.51	（18.49）	6.96	（18.04）	0.39	102	94
225	30	67	0.12	0.35	6.70	（23.30）	6.96	（23.04）	0.30	101	96
230	35	78	0.11	0.14	6.91	（28.09）	6.96	（28.04）	0.25	100	99
235	40	89	0.03	0.15	6.90	（33.10）	6.96	（33.04）	0.21	100	99
240	45	100	0.02	0.09	6.96	（38.04）	6.96	（38.04）	0.18	100	100

因为期权的合约规模为 100 股，所以对这笔投资 5% 的无杠杆配置需要 400 000 美元的投资组合规模。

基于名义敞口计算杠杆比率的方式是：

$$\frac{\text{合约的名义价值}}{\text{分配的美元价值}} \times \text{合约数量} = \text{杠杆比率}$$

例如，如果我们有一个 100 000 美元的投资组合，我们愿意将 5% 投入 IBM 公司的卖出看涨期权价差，那么我们头寸的杠杆比率为

$$19\,500 / 5\,000 \times 1 = 3.9 \approx 4:1$$

卖出 195 美元 /220 美元看涨期权价差将产生价值 651 美元的溢价收入，并将价值 2500 美元的资本置于风险中。没有什么能改变这两个数字，从这个意义上讲，卖出看涨期权价差没有杠杆作用。4∶1 的杠杆仅仅意味着一个给定配置的百分比回报率将是 1∶1 配置的近 4 倍。假设我们卖出一份 195 美元 /220 美元看涨期权价差的合约，表 10–3 对其进行了详细说明。

表 10–3　看涨期权价差合约详细说明

		盈利状况			亏损状况		
获得溢价（美元）	目标配置（美元）	杠杆	股票变化	配置的百分比回报	股票变化	回报（美元）	配置的百分比回报
651	20 000	1:1	–2	3.3	+25	–1849	–9.2
651	10 000	2:1	–2	6.5	+25	–1849	–18.5
651	5000	4:1	–2	13.0	+25	–1849	–37.0

注：亏损状况下的回报（美元）计算方法为，每份合约 2500 美元的保证金损失低于获得的 651 美元的溢价。

请注意，获得的溢价从没有变化，最糟糕情况下的回报也没有发生变化。只有亏损的感知随着我们的目标分配规模一起发生了变化。

既然已经了解了如何计算我们所运用的战略杠杆，那么让我们来思考一下如何评估头寸的大小以及我们愿意承担多大的风险。当我们卖出看涨期权或者看涨期权

价差时，我们承诺以执行价卖出一只股票。如果我们实际上以该价格卖出了股票，而不是承诺的价格，那么我们的止损点将放在哪里呢？换句话说，假设我们的估值或者时机不正确，那么我们何时才能关闭这个头寸呢？

假设对该股来说，如果价格上涨至 250 美元，你愿意承认你错了，并且将实现每股 55 美元的亏损或者每 100 股 5500 美元的亏损。这一数字，即你在无杠杆卖空头寸中每 100 股将亏损 5500 美元，可以指导你选择适当的杠杆，卖出看涨期权差额。

在这种情况下，你可能会选择卖出一个单一的 195 美元 -240 美元的看涨期权价差，这时你在最大价差上的最大敞口将是 4500 美元［= 1 ×（240-195）× 100］。这笔投资的杠杆比率接近 1∶1。或者，你可以选择卖出两个 195 美元 -220 美元的价差，这时，你的最大敞口是 5000 美元［=2 ×（220-195）× 100］，杠杆比率约为 2∶1。你选择哪个将取决于你对股票估值的评估、你的风险承受能力和你的投资组合的组成评估（比如在 IBM 公司的例子中，你的投资组合有多少配置给技术部门）。因为来自卖出看涨期权或者看涨期权价差策略的货币回报是固定的，而且亏损的可能性很高，所以我更喜欢运用长期看跌期权战略在下跌行情中投资。

完成对卖出看涨期权价差的解释之后，我们就具备了了解本书提及的其他策略所必需的基础知识。现在让我们转向关于接受敞口的两个不被推荐的复杂策略：卖出跨式（见图 10-7）和卖出宽跨式（见图 10-8）。介绍这两种策略不是因为它们是好的策略，而是为了保证内容的完整性。

卖出跨式和卖出宽跨式

要点

在我看来，这些都是短期交易而不是投资。即使一只卖出看跌期权采用短期限期权，但是投资者的观点是他或她正在买入股份。这些策略是表达相信标的股票的价格不会在短时间内发生变化的一种方式。根据我的经验，对于一只股票如何在短时间内变化，根本没有什么理性的观点。在短期内，市场的波动是基于动物本能、一时的冲动和其他各种不健康因素的。当你能以更容易、更聪明的方式来做这件事情的时候，为什么要让你自己经历这种折磨就尝试找出这些疯狂举动并从中获利呢？

在这两种策略中，卖出跨式策略更可取，因为它能够产生的最高溢价。然而，使用这种策略会将你置身于危险之中。

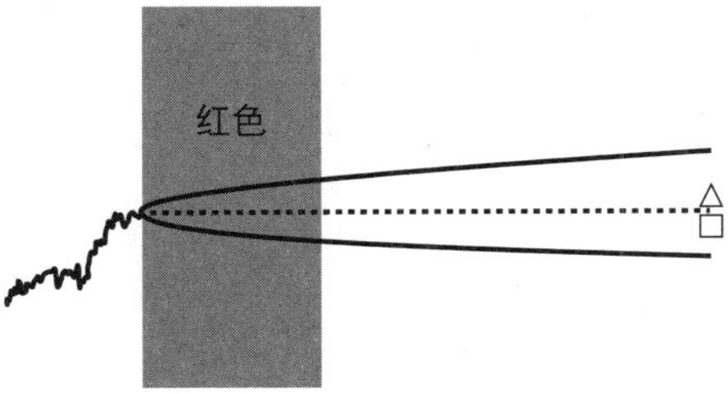

下行：估值过高
上行：估值过高
执行：卖出一只平价看跌期权；同时卖出一只平价看涨期权价差
风险：金额等于较高的执行价减去获得的溢价奖励：收到的溢价有限
融资：金额等于较高的执行价

图 10-7　卖出跨式策略

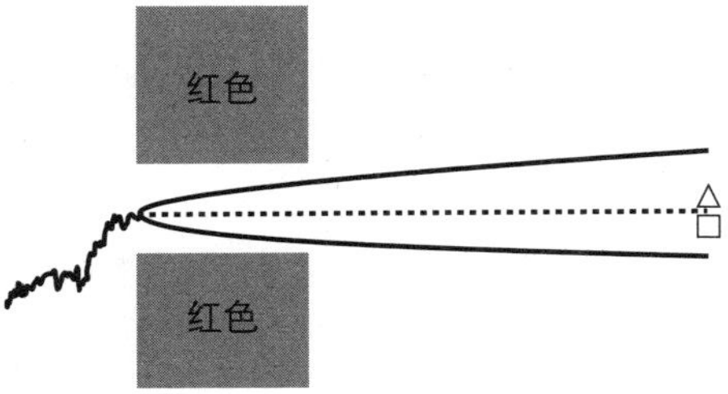

下行：估值过高
上行：估值过高
执行：卖出一只价外看跌期权，同时卖出一个价外看涨期权价差
风险：– 看涨期权价差端线：金额等于执行价与获得的溢价之间的差额
　　　– 看跌期权端线：总额等于执行价减去获得的溢价。总敞口等于两端线之和
奖励：– 收到的溢价有限
融资：– 看涨期权价差端线：金额等于执行价之间的差额
　　　– 看跌期权端线：金额等于执行价。总融资是两端线之和

图 10-8　卖出宽跨式策略

现在让我们介绍一下如何混合敞口，同时获得和接受敞口以及在股票仓位上叠加期权。

THE INTELLIGENT OPTION INVESTOR
APPLYING VALUE INVESTING
TO
THE WORLD OF OPTIONS

第 11 章

混合敞口

混合敞口使用的是获得和接受敞口的组合以及我们已经讨论的策略，来创建股票（无论是多头还是空头）的一种短期组合头寸。这些绰号为“对角线”的策略可以是非常有吸引力的，尤其是在股票定价严重错误的情况下（在这种情况下，一个方向的敞口被高估，另一个方向的敞口则被严重低估），财务回报极为丰厚。

通常，投资者使用其中一种策略就可以进入一个杠杆价外期权的头寸，随着时间的推移，这种头寸的成本变为零（甚至可以是净现金流入），并且下行的敞口也为零。这可能是因为投资者利用卖出短期限的平价期权来补贴购买另一只期限更长的价外期权。一旦卖出的期权到期，另一只期权也可以被卖出，而获得的利润又可以进一步补贴头寸。

根据我们已经介绍过的以下几条期权定价规则，这项策略很有效：

1. 期限相同时，平价期权比价外期权更贵；
2. 短期期权的价值低于长期期权，但是短期期权的每日价值更高。

在本章中，我将提供市场中应用这些策略的实例，并指出以上这几点对这些实例的影响。

由于这些策略是混合敞口，所以说它们是复杂的（即多重期权）头寸是有道理的。我将介绍：

1. 长对角线策略；
2. 短对角线策略。

请注意，我在这里使用的术语可能与市场上其他人使用的术语有所不同。在本书中，我所指的“对角线”可能是其他人所谓的“增发定价组合股票”，由于令伯纳德·麦道夫（Bernie Madoff）声名狼藉的“增发定价转换”事件，这个术语就不受人们待见了。对于其他市场参与者而言，对角线意味着同时买入或者卖出相同类型的期权（即看涨期权或者看跌期权）。在本书中，它意味着卖出一种期权，并购买另一种期权。

我还将介绍期权界中所谓的“备兑”。期权最有用的一点是，它们可以被嫁接或者备兑到现有的普通股头寸上，以改变投资组合的总体风险回报状况。我将回顾的策略如下所示：

1. 备兑看涨期权；
2. 保护性看跌期权；
3. 领子期权。

这些策略很流行，却常常被误认为改变了投资组合的风险-回报状况的方法。

从本书中，你已经对期权的工作原理有了充分的了解，因此这里介绍的概念并不难理解，但我还将介绍一些细微的差别，这将有助于你使用这些策略评估投资选择，并做出合理的决策。我将在下面的内容中提到执行价的选择以及期限的选择，但对于这些，除了“要点”部分，我还列出了“执行”部分和“常见陷阱”部分。

一旦你理解了卖出看跌期权，你就很容易理解备兑看涨期权策略了，所以首先我将介绍这些策略。保护性看跌期权和价内看涨期权有很多相似之处，下面我将开始介绍。

领子期权只是其他两个备兑策略的组合，所以留到本章的最后介绍最合适。

长对角线策略

首先我们看一下长对角线策略（见图 11-1）。

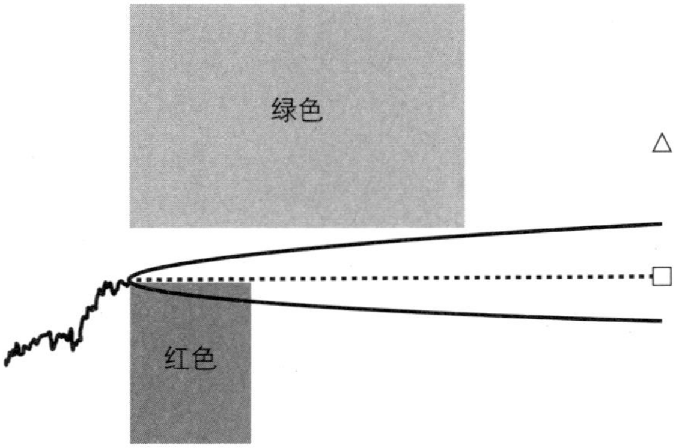

下行趋势：高估
上行趋势：低估
执行：卖出一只平价看跌期权（卖出看跌期权），同时买入一只价外看涨期权（买入看涨期权）
风险：看跌期权的执行价与支付给看涨期权的净溢价之和
回报：不限
利润：金额等于看跌期权的执行价

图 11-1　长对角线策略

要点

除了中间的空白处和期限长度之间的差异以外，图 11-1 看起来非常像一只看涨股票的风险 - 回报曲线图，即接受下行敞口，以获得上行敞口。正如你可以从图 11-1 看到的那样，卖出看跌期权的敞口区间正好位于 BSM 模型锥的范围内，但长期看涨期权的敞口区间则完全位于锥外。在进行这笔投资时，我们通常可能找到可以立即获得信贷净额的卖出看跌期权和长期看涨期权组合。

因为我们必须充分准备好利用卖出看跌期权投资来获利，长对角线策略的损失杠杆比率为 -1。然而，价外看涨期权表示直接变现损失有很高的 λ 收益值。因此，如果看跌期权到期时为价内，长对角线策略只是一个杠杆策略而已；如果看跌期权到期时为价外，那么这笔投资的杠杆非常高，因为去杠杆看跌期权不再影响杠杆方程。在之前的卖出看跌期权到期后，可以沽出另一只卖出看跌期权，这进一步补贴了看涨期权的成本，因此大大增加了对投资策略的杠杆作用。

如果股价快速移向估值区间的上方，那么这种结构在未实现的基础上变得非常有利可图。如果看跌期权到期时为价内，投资者除了拥有价外的多头头寸以外，还将持有该股票的杠杆化长期投资。与任何其他复杂结构一样，投资可能是按比例进行的，比如每购买一份看涨期权就卖出两份看跌期权，反之亦然。

执行价的选择

正如前面对卖出看跌期权进行的总结一样，看跌期权应当在平价或者接近平价时卖出，以最大化卖出的时间价值。看涨期权可以在任何价位买入，这取决于投资者对杠杆的偏好，但通常情况下，我们在价外时买入。表 11–1 展示了期限为 79 天的平价看跌期权（执行价为 55 美元，Δ 值 –0.42，以买价定价）与每只上市的看涨期权的执行价（卖价）之间的长对角线相关的净借方或者净贷方，所有这些都是期限为 534 天具有提前偿还权的长期期权证券。已知价外看涨期权的 λ 数值也为每只看涨期权的比较性杠杆提供了思路。例如，在这个例子中，我使用了摩根大通公司的期权的例子，当时其股票的交易价为 56.25 美元。

表 11–1　摩根大通公司的期权

执行价	Δ	（借方）贷款	看涨期权 λ（%）
57.50	0.43	（2.52）	5.6
60.00	0.37	（1.57）	6.1
62.50	0.31	（0.76）	6.7
65.00	0.26	（0.25）	7.0
70.00	0.16	0.78	8.4
75.00	0.10	1.28	9.5
80.00	0.06	1.56	10.5

我们从表 11–1 中可以看到，运用 79 天的平价看跌期权的长对角线策略以及 594 天的刚超过 15% 时价外具有提前偿还权的长期期权证券，我们仅仅为每份名义控制 100 股的合约支付了 25 美元的净价。在每份合约的基础上，用以下价格结算，我们将产生以下的利润（或者亏损），如表 11–2 所示。

表 11-2　摩根大通公司的期权

结算价（美元）	每份合约的美元利润	原有投资的百分比回报
65	0	–100
66	100	300
67	200	700
68	300	1100
69	400	1500
70	500	1900
71	600	2300
72	700	2700
73	800	3100
74	900	3500
75	1000	3900

如果股票价格快速上涨，在到期前关闭全部头寸或者部分头寸可能更有利。假设我对这只股票的最高估值为 75 美元。从表 11–2 中可以看出，如果股票在我的公允价值范围内保持稳定，那么我的每份合约的利润为 1000 美元。如果当股票交易的价格高于 60 美元以上时，合约有足够的时间来产生 1000 美元的已实现利润，我可能当时会拿走一些利润，而不是等到看涨期权到期。

在第 9 章中，我介绍了投资组合的构成，并把杠杆的使用比作主菜的配菜。当我们有机会为长期股票的价内看涨期权头寸这道主菜加一点香料时，这是一道很好的配菜。现在让我们来看看其空头镜像，即短对角线（见图 11–2）。

短对角线策略

要点

短对角线策略图形与长对角线策略图形正好相反，看起来非常类似于空头股票的风险 – 回报曲线图，即接受上行敞口，以获得下行敞口。该策略的要点是空头敞口等同于长对角线，所以关于长对角线策略的评论也适用于这种策略。有一点不同的是，由于你必须花钱来弥补看涨期权的卖出看涨，所以期权销售阶段提供给期权购买阶段的补贴比对角线的情况要少。当然，股票价格也不能为负数，所以你的利润上限等于有效卖出价。这笔投资也可能是按比例进行的，比如利用一只卖出看涨期权价差来补贴两只多头看跌期权（见图 11–2）。

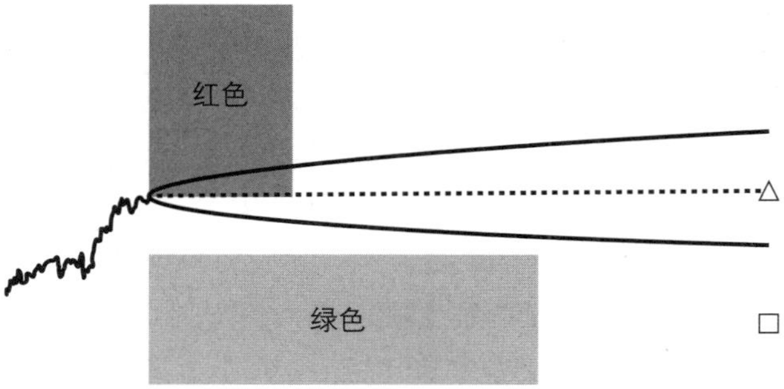

下行趋势：被低估

上行趋势：被高估

执行：在以更高价格（卖出看涨期权价差）买入一只持保看涨期权时卖出一只平价看涨期权，同时购买一只价外看跌期权（长期看跌期权）

风险：看跌期权的执行价与为看涨期权支付的净溢价之和

回报：等于看跌期权的执行价减去为其支付的净溢价

利润：等于看涨期权之间的价差

图 11–2　短对角线策略

执行价的选择

为短对角线选择执行价更困难，因为这次有三个执行价。根据执行价为 55 美元的卖出看涨期权所得的看涨期权价差的当前定价，我得到了以下信贷选择，如表 11–3 所示。

表 11–3　信贷选择

上层看涨期权的执行价（美元）	看涨期权差价的信贷净值（美元）	总风险的百分比	总百分比回报
57.50	1.27	17	49
60.00	2.14	33	83
62.50	2.44	50	94
65.00	2.51	67	97
70.00	2.59	100	100

根据表 11-3，假设我们决定做 55.00 美元 /62.50 美元的看涨期权价差。这样做，我们将获得 2.44 美元的信贷净额。现在选择买入看跌期权的问题是，要计算出让你舒适的头寸杠杆。如表 11-4 所示。

表 11-4　头寸杠杆

执行价（美元）	Δ	（借方）贷款（美元）	看跌期权 λ（%）
20.00	−0.02	2.20	−4.5
23.00	−0.02	2.11	−4.6
25.00	−0.03	2.05	−4.6
28.00	−0.04	1.91	−4.8
30.00	−0.05	1.78	−4.8
33.00	−0.07	1.57	−4.8
35.00	−0.09	1.38	−4.8
38.00	−0.12	0.99	−4.8
40.00	−0.15	0.67	−4.7
42.00	−0.17	0.30	−4.7
45.00	−0.23	（0.43）	−4.5
47.00	−0.26	（1.01）	−4.4
50.00	−0.33	（1.91）	−4.4
52.50	−0.39	（3.11）	−4.0

请注意，买入看跌期权侧的杠杆比买入看涨期权侧的杠杆小得多。这是波动率微笑函数和远期价外看跌期权侧定价异常高的结果。事实证明，执行价为 20 美元的隐含波动率为 43.3%，而平价的隐含波动率为 22%。

显然，杠杆水平较低将使到期日前头寸的吸引力降低，因此重要的是要在当前市场价与最差的公允价值估价之间选择看跌期权的执行价。这样的话，当股票处于该水平时，如果期权到期了，你至少可以获得其本质价值的利润。

通过这些对主要混合型敞口策略的解释，现在我们来关注备兑策略，即把一个期权头寸加到一个股票仓位上，以改变投资者的投资组合的风险-回报特性。

持保看涨期权

要点

如果你观察图 11-3 的整个期权有效期，你会发现风险-回报率与卖出看跌期权是相同的。作为依据，请比较图 11-4 和图 11-5。

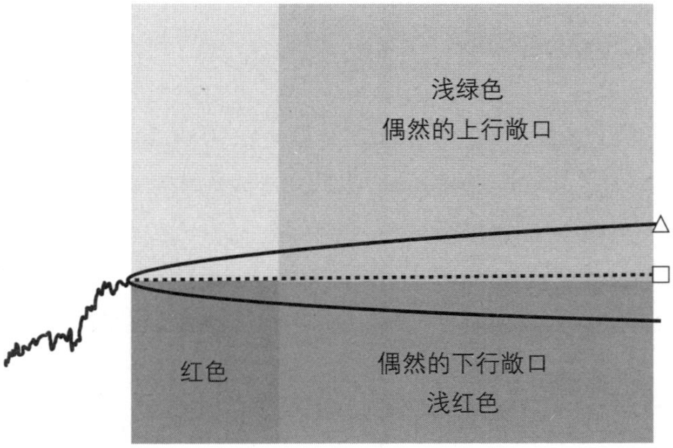

下行趋势：被高估
上行趋势：估值公正或者被低估
执行：买入普通股，同时卖出看涨期权
风险：执行价减去收到的溢价
回报：只要股份没有看涨，只限于溢价和期权有效期限内所获得的股息
利润率：只要股票和期权头寸完全匹配，即多头股票仓位作为所售看涨期权的担保物，就没有利润率

图 11-3　持保看涨期权

展示持保看涨期权的图 11-4 顶部为灰色，这是因为我们通过卖出看涨期权，已经卖掉了上升敞口，所以我们只有接受股票的下行敞口。图 11-4 和图 11-5 稍有区别，但是经济影响是相同的。

你会注意到的另一个区别是，在期权到期后，在持保看涨期权的情况下，我们以这种图形表示好像有一些残留的敞口，这是因为如果期权在价内到期，你将不得不把股票交割给你的交易对手方，是他购买了你的看涨期权。因此，你对这只股票未来的敞口取决于另一位投资者的行为以及该股票的价格变动情况。你需要记住这个重要观点，后面我会多次进行讨论。

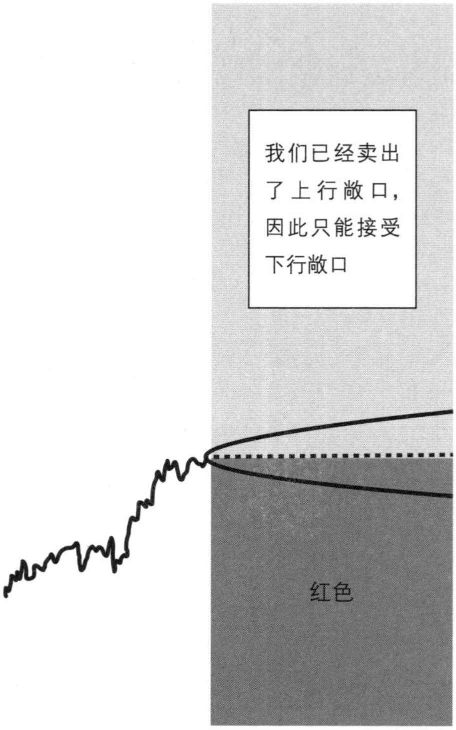

图 11-4　持保看涨期权

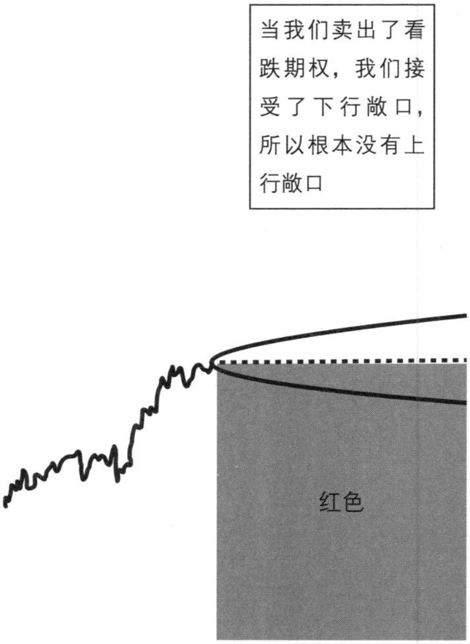

图 11-5　卖出看跌期权

执行

因为从风险回报的角度看，这种策略与卖出看跌期权是相同的，所以执行的细节也是相同的。事实上，持保看涨期权（就像卖出看跌期权一样）也应当平价执行，以获得尽可能多的时间价值，而且最好是对那些最近下跌了，但隐含波动率却飙升的股票进行操作。然而，这些理论观点忽略了一个事实，即大多数人只想从自己拥有的资产中产生一点额外的收入，因此他们对平价卖出（因为这样更有可能使他们的股份被赎回）和当股价突然下跌时卖出（因为他们想在股价回升时获得收益）心理上都会抵触。

虽然我理解这些情绪，但重要的是要意识到期权是金融工具，而非魔法棒。最美妙的事情是，我们可以找到一种投资工具，它可以锁定我们目前持有的股票，使其股息增长令人满意，又不会让我们承担把心爱的股票交给陌生人的风险。遗憾的是，对于期权来说，情况不是这样的。

例如，假设你持有一家公司的股票，按照目前的股价，其股息率目前为令人满意的 5%。这是一家成熟的公司，有大量的现金流，但增长机会却很少，所以管理层选择了向股东返还现金，股东非常满意这种做法。股票的交易价格为每股 50 美元，但是由于股息对你有吸引力，你并不愿意出让股票。因此，你更愿意以 55 美元，甚至是 60 美元的执行价沽出持保看涨期权。快速看一下 BSM 模型锥，如图 11–6 所示，你就会明白你不应当期望卖出持保看涨期权而使收入大幅增加的原因。

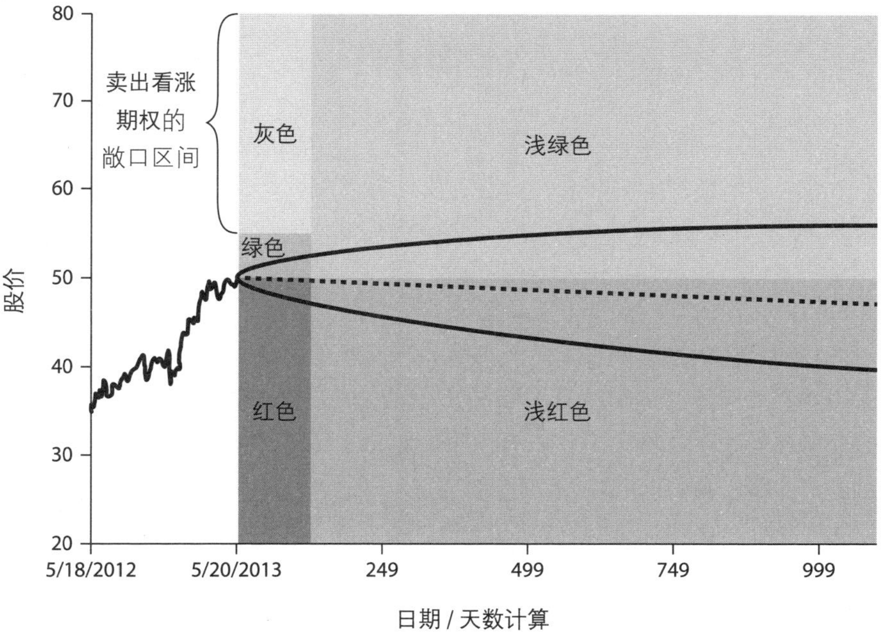

图 11–6　某公司的现金流（现金）

显然，执行价为 55 美元的看涨期权的敞口区间是在 BSM 模型锥之上的。BSM 模型锥指向下行趋势，这是因为股息率是 5%，它高于无风险收益率。这意味着 BSM 模型漂移值将会更低。而且，由于这是一家成熟的稳定型公司，其预期远期波动率很低。从根本上说，对于一种低期权价格来说，这是一场完美的风暴。

我的建议是要么沽售你不介意割让给其他人的股票的看涨期权（因为你对这些股票的估值区间非常有信心，而且股票现在处于或者超过上限），要么只是简单地寻找卖出看跌期权 / 持保看涨期权的投资组合，并将其当作高收益债券投资组合来对待，这正如我在第 10 章介绍卖出看跌期权时所说的那样。毫无疑问，如果你认为一只股票有很多未被发现的上涨潜力，那么卖掉这样的敞口就不是好主意！

关于执行另一个注意事项是，正如我所说的那样，卖出看跌期权和持保看涨期权是一回事，但很多投资者并不了解这一事实或者其经纪人阻止他们进行除了持保看涨期权之外的任何交易。这导致看涨期权供应量变得巨大。任何时候，只要有大量的供应，价格就会下跌，你将发现一些公司的持保看涨期权的价格远低于相应的卖出看跌期权。由于你将接受同样的下行敞口，最好是得到更多的回报，所以我的建议是遇到这种情况时，沽出看跌期权，而不是持保看涨期权。

为了计算持保看涨期权的回报，我会采取以下步骤：

1. 假设你以市场价买入了标的股票；
2. 扣除你将从卖出看涨期权获得的钱以及来自股票市场价格的任何预计的股息（这是你的现金流入的两个要素），结果就是你的有效买入价；
3. 通过有效买入价分配你的总现金流入。

只要我在沽出短期限的持保看涨期权，我总是把预计股息支付包括进去，该公司不会出现阻止股息支付的问题。记录在册的股东有权获得股息，即使他们已经沽出该股票的持保看涨期权，所以有必要将股息流入作为降低你的有效买入价的一项因素。以公式形式表示如下：

$$持保看涨期权的回报=\frac{从看涨期权中获得的溢价+预计股息}{股票价格-看涨期权的股价溢价-预计股息}$$

对于卖出看跌期权来说，你已经没有获得股息的权力，所以我利用以下公式得出了回报：

$$卖出看跌期权的回报=\frac{卖出看跌期权执行价获得的溢价}{执行价-卖出看跌期权获得的溢价}$$

常见陷阱

获得利润

我发现人们一直在犯的一个错误是，他们总说要利用持保看涨期权“获得利润”。沽出持保看涨期权获取利润的意思是，你不再享受股票升值的资本收益，但是从股票市场价下跌影响的这个意义上来说，这当然没有获利。你获得的看涨期权溢价将缓冲股价的下跌，但它肯定不会保护你不受影响。如果你想在成功的股票交易中获利，那么就点击“卖出”按钮吧。

锁定亏损

有人给我发了一封电子邮件，告诉我她以 17 美元买入了一只股票，当股价达到 20 美元时，为了“获得利润”，她卖出了股票的持保看涨期权，现在股票的交易价为 11 美元，她想知道如何能使用期权“修复”她的头寸。遗憾的是，期权不是神奇的工具，无法弥补先前在 17 美元时买入股票（后跌至 11 美元）的决定。

如果你正面临这种情况，不要惊慌。以较低的平价价格（在这个例子中为 11 美元）沽出新的看涨期权是很有诱惑力的，因为来自这只持保看涨期权的现金流入将是最多的。不要这样做，而是要以更低的价格沽出持保看涨期权，如果股份被提前赎回，那么你就锁定了该头寸的已实现损失。如果单独列出例子中的每笔交易，你就可以清楚地看到这一点，如表 11–5 所示。

表 11–5　每笔交易的具体情况

序号	买 / 卖	工具	工具的价格	股票的买入（买出）价	备注
1	买入	股票	17 美元 / 股	17 美元 / 股	原始申购
2	卖出	看涨期权	1 美元 / 股	16 美元 / 股	当股票达到每股 20 美元的时候卖出持股看涨期权以获得利润，使投资者随着下跌趋势的敞口得到额外 1 美元的费用
3	卖出	看涨期权	0.75 美元	（11.75美元/股）	股票下跌至 11 美元，投资者卖出另一只持股看涨期权来产生收入以弥补损失

在第一笔交易中，投资者购买的是每股 17 美元的股票。在第二笔交易中，当股

票触及每股 20 美元时，这位投资者卖出了持保看涨期权，并且获得了 1 美元的溢价，这就将有效买入价降低至每股 16 美元，这意味着如果该股票在到期时的交易价为 20 美元或者以上，投资者将不得不交割这些股票。但是当股票下跌至 11 美元时，想要减轻损失痛苦的投资者以 0.75 美元的价格卖出了另一只平价持保看涨期权。这只持保看涨期权确保投资者能够以 11.75 美元的价格卖出这只股票。无论你如何看，以每股 16 美元的价格买入、以每股 11.75 美元的价格卖出并不是投资成功的秘诀。

面对这种情况时，第一步要做的是，当你已经接受了下行敞口股票的价格下降时，你要回头看看你的估值。如果这家公司的价值确实因为一些重大负面新闻下降，并且从经济角度看，该头寸不再有意义，那么你就要卖出该股票，如果股价下跌，但估值仍然可以产生难以抗拒的投资，那么你就保留头寸；如果这笔投资足够吸引人，那就要想出一个聪明的办法来获得更多的敞口。

只要看涨期权的执行价至少与你之前的买入价相同或者与有效买入价相同，你就可以沽出它们，换句话说，这意味着你正在以 16 美元的价格买入，并同意至少以 16 美元的价格卖出。也请你记住，你收到的任何股息支付也可以被认为是降低了你的有效买入价，即现金流入抵销了股票成本。将股息和与沽出远期价外看涨期权有关（很小的）现金流入考虑在内，只要你对估值的判断是正确的，最终这将降低你的有效买入价，这样你就能够在投资中获利。

超过或者低于敞口

期权以 100 股的合约规模进行交易。如果你持有的股份数量不能被 100 整除，那么你必须决定是否将合约数额进行减持或者变卖。假设你拥有 250 股某公司的股票。你可以选择要么卖出两份看涨期权合约（在这种情况下，你将不会获得 50 股带来的投资收益），要么卖出三份看涨期权合约（在这种情况下，你将有效做空 50 股）。我的偏好是卖出的合约所控制的股份要少于我持有的股份，而且事实上，你的经纪人可能坚持要求你这样做，或者也可能不这样做。如果不是，你将接到经纪人的电话，他在电话中告诉你，你在一个你不知道已经拥有的看涨期权上有一个追加保证金的要求，这回让人感到不快。

获利分配

如果你沽出持保看涨期权，你就要承担不得不把心爱的股票交割给陌生人的风险。你可以交割股票，并用卖出股票的这笔收益再买回这些股票（经纪人存入你账户中的金额等于执行价乘以合约乘数，你就可以得到最初的溢价），但是如果被转让，你就没有办法交割股票了。

既然你已经了解了持保看涨期权，那么我们就转向保护性看跌期权。

保护性看跌期权策略

要点

如果你观察图 11-7 中的期权期限，你将看到风险 - 回报状况与卖出看跌期权的一样。作为依据，请比较图 11-8 和图 11-9。

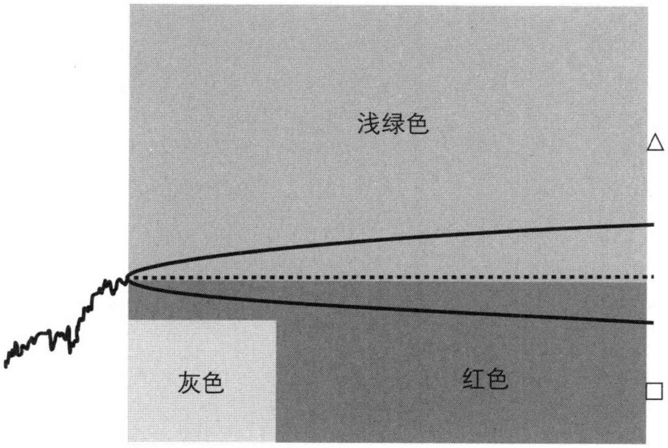

下行趋势：不相关
上行趋势：被低估
执行：购买普通股，同时买入看跌期权（图中显示的是买入价外看跌期权）
风险：购买股票的价格减去看跌期权的执行价减去支付的溢价
回报：没有限制，支付给看跌期权的溢价更少，而且无法收回
利润率：没有利润率，因为这是期权交易

图 11-7　保护性看跌期权

图 11-8 和图 11-9 的绘制方式略有不同，但两个图均以一条窄带显示出投资者所接受的被无限的上行敞口收益抵销的下行敞口。保护性看跌期权执行价以下的区域表明，经济的敞口已经被抵销，而且价内看涨期权以下的区域表示没有经济敞口。

两图略有不同，但是经济影响是相同的。

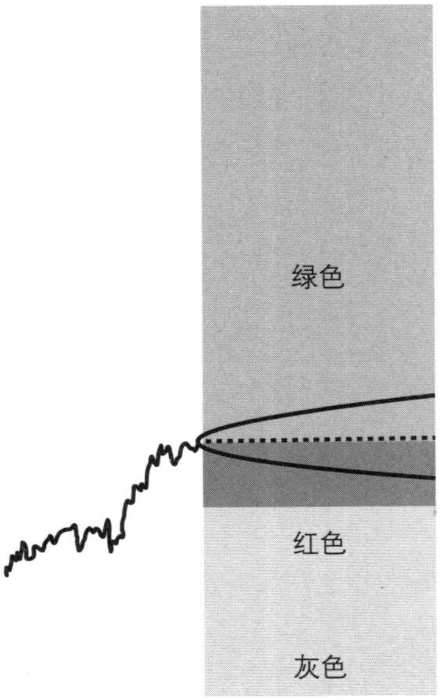

图 11-8　保护性看跌期权

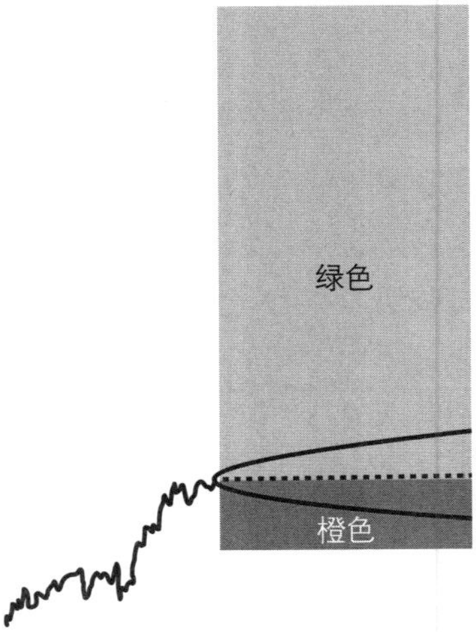

图 11-9　价内看涨期权

保护性看跌期权的目标是明显的，即允许你通过获得上升敞口而获得经济利益，同时保护你避免因承受下行敞口而遭受经济损害。问题是这种保护措施是有代价的。我将在下文做更多的介绍。

执行

每个人都了解保护性看跌期权的概念，就像你每年购买房屋保险来保护你的财产免受损失。如果你买入价外保护看跌期权（比如该期权的执行价为股票当前市场价的 90%），那么从下跌的股价到看跌期权的执行价的敞口量就可被视为你的家庭保险单的“免赔额”。你支付给看跌期权的溢价可被视为你为家庭保险单支付的“保险费”。

让我们去买股票保险吧。苹果公司股票目前的交易价为 452.53 美元，所以我将给这些股票的平价和价外看跌期权定价，而且期限为 261 天。我还会计算年化率，如表 11-6 所示。

表 11-6　　苹果公司股票的期权

执行价（美元）	"可扣除的"（美元）	"溢价"（美元）	溢价占股价的百分比	年化溢价（%）
450	2.53	40.95	9.1	12.9
405	47.53	20.70	4.6	6.5
360	92.53	8.80	1.9	2.7

现在，有了这些费率，假设你正在给一套价值 500 000 美元的房子投保，表 11-7 显示了等效的免赔额、每年的保险费和业主的总负债额，而免赔额就是我选择的苹果公司的执行价。

表 11-7　　为一套价值 500 000 美元的房子投保与苹果公司股票执行价的对比

等价的苹果公司执行价（美元）	可扣除的（美元）	年保险费（美元）	对家庭主人的全部负债（美元）
450	2 795	64 500	67 295
405	52 516	32 500	85 016
360	102 236	13 500	115 736

我知道自己不会在这些条件下，以这些费率为我的房子投保！鉴于这些价格，你必须考虑的第一件事是，要想保护某项特定资产不出现价格下跌，是否值得你必须承受巨额实现损失来买入看跌期权的溢价。买入苹果公司平价看跌期权设置了 12.9% 的最低预期回报率，所以股票必须在一年内超越该水平，你才能够在该头寸上获利，而每年 13% 的回报率是相当高的。如果有什么原因让你认为你需要支付溢价，一种更好的选择（从已实现损失的角度来看就是更便宜的期权）就是卖出股票，并使用部分收益买入看涨期权，基于期权置换股票仓位。这种方法有以下一些好处。

1. 两种结构之间的风险 - 回报曲线完全相同。
2. 任何平价看涨期权或者价内看涨期权的杠杆都会比价外看跌期权轻，这意味着启动时的损失较低。
3. 对于派息股票来说，看涨期权的所有者无权获得股息，但是预计股息的数额是从溢价中扣除的（比如在持保看涨期权的小节中介绍的漂移计算的部分）。因此，虽然没有随着时间的推移获得股息，但是你得到的是一次性预付股息。

4. 如果你不喜欢投资组合中的杠杆思维，你可以自行调整头寸（比如保留足够的现金储备，这样你就不用“借”钱来购买看涨期权）。

我没有对冲单独的头寸，但是对于那些感觉需要这样做的人们来说，我非常喜欢将价内看涨期权当作一种替代品。对于一般投资组合的套期保值，而不是投资组合中某一特定项目的套期保值，行业类或者指数类 ETF 的期权的定价更合理。表 11–8 展示的是 SPX ETF（跟踪标准普尔 500 指数，当这些数据被收回时，该指数收于 1685.73 点）的看跌期权的卖价即将于大约 10 个月后到期。

表 11–8　SPX ETF 的看跌期权

执行 / 股票（美元）	卖价（美元）	溢价占为股价的百分比
0.99	106.60	6.3
0.89	50.90	3.0
0.80	25.80	1.5

这仍然是为保护指数而支付的一大笔钱，但金额远远低于对个别股票的保护价格。①

常见陷阱

对冲时机

假设你一年前和我谈过，并且决定接受我的建议，避免购买单一名称的保护性看跌期权。相反，你对标准普尔 500 指数采取了保护性看跌头寸。这对你有好处。

先不考虑你的投资组合有多少用来进行对冲，我们来看看自从你购买了下跌保护后发生了什么事情，如图 11–10 所示。

当你买了保护，该指数在 1375 点交易，所以你以 1300 美元价格买入了一年期的约 5% 的价外。如果市场在合约的前五个月中出现了严重下跌或者中度下跌，你的看跌期权会对你很有帮助。然而，现在看跌期权并不是 5% 的价外，而是 23% 的价外，这会给市场带来另一轮雷曼公司式的冲击，使其跌至你的看跌期权执行价。

① 这是由被称为离散的统计特性造成的。离散（事实上，很多东西的价格通常不会彼此同步变化）是所有多元化战略的根源。

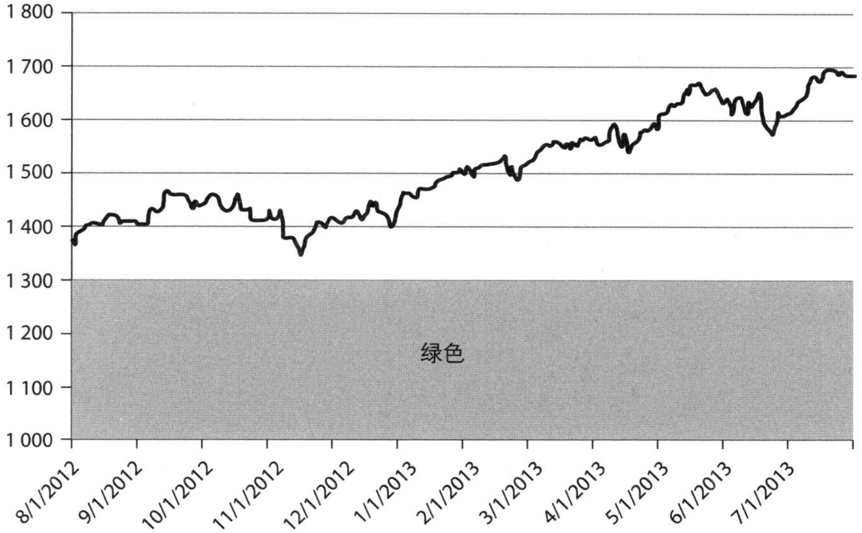

图 11-10　购买了标准普尔 500 指数的下跌保护

请记住，购买较长期限期权的年化成本比购买较短期限期权的高，你应当谨慎采取对冲策略，如图 11-11 所示。

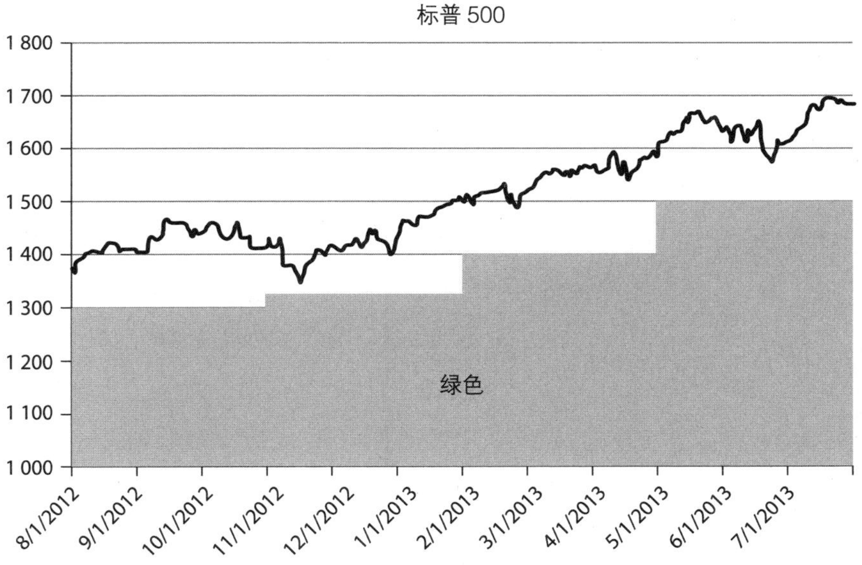

图 11-11　购买标普 500 指数的期限较长期权的年化成本

购买卖出看跌期权有助于更容易获得平价期权保护，但是代价也更高，并且持续购买昂贵的期权却从未从中受益会令人恼火（有趣的是从来没有人这样说过房屋保险这些内容）。虽然对这种困境没有完美的解决方案，但是我相信如图 11-12 所示的方法是有可取之处的。

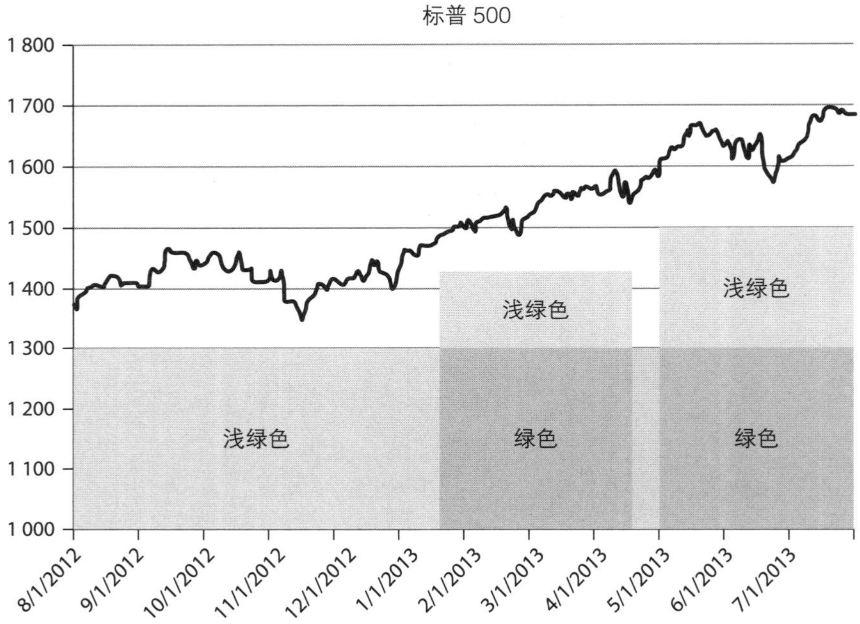

图 11-12　购买标普 500 指数的期权

起初，我购买了较少的长期看跌期权合约，随着时间推移，我又以更高的执行价投机性地增持了看跌期权的合约。我让自己在特定的时间获得了更多的敞口，而且我的保护措施不接受单独的执行价，所以保险责任范围参差不齐，但是我可能已经大大降低了我的对冲成本，同时手头仍有一个以具有时间价值的期权形式存在的、潜在的可投资现金来源。

不愉快的对冲失败案例

市场正在全线下跌。你的经纪人屏幕上一片红色。屏幕上唯一的亮点就是有两三行内容说明你的标准普尔 500 看跌期权是很高的正值。当市场上涨时，你购买了保护性期权，当时的价格是非常便宜的。现在，面对恐慌中的市场，隐含波动率已上升，而且你正坐拥巨额的未实现价值。

现在要做些什么呢？此时，保持对冲的心态会很强烈。这种头寸毕竟是安全的，而且随着世界其他地方的分崩离析，有安全的地方可去的感觉真好。对于这项未实现的利润，你应当做些什么呢？

第一步永远是评估你的投资组合和在你观察列表中的证券的价值。导致市场下跌的新闻对你持有的资产的价值有实质影响吗？当然，如果市场认为经济正陷入衰退，未来几年的收入增长和利润的价值可能就是你在明朗时期对最差情况的预估，但是随着经济的反弹，更快的中期经济增长将可能会抵销这种最差情况的损失。客观地考虑你持有资产的估值，并且不要抱有太多幻想。当你这样做的时候，最好不要看你经纪人的交易屏幕，不要理会金融市场中的那些价格图表。

是否存在当前的价格明显不同于你的最差估值区间的证券？这些价格是否意味着 30%、40%、50% 或者更高的无杠杆回报率吗？是否有一只股票已经在你的观察清单中存在很长一段时间了，而到现在还从未达到你想买它的价格呢？

这时，你必须抑制采取安全手段关停对冲操作的冲动，运转现金，并且为你最好的投资项目或者你一直想做却没有机会做的投资项目增加头寸。这在心理上很难做到。全世界都在告诉你要逃跑并隐藏起来。这时要记住这句格言：“在别人害怕时，你要勇敢；在别人勇敢时，你要害怕。”

没有计划

最后，我们遇到的问题是如何确定我们的对冲规模。我们看一下之前标准普尔 500 指数看跌期权给出的指示性价格就会明白，如果我们选择对冲我们投资组合的全部金额，那么至少每 10 个月左右就会对我们的投资组合造成 6% 的拖累，这是一个很大的潜在负担。

在日常生活中，我认为人们很容易过度投保（比如为消费电子类产品延长保修时间等），而在投资时需要避免这样做，并养成好习惯。由市场恐慌产生的暂时性未实现损失并不是风险。通常，当你想投入更多的资本时（除非你不投资，否则你在未来会出现资本短缺），风险不是没能投入更多的资本。风险通常不是电视专家所说的那类风险。

在第 12 章中，我将更详细地介绍风险问题，但是关于风险的一个合理定义是，当你需要为某件东西付钱的时候，却没有资本资源来支付。在这个意义上，我们可以从流动性方面（短期内缺乏消费能力）和偿付能力（资本资产的根本性缺乏）谈论风险。例如，假设你已经承诺为你儿子的成年礼或者女儿的婚礼向餐厅和艺人支付剩余 50 000 美元的费用，但是你只有 20 000 美元的净资产。你处于风险中，因为偿付能力存在问题，但这未必是流动性问题（比如你可以借钱来买这些东西）。然而，如果你的净资产为 300 万美元（这全部都是房地产的未变现收益），而且你还有 50 000 美元的账单要支付，你可能会因为流动性问题而处于风险中，而不是因为偿付能力。

智能资产配置通常可以控制源自流动性问题的风险。例如，刚才提到的成年礼 / 婚礼的例子，身为百万富翁的父亲可以通过实现其价值 50 000 美元的投资收益，以满足他即时的现金需要。一位 79 岁的女士将其 250 万美元净资产的 85% 投资给了科技领域的首次公开募股（IPO）或者中国基础设施供应链中的公司，她可以通过将更多的资产转移至债券和 CDs，来降低自己无力支付必要的医疗和生活费用的风险。我认为，通常在这种情况下，大多数人会试图“对冲”，即这里有比买入标普 500 或者罗素 2000 指数看跌期权更好的控制风险的方法。

然而，有一个更敏感的风险实例，即没有最大化投资资本的回报，因此，没有足够的资本满足未来无法预见的现金流需求。这类风险与偿付能力有关，而不是与流动性有关。

这种风险不能通过防御战略来改善，而是必须通过进攻策略来控制。留出存款，在经济状况良好的时候明智且持续地将储蓄用于投资，而在最困难的时候（即当市场崩溃时）有勇气进行投资。看跌期权只能对第三种情况有帮助，即在最难做到这一点时进行投资，但是如果没有看跌期权拥有者投入个人勇气的话，看跌期权也无能为力。

这个话题让我们回到了这个问题：将收益投资给被低估资产的成功的对冲项目。我认为，投资组合对冲应当建立在一个特定的成本和投资目标之上。例如，“如果市场下跌 10% ~ 20%，我最多愿意把今年投资业绩的一个百分点，即 5% 的现金分配给投资”。这就是套期保值计划的大致轮廓，它确定了你愿意花费的最大值以及在市场下跌时，你想要多少现金的目标。

这个计划并不意味着你必须花费 1% 的净值购买对冲基金。有时，花更多的钱购买对冲基金是明智的，这是因为宏观经济的不确定性等原因，而在其他时候，少花钱则是更明智的做法，比如当经济刚刚走出衰退时。

还请你注意，该计划指定了现金水平。如果你还没有完全投资于自己的证券投资组合，你已经受到了一定程度的对冲，你的现金资产不受到直接的证券价格风险的影响（现金受制于通胀风险，但这是另一个话题）。如果当市场下跌时，你所拥有的现金储备将使你有购买力。因此，我不认为持有大量现金的人应当考虑套期保值。你可能认为市场已经有下跌的迹象，在这种情况下，你可以使用买入看跌期权、卖出看涨期权价差或者短对角线策略做空该指数，这是一种主动投资，表达了你对市场水平相对于经济状况的看法。

它没有具体说明你将把钱花在哪里。这时，你对投资组合中的或者在你观察清单上的公司价值的认知就发挥了作用。如果你有额外的 5% 的现金（或 50 000 美元，或者你想怎么考虑都可以），你会投资什么证券呢？当然，答案会根据证券的价格和你所知道的合理的估值范围而变化，因为投资的预期回报将随市场价而变化。

因此，这是明智的对冲计划的最后一步：如果你有额外的资本，如果你能合理地保证有良好的回报，你想要投资哪些公司。

做这样的计划能够让你适当地确定对冲的规模和时间，并有助于你充分利用任何可能发生的临时性危机。①

既然你充分理解了保护性看跌期权以及对冲，我们就转到最后的备兑策略——领子期权。

领子期权策略

要点

这种结构真的更为简单，而且当你观察图 11-13 时就能发现，该结构有一个比表面看来更直接的投资目的。当人们用持保看涨期权谈论“获得利润”时，领子期

① 这假设的危机只是暂时的。当然，结构性或者长期性衰退是不同的问题，而且投资的整个过程一定是以不同的方式进行的。尤其是合乎情理的终端增长率的概念在这些时期变得非常重要。

权实际上就是他们应当应用的策略。

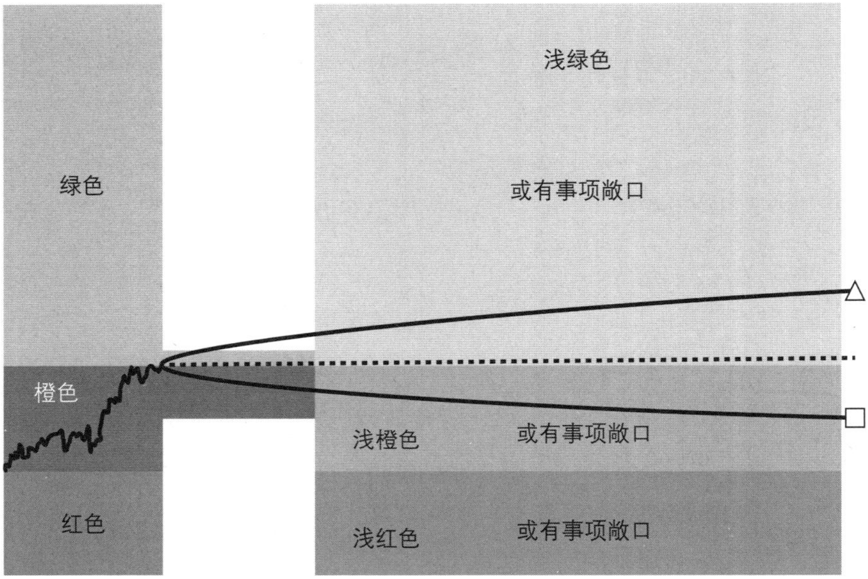

下行趋势：不相关

上行趋势：被低估

执行：卖出你拥有的股票或者指数的看涨期权，这样你就有一定的收益，并且利用卖出该看涨期权的收益来买入价外看跌期权

风险：有灵活性，取决于执行价的选择

回报：受限于所卖出的看涨期权的执行价水平

利润：没有利润率，因为对冲证券的买入多头头寸作为卖出看涨期权的抵押，而且购买的是价外看跌期权，所以它不需要保证金

图 11-13　领子期权

假设你前段时间买了一只股票，它有很好的未实现收益。在你看来，该股当前的价位可能体现的是其公允价值，但是无论什么原因，你都不想卖出它（比如它支付了不错的股息，或者你持有它的时间不到一年，不想为短期资本利得交税，或者其他任何理由）。虽然你不想卖出它，但是你想要保护自己不受下跌敞口的影响。

你可以应用领子期权做到这一点。领子期权是一种持保看涨期权，其收益在一定程度上补贴给购买保护性看跌期权，使你在证券头寸上保持一些未实现的收益。

图 11-13 中带标记的橙色条块显示了未实现的收益（或者相反，显示了潜在的未实现的损失）。如果你买入的看跌期权在该橙色条块之上，你将得到保证至少在你原始的股票或者指数投资上实现一些利润。根据你从持保看涨期权获得的收益以及你为保护性看跌期权选择的执行价，领子期权可能完全代表着“免费”的下跌性保护，或者你甚至可以实现信贷净额。

执行

该策略的执行在很大程度上取决于个人偏好以及个人投资者的情况。例如，一位投资者可以卖出短期限的持保看涨期权，并且利用收益购买长期限的保护性看跌期权。他能够平价卖出持保看涨期权，并且以接近平价的价格购买保护性看跌期权，意味着这之前购买证券所获得的最大和最小潜在回报处于相当紧凑的价值带中。相反，投资者可能会卖出价外持保看涨期权，并购买价外保护性看跌期权。这将在期权期限内锁定更宽范围的保证利润。

以下我会举几个例子，向你介绍领子期权策略的可能性。有了这些例子，你就可以自己用适合你特定需求的结构进行试验。在这些例子中，我假设自己以每股 55 美元的价格买入了美国高通公司的股票。高通公司目前的交易价为 64.71 美元，未变现收益率为 17.7%，如表 11-9 所示。

表 11-9　　领子期权 1：169 天到期

	执行价（美元）	买（卖）价（美元）
卖出看涨期权	65.00	3.40
买入看跌期权	60.00	(2.14)
信贷净额		1.26

该领子期权产生的最佳和最差有效卖出价及其相应的回报率（假设买入价为 55 美元）如表 11-10 所示。

表 11-10　领子期权 1 的最佳和最差有效卖出价及其相应的回报率

	有效卖出价（美元）	回报率（%）
最佳状况	66.26	20.5
最差状况	61.26	11.4

在这里，我们以 3.40 美元卖出了执行价为 65 美元的看涨期权，并且使用收益以 2.14 美元购买了执行价为 60 美元的看跌期权。这给了我们 1.26 美元的信贷净额，我们把信贷净额加给以上两个执行价，以计算出有效卖出价，这样做是因为如果股票涨到看涨期权的执行价以上，我们将最终以执行价交割股票，同时仍能保持信贷净额。我们将信贷净额加在看跌期权的执行价上，原因是如果股票接近看跌期权的执行价，我们有权以执行价卖出股票，并保持信贷净额。收益率的数字是以 55 美元的买入价和所列出的有效卖出价为基础计算的。因此，以这种方式设定领子期权，我们就为未来的五个半月的时间段锁定了 11.4% 的最差可能收益率，以及 20.5% 的最佳可能收益率。

让我们来看看另一个有着不同盈利和损失情况的领子期权，如表 11–11 所示。

表 11–11　　领子期权 2：78 天到期

	执行价（美元）	买（卖）价（美元）
卖出看涨期权	70	0.52
买入看跌期权	62.50	(1.55)
信贷净额		(1.03)

该领子期权产生的最佳和最差有效卖出价及其相应的收益率（假设买入价为 55 美元）如表 11–12 所示。

表 11–12　领子期权 2 的最佳和最差有效卖出价及其相应的回报率

	有效卖出价（美元）	回报率（%）
最佳状况	68.97	25.4
最差状况	61.47	11.8

这是一项期限较短的领子期权（大约离到期还有 2.5 个月），这就给出了更多的资本收益空间。这可能是对冲基金经理的策略，他做多股票，而且对下一季度的盈利报告内容并没有把握。出于他个人的商业原因，如果高通公司的报告不好，这位经理不想出现未实现损失，但他也不想过多地限制潜在的资本收益。

如果以这里描述相同的方式计算有效卖出价和回报率，我们就得到一个大约从

12% 至超过 25% 的保证利润范围。还有一点需要注意的是，保护性是由看跌期权提供的，看跌期权可以在到期前的任何时间卖出，以产生来自时间价值的现金流入。假设当高通公司报告其季度盈利时，其股价下跌至 61 美元（这种温和的下跌被对冲基金经理视为积极的迹象）。既然这位经理不那么担心下跌敞口，他就可以卖出看跌期权以获利。为了获利卖出看跌期权而获得的现金流入，甚至可能把领子期权的净负债变为信贷净额，或者如果经营者担心上涨受限，他可以使用一些现金流来回购卖出的看涨期权。

这两个例子说明，灵活性使领子期权成了非常有用的投资工具。在学习完本章的技术，你已经拥有了成为一位聪明的期权投资者所需要的全部工具。我们现在以一项重要讨论结束本章：对风险和聪明的期权投资的调查。这就是第 12 章的主题。

第 12 章

期权风险与聪明的投资者

前面 11 章的内容为你提供了大量关于期权投资和股票估值技术的信息。在本书最后一章，我们来看看我在本书通篇都提到的话题：风险，并且看看聪明的期权投资者是如何理解它的。

风险有多种形式，其中一些风险我们已经讨论过了（比如投资业务代理人的职业风险、退休人员寻求维持良好生活品质的偿付能力风险，以及父母需要为孩子的婚礼支付一大笔钱的流动性风险等）。我在这里讨论的这些风险最适用于那些正在对复杂且不确定的资产（比如股票）进行潜在的杠杆投资的资本所有者。这两种风险就是市场风险和估值风险。

市场风险

市场风险对于任何投资资本的人都是不可避免的。市场是波动的，而且在短期内，这些波动通常与给定股票的长期价值无关。必须注意的是，短期也是相对的。用约翰·梅纳德·凯恩斯的话来说，这可能更像是一条匿名格言："市场非理性的时间可能比你保持偿还能力的时间更长。"的确，正是这种观察和我自己的痛苦经历使我认识到，价内期权是帮助我保护本金以及缓冲时间不确定性的一种方式。

使用杠杆的投资者必须永远记住市场风险这个因素。即使是 2007 夏季价内具有提前偿还权的长期期权证券也在雷曼兄弟冲击之后，因股价在中期急剧下降，到 2008 秋季就变成了短期价外看涨期权。意料不到的事情的确发生了。构建一个无视这一事实的投资组合是非常危险的。

只要市场波动仅造成了未实现的亏损，就说明市场风险是可管理的。但是如果杠杆损失必须实现时，无论是因为期权到期还是为了投资另一个头寸，这都有可能大幅减少你的可用投资资本。在资本耗尽之前，你无法大量地减少投资本金。

雷曼兄弟破产是最糟糕的情形，而有些投资者终其一生都没有经历过如此严重和实质性的市场风险。对于聪明的投资者而言，在大多数情况下，市场风险都不是一种实质性的威胁，而是一个美妙的机会。

大多数人的市场决策者要么寻找的是技术指标（这些自然是短期行为），要么寻找的是某种多重价值（比如价格相对于某物的比率）。这些衡量方式对经纪人来说是很好的，这是他们鼓励经纪客户进行频繁的交易，从而频繁地向经纪公司支付佣金。

对于聪明的投资者而言，短线交易者的反应当然也不错。这是因为，对于那些投资时间跨度在几天或者几个月的投资者来说，这种市场反应看起来可能是合情合理的，但是对于那些有长远眼光的投资者来说，这种市场反应往往是很荒谬的。例如，假设一家公司宣布因为延迟发布新产品，其下一个季度的盈利将出现下降。那些根据市盈率估算股票短期价值的投资者看到市场盈利率可能下跌时，可能就会卖出该股票。技术型交易者在看到股票已经突破了某种“阻力”，或者一条移动平均线已经与另一条移动平均线相交时，也会卖出这只股票。也许一个算法交易引擎能识别出这种大幅下跌，并且发布一系列卖出指令，而这些指令一旦出现填补，就几乎会被备兑。同时，持有该股票一段时间并获得收益的人会得到保护，并且决定买入看跌期权以保护自己的收益。

对于手握一个长期最差估值的聪明的期权投资者来说，如果现在该估值高于市场价 20%，那么就有一个很好的机会卖出看跌期权并获得丰厚的溢价（在可能的公允价值上，以有吸引力的折扣拥有股票的可能性），卖出看跌期权，用收益买入价外看涨期权的具有提前偿还权的长期期权证券，或者干脆买入股票来建立一个头寸。

的确，这种策略是完全符合那句名言：“当别人贪婪时恐惧，当别人恐惧时贪婪。”这种策略也非常合理，但是这显然取决于投资者准确预估股票真实的内在价值的能力。这给我们带来了下一种形式的风险：估值风险。

估值风险

虽然估值并不难，但是它必然包含不可知因素。在我们自己的最佳和最差情况的估值方法中，我们通过关注合理的范围而不是精确的点来考虑这些位置因素。当然，我们最好或者最坏的预估可能是错误的。这可能是由于我们对我们所投资的企业的经济动态存在误解，或者甚至可能是因为我们最初提出问题的方式造成的。回想一下我们是如何定义区间的，回想一下我们关注的是一种标准偏差概率，换句话说，三种情况中可能会有两种变成现实。显然，即使我们很好地理解了企业的动态，但实际上，我们估值过程所产生的公允价值区间，三次当中有一次实质上会与股票实际的内在价值有着本质的区别。

与市场风险相比（最常见的是非实质性和暂时性问题），无论我们的估值区间太低还是太高，错误估计股票的公允价值对资本都是一种实质性风险。如果我们预估的估值区间太低，我们很可能最终没有分配足够的资本去投资或者使用了不恰当的低杠杆。这意味着我们将错失尽可能多地从这笔投资中获得回报的机会。如果我们预估的估值区间太高，那么我们就可能最终分配太多的资本去投资或者使用了不恰当的高杠杆。在最好的情况下，我们把过多的资本分配给了一个回报低的想法，而本来我们可以把钱分配给回报更高的投资项目。在最坏的情况下，当市场价下跌时，我们会蒙受损失，而且我们会意识到我们起初的预估过于乐观了。

预防估值风险的最好方法之一就是仅投资那些最引人注目、定价错误最明显的证券。我的一位曾多年从事公司兼并和收购咨询业务的朋友有一个将估值风险直观化的好方法，我发现这种方法特别有用。在他看来，公司的股价可以用层次来表示。如果公司的净资产今天全部卖出的话，底层就是该公司的净资产的价值。例如，下一层次假设该公司在 10 年后不再是一家盈利的企业，将出售其净资产。例如，下一层次假设该公司作为盈利企业将永久存续，但是其所有者的自由现金流不再增长。一直以来，每个层次都代表着对其现金流增长更激进的假设，直到我们假设，例如该公司所有者的自由现金流在接下来的 15 年中将以每年 50% 的速度增长，此后以每年 6% 的速度增长。如图 12-1 所示。

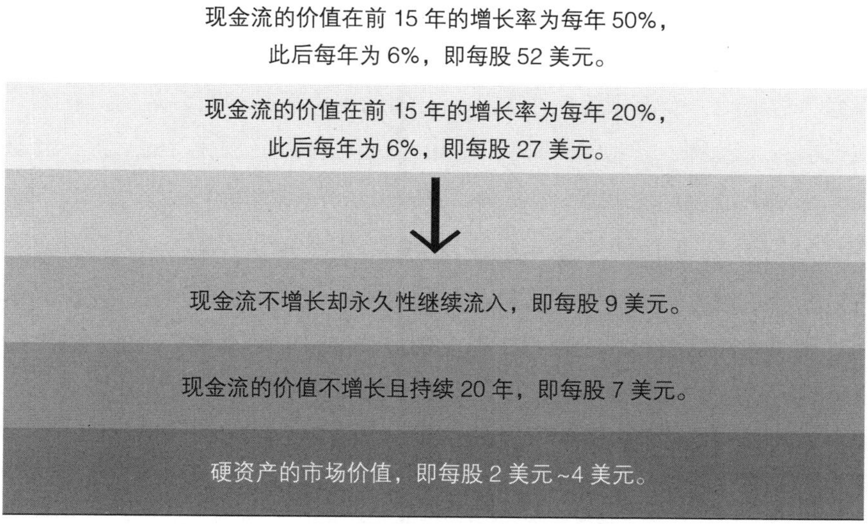

图 12-1　某公司所有者的现金流增长情况

假设这只股票目前的市场价值为每股 16 美元。在未来五年中，其所有者自由现金流增长率为每年 8%，而之后的永久增长率为每年 5%（约等于我们认为最有可能的运营业绩）。我们看到了更快增长的可能性，但也意识到这种更快的增长是不太可能的，因为与更快增长相关的估值层次是 18 美元 ~20 美元。我们也看到了放缓的可能性，与这个最差增长率相关的估值层次是 11 美元 ~13 美元。

现在我们假设，由于某种市场冲击，股价下跌至 10 美元区间。同时，我们假设即使股价下跌后，可能的经济情形仍然与之前相同（最有可能与每股 16 美元左右时相同），最佳情况是每股 20 美元，而最差情况是每股 11 美元。我们还可以说，你可以以 1 美元的价格卖出执行价为 10 美元的看跌期权（这使你获得了每股 9 美元的有效买入价）。

在这种情况下，只要我们对估值层次的相对水平的认识是正确的，那么估值风险的确就很小。当然，在这种情形下，将资本投入你的投资理念要比以 0.75 美元卖出执行价为 16 美元的看跌期权更容易！

如果以这种方式思考股价，很显然，当股票的市场价处与包含不切实际的经济假设估值层次时，你将更有可能以你喜欢的方式使用股票和期权组合来打破风险和回报之间的平衡。这就是对聪明的期权投资的定义。

聪明的期权投资

根据我的经验，大部分股票在大部分时间的定价都是相当合理的。在某些情况下，期权市场（以及引申至股票时候出那个）可能会给出不恰当的定价，但总的来说，很难找到定价错误严重的资产，因为资产的市场价明显不同于其最有可能的估值层次。

当短期前景最不明确的时候，机会往往就最多。对投资者而言，短期的不确定性会让其做出大胆的投资的过程在心理上变得非常困难。但是的确是这些时期成就了成功的投资者与饱尝遗憾的投资者之间的区别。

最后，聪明的期权投资者不是那些了解某个部门、行业甚至公司的人，不是那种希望冒最大的风险来实现最大回报的投资者，也不是那些总是试图成为投资“英雄”，并且用最复杂的、理论上最漂亮的、最辛苦的研究得出的论证来验证某笔投资的投资者。相反，聪明的期权投资者能够用完善并可重复的过程来评估股票的价值，了解那些会限制投资者潜力的陷阱，精通投资所使用的工具。聪明的期权投资者不仅了解自己专业知识的局限性，而且也明白市场风险不等于估值风险，并且在两者偏差最大的时候有勇气采取大胆的行动。

总之，聪明的期权投资者可能就是你。

附录 A

明智迎战

我在本书第三部分详细讨论了具体的期权投资策略。然而，在阅读完第 2 章和第 3 章之后，你应该对期权如何进行定价有了很好的了解，所以现在最适合来了解 BSM 模型在什么情况下效果最好，以及在什么情况下效果最差。聪明的投资者会像躲瘟疫一样避免 BSM 模型最好的操作环境，并寻求最坏的环境，因为那些状况为倾向投资者一方的风险回报平衡提供了最好的机会。

本附录中介绍的术语如下所示。

- 即期月份
- 交易性资产
- 特殊资产（Idiosyncratic assets）

模型最佳之处

以下是 BSM 模型起到最佳效果的情况和你最应该避免的状况：

1. 短期投资的时间范围；
2. 可交换的投资资产。

短期投资的时间范围

当创建 BSM 模型的学者以发展其模型为目的，对金融市场进行调查时，期限最长的期权只剩几个月就到期了。大多数市场参与者倾向于在即期月份的合同中进行交易（即将最先到期的合同），仍然作为主要情况。的确，回想我们之前关于价格随机性的讨论，很难在很短的时间内证明资产价格变动不是随机的。

因此，BSM 模型几乎是致力于处理好短期时间范围的一种习惯。或许令人惊讶的是，代理商乐于鼓励客户进行短期期权交易，因为：

1. 这让他们每年有更多的机会从客户那里收取费用和佣金；
2. 他们主要感兴趣的是在买卖价差的基础上产生的可靠收益，以及在流动基础上的不同的买卖价差，而不是到期日；
3. 较短的时间框架为标的资产中意想不到的价格变动提供的机会很少，因此市场做市商很难进行对冲。

从本质上讲，一个好的期权做市商就像一个二手车推销员。他知道他可以低价买入，高价卖出，所以他的主要兴趣是让尽可能多的顾客去交易。这个角度来看，做市商乐于利用 BSM 模型，这似乎为他提供了在他最关心的时间周期内足够合理的期权估值。

在短期期权估值的情况下，该理论非常准确地描述了现实，如果或者当它们出现的时候，结构性因素（如大幅度的买卖价差）使其很难利用错误定价。例如，让我们看一看 BSM 模型假设的内容是一家公司的合理定价范围，且 30 天有效期内波动率为 20%。

在未来 30 天内隐含的价格范围从每股约 47 美元上升至每股约 53 美元。如果我们把 BSM 模型认为的合理范围翻译成百分比的形式，那么结果是亏损或收益 6% 左右。此刻就个人的经验的角度来考虑这个问题，对于大盘股公司，这实际上不是一个坏的猜测范围（20% 的远期波动性假设与对于大盘股公司的“典型的”隐含波动率是一致的）。在这么短的时间内，我当然没有信心在尝试猜测较高与较低股票价格界限方面比 BSM 模型做得好。

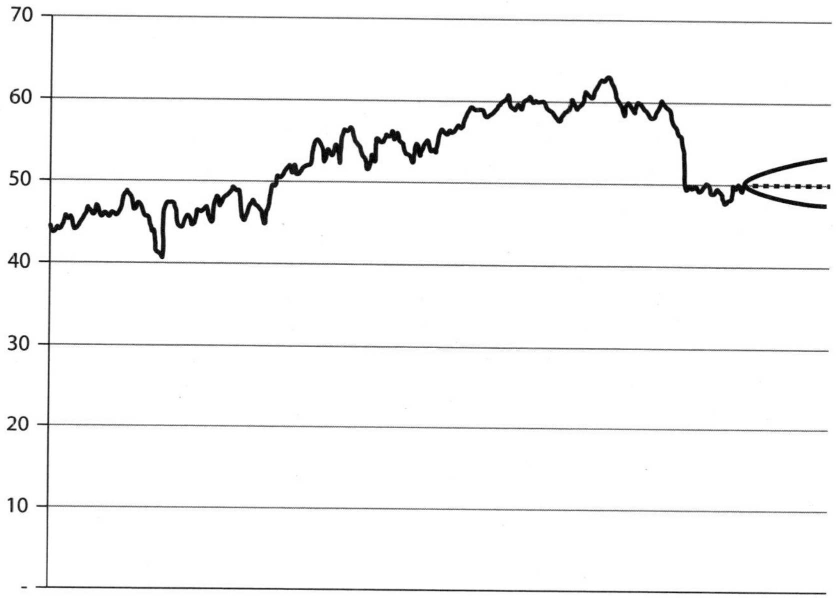

图 A-1

然后，大多数投资者坚持在短期的基础上做期权投机——通常在一个月或更短的期限内，这很有趣。再次，这些看起来就像那种你在维加斯的轮盘赌上可能会押的红色赌注。当然，这让人觉得詹姆斯·邦德 50% 的时间弹珠会落在红色上，但一段时间后，任何进行一点深思熟虑的人都将退出，而且想知道他或她通过这样一种博弈能保持成功多久。①

我们必须认识到，期权通常在短期内有效定价这一事实并不妨碍我们进行短期期权交易。事实上，当投资者使用短期期权或将短期和长期期权组合成一个战略时，第三部分讨论的一些策略实际上更具吸引力。

希望在阅读第三部分后，能清楚地了解避免短期期权策略和在短期期权方面进行长期投资的区别。

① 无论如何，只是名义概率为 50：50。玩家总是必须支付场地费（如果你是詹姆斯·邦德，你还必须给经销商 100 万美元的小费），就像一个投资者必须给经纪人付费一样。同样，净赔率总是和资本所有者相关联。

交易性标的资产

再次回顾一下 BSM 模型的基础，学者们通过研究短期农业商品市场建立了他们的的数学模型。根据定义，一种商品是一种可交易的或可互换的资产；一定质量等级的一蒲式耳谷物与任何其他相同质量的蒲式耳谷物完全没有区别。

另一方面，股票是特殊资产。它们是非常复杂的系统，即公司价值的无形标志，没有两个是完全相同的（例如，通用汽车公司和福特公司都是美国的汽车公司，但作为经营实体，他们有一些显著的差异。比如，自将要破产以来，通用汽车公司比福特公司在中国拥有更大的市场，并且具有不同的资本结构和治理结构，这使通用在抵押贷款危机期间避免了破产）。

建立 BSM 模型的学者们在应用将对股票等特殊资产进行估值的模型上毫不犹豫，因为他们从一开始就假设金融市场是有效的——意味着每一只给定股票的特殊特征已经由市场进行了充分的“定价”。这允许他们忽略了个别公司的复杂性，并将其视为可互换的同质实体。

然而，BSM 模型没有对特殊的多维公司进行估值；相反，BSM 模型对学者们假设为在某种意义上已经由市场的共同智慧进行“标准化”或商品化的单一实体进行了估值。你在下一节将看到期权市场参与者做出的市场是真正有效的这一广义的、隐含的假设，该假设为聪明投资者带来了最大的低风险利润机会。我在这里提出的一点是，投资于商品的期权或实际上你使用基本估值技术无法分析的任何资产是多么困难。

对于那些根本无法抵制商品投资的投资者而言，我提供以下案例以供学习：我个人认为气候变化将使世界更难以养活其迅速增长的人口。在交易所交易基金（ETF）、期货和期权中，表达关于这样一个信仰的投资理念是很容易的，我所做的只是把我的钱放在我所说的地方。尽管我已做出这样的投资，但我必须承认我对正在考虑的农产品估值绝对没有根据，而且我无法知道我是否已经收到了对这些处于合理或不合理价格的商品的看涨风险敞口。

这种投机性投资满足了一些心理需要，但他们不是严格意义上的“聪明的投资者”，很难合理地计算资产的公允价值。那么，这类投资不应该做吗？一个严格遵守理性投资原则的人可能会说，“不，不应该做这些投资，”然而，我们似乎已经不断地以经济学家认为完全不理性的方式在消费。与其与原始冲动做斗争，我宁愿让步——但只是我的投资组合中的一小部分。这一策略类似于只需 50 美元的赌场并承诺一旦这些钱用完，你就不会再花更多的钱了。

你可能对石油价格、利率水平、棉花价格或其他什么都有直觉。帮自己一个忙，如果你选择根据直觉做金融押注，那么就像我这样做一个小型押注。尽管小型投资对不同的人意义不同，但是好的评判方法是想象本金完全耗尽。如果你对那个想法感到心悸，那么继续将预期投资削减至一半，直到你感觉变好。

BSM 模型的最糟糕之处

既然我们不知道去哪里寻找聪明的期权投资，那么让我们来看看 BSM 模型最糟糕的工作条件——对我们来说，这些是让风险与收益的平衡倾向我们这一方的最好的地方。

1. 严重错误定价的资产；
2. 双峰结果；
3. 长期投资时间范围。

严重错误定价的资产

BSM 模型的主要假设是没有严重错误定价的资产。我认为基于本书第二部分简要说明的行为和结构因素，这种观点是错误的。不过，要想充分讨论这些因素，还得另外在写一本书。

不过，试想一下股票由于某种原因严重低估。就目前而言，我不会讨论这种情况为什么出现，但假设不是每股 50 美元，一个公司在最佳状况下其股票接近每股 110 美元，最糟糕状况下每股 70 美元。让我们进一步假设，某种朦胧的水晶球让我们高度确定这些最好的和最糟糕状况的值表示未来真正的估值范围。这种状况见图 A–2。

现在看看下面的看跌和看涨期权图（图 A–3），并基于你对 BSM 模型价格期权的了解，思考回答下列问题。

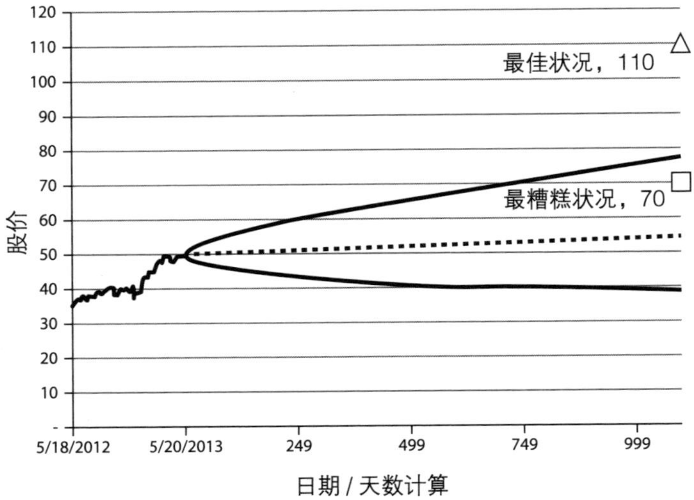

图 A-2　高级建筑公司（ABC）

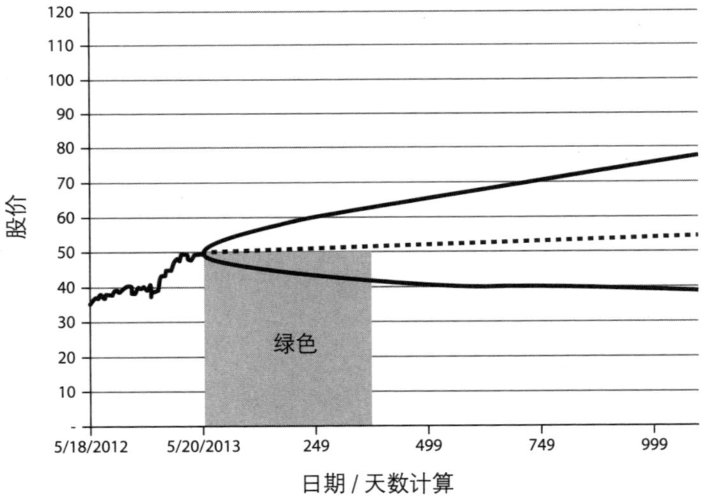

图 A-3　高级建筑公司（ABC）看跌期权

如果有人担心这只股票可能会下跌至低于 50 美元，投资者会愿意支付什么样的价格来购买看跌期权呢？

a. 几乎没有

b. 一点

c. 一些

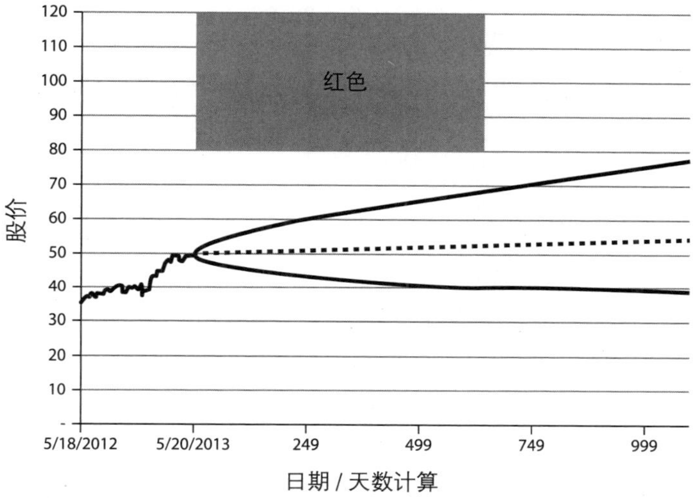

图 A-4 高级建筑公司（ABC）看涨期权

如果有人想通过卖出看涨期权来获得额外收入，以接受股票上涨的风险敞口，那么对于想要购买该看涨期权的人来说，他们会收取什么样的价格呢？

a. 几乎没有

b. 一点

c. 一些

显然，看跌期权的正确答案是 c。这个选项将是非常昂贵的，因为其敞口范围与 BSM 模型模型锥的很多部分重叠。相反，看涨期权问题的答案是 a。这个选项会真的很便宜，因为其敞口范围远高于 BSM 模型圆锥。

记住，虽然我们有水晶球，而且我们知道未来几年内该只股的价格可能会在每股 70 美元到 110 美元之间。有了这个信心，还会采取前面两个交易的反面吗？这样做就如图 A-5 所示。

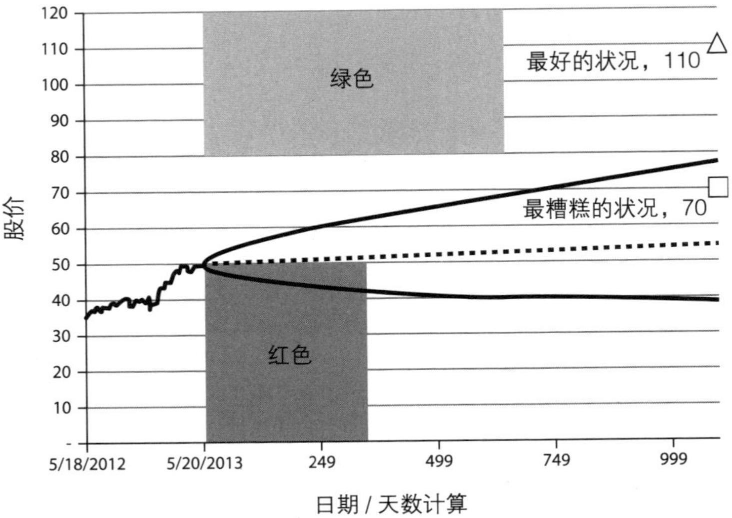

图 A-5　高级建筑公司（ABC）

在本投资中（我在 11 章详细介绍的），我们通过出售昂贵的看跌期权获得一些收益，并支付较少的钱来购买一个廉价的看涨期权。可能会发生这样一种情况，我们卖出看跌期权收到的钱实际上可能多于我们为购买看涨期权支付的费用，所以我们实际上做这个交易时得到了净费用！

我们可以自信地卖出看跌期权，因为我们知道我们最糟糕状况的估值是每股 70 美元，只要我们对我们的估值有信心——本书的第二部分所涵盖的主题——就不必担心价格下降。我们不介意把钱花在看涨期权上，因为我们认为这是一个非常好的机会，看涨期权到期或到期之前其价值远远超过我们付出的费用。

实际上，如果 BSM 模型真的用无效定价股票当作有效定价股票来给期权定价，对于聪明的投资者而言，这就是最迫切的、最佳的赚钱机会。此外，发现定价出现严重错误的股票和利用定价错误的期权，是让风险-回报等式朝着有利于我们的方向上倾斜的最厉害手段。

投资的美妙之处在于，它不需要你对所有的棒球进行挥棒。个人投资者具有很大的优势，他们可能只对知道自己能够击中的棒球挥棒。聪明的投资不过就是找到正确的球路，而聪明的期权投资不过就是用一只非常强大的球棒来击中那个好球。

双峰结果

有些公司本质上是投机的——例如一家从事癌症研究的制药公司。该公司除一些无形资产（在这里工作的科学家的想法）和大量的成本（科学家的工资、支付给专利律师的费用和支付的临床试验费用）外，什么都没有。如果研究被证明卓有成效，那么公司的价值很大——假设每股 500 美元。然而，如果临床试验显示疗效低或有危险的副作用，那么该公司几乎就没有价值。更重要的是，这可能需要多年后才清楚这些可供选择的事物中哪些对的。

考虑一下 BSM 模型的情况，它有利于准确的期权定价吗？毕竟这个例子听起来肯定不像短期农产品的定价方案。如果这个假想的制药公司的股价正处在每股 50 美元，那么期权市场的这个价值的上限可能定价多少呢？我们假设该股票交易的远期波动性率为每年 100%（在我写这些内容的当天，只有四只股票和期权以某一价格进行交易，这暗示远期波动率大于 100%）。每年波动率为 100% 暗示着价格范围是什么？我们能设计一种允许我们从任何方向上的大幅变化中获利的期权结构吗？该情况如图 A-6 所示。

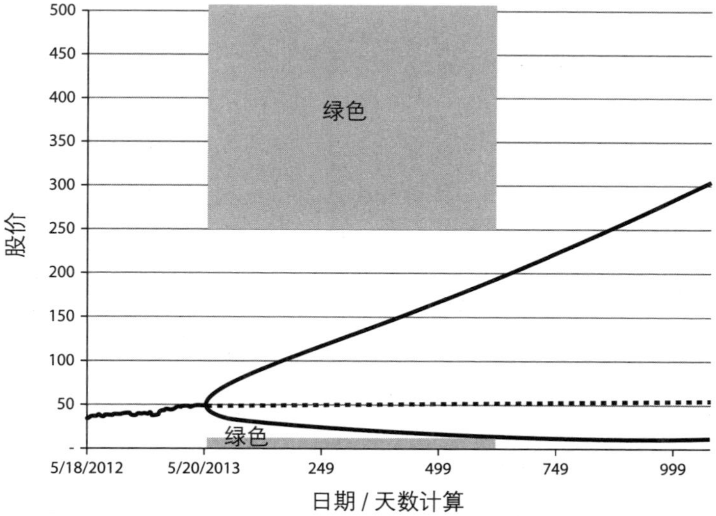

图 A-6 高级建筑公司（ABC）

从前面示意图中，你可以看到看跌和看涨风险敞口的区域都处在 BSM 模型圆锥之外，意味着两者价格会相对便宜。的确，即使把波动性假设提到非常高的水平，我们似乎仍然可以承受该股票在非常合理的价格所获得的上行和下行风险敞口。从图A−6可以看出，看跌期权和看涨期权的敞口都位于BSM锥形之外，意味着这两种期权的价格都相对便宜。期权市场正试图提高期权的价格，以使看涨期权和看跌期权都得到合理定价，但是由于各种原因（包括行为偏差），大多数时候都是惨败而归。

长期投资时间范围

BSM模型一般擅长于对短期投资进行定价，这只是一个简单的推论。BSM模型成立的前提是，股市只会上升到无风险利率的水平。如果你咨询金融学教授或做市商，他或她一定会优雅且逻辑严密地告诉你为什么一定是这样的。

然而，正如你在第3章看到的，情况从来就不是这样的——股票的回报有时是消极的，但往往比没有风险的债券积极得多。如果我们计算平均回报率，股票产生的回报仍然在债券之上。

在短的时间范围内，差异不那么重要。例如，让我们假设，某只股票应该在未来3~5年产生大约10%的年复合回报率，与无风险收益率为5%的假设进行比较。如果我们在看非常短的时间跨度——如60天——并假设我们的股票将在那么短时间内完全按10%的比率增长，那么我们应该把我们的预期与期权市场的这些预期进行比较。我们会得到图A−7。

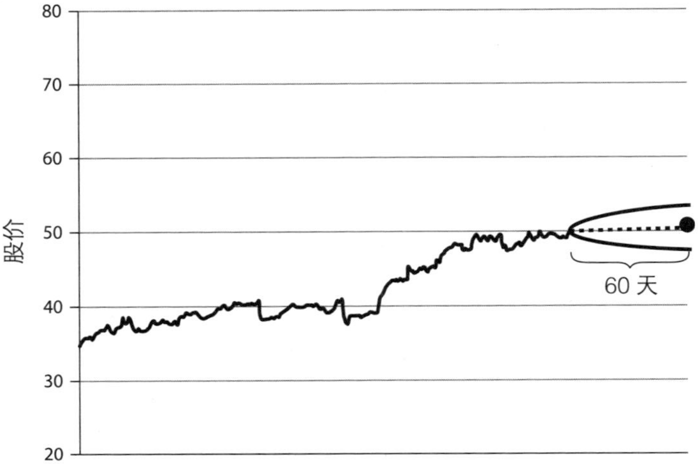

图A−7　高级建筑公司（ABC）

在 BSM 模型预计值（如图中虚线所示）和该点代表的股票的 10% 上行漂移量之间没有很大差异。但是，如果我们把该分析扩展至三年期，看看会发生什么（见图 A-8）。

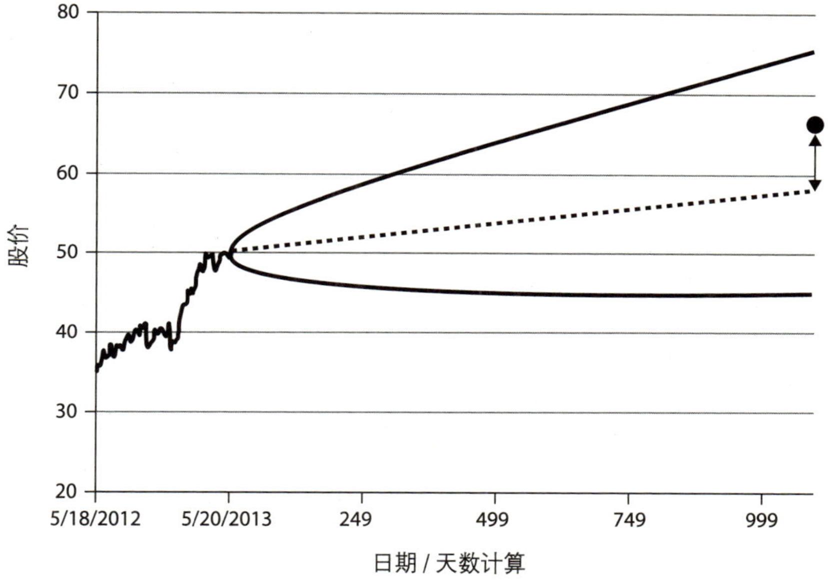

图 A-8 高级建筑公司（ABC）

随着时间的延长，我们假设的股票价格显著高于 BSM 模型计算出来的预期价格。如果我们采取“假设的未来股价”所指的价格，依据是我们认为真正的股票价格有同等的机会高于或低于这个标记价格，那么我们就可以看到由图 A-8 中的双头箭头标记的差异，这就是我们在期权市场上具有的优势。这个优势再次意味着下行风险敞口将被高估，而上行风险敞口将被低估。

你可能会问，这种差异会如何持续？难道不应该有人发现这些期权定价是错的，并借机利用套利机会吗？这些类型的机会趋于持续的两个原因如下所述：

1. 活跃在期权市场的大多数人都是在非常短期的基础上进行交易的。长期权益资本提前还款证券（LEAPS）——到期期限为一年或以上的看涨期权——确实存在，但一般交易量很少，这是因为在期权市场的人们愿意为解决其“投资问题”而等待的时间一般都不超过 60 天。因为大多数期权合约到期时间很短，BSM 模型的预期价格基于 5% 的无风险收益率和预期价格基于 10% 的股权回报率之间的差异很小，所以没有人意识到它的存在（如图 A-1 所示）。

2. 对于必须给予估价的 LEAPS 哪怕风险敞口很小，做市商一般都能够对冲掉。他们不关心基础证券的价格，只在乎买卖价差的大小，在确定 LEAPS 买卖价差的价格方面，他们总是要采取优势最多的方式。此外，在自营经纪商的桌子上，股票期权交易商的职业生涯在一年当中变化很大。如第二部分所讨论，与 LEAPS 的整个有效期中发生的事情相比，做市商对此并不十分关心。

祝贺你！读完本书的第一部分和附录之后，你比大多数在华尔街工作的人都能更好地理解期权投资对基本投资者的含义。对于我在本书第三部分讨论的期权，有很多更细微的差别——特别是对于杠杆率以及输入变化的期权灵敏度——但现在，只要了解 BSM 模型的操作方式，你就会让你比其他市场参与者占有更大的优势。

附录 B

杠杆作用的多重面孔

聪明的期权投资者必须懂得投资杠杆，目的是为了制定有意义的期权投资策略。然而，投资杠杆不是杠杆的唯一形式，想要对投资杠杆进行全面且训练有素的认识，你还应该了解其他形式。此外，当评估公司价值时，了解杠杆很重要，这是因为在商业周期的拐点，客户需求发生变化低，杠杆往往是盈利能力快速变化的根本原因。

经营杠杆作用

经营杠杆是为了获得更高的单位利润而接受固定的经营成本，如公司决定开建工厂，而不是由第三方承包制作其产品。当公司用现金来开建工厂时，在损益表上该项支出不被当作直接成本来处理。相反，新工厂的成本会作为非现金费用被分摊到未来各个时期，即所谓的折旧。①

加入有两个公司生产相同的产品，但其中一个公司把生产外包给第三方（无杠杆公司），而另一公司已经建厂来制造其产品（有杠杆公司）。在现实中，公司用很多方法来提前兑现折旧费用，目的是为了减少新产品的应纳所得税，但是我们假设该杠杆公司正在使用所谓的直线折旧法，以使每个季度的费用相同（表 B–1）

① 这个过程背后的想法是将设备成本计时与设备生产项目的收入相匹配。这是被称为匹配的一项关键性会计学原则。

表 B-1　　无杠杆公司和有杠杆公司每季度费用对比

	无杠杆公司	杠杆公司
收入	100.0	100.0
固定折旧费	0.0	−65.0
可变营业费	−85.0	−15.0
营业利润	15.0	20.0
税前利润	15.0	20.0
税	−4.5	−6.0
净利润	10.5	14.0

在此你可以看到，杠杆公司的利润比无杠杆公司的利润要好一点，这是因为前者无须给供应商付款，并可以用较低的成本生产产品。还请注意，这两家公司都有可变成本。对于无杠杆公司，这些可变成本包括其产品由第三方生产的成本加上必须支付给销售人员和管理人员的薪水；对于有杠杆公司，可变成本包括原材料成本加上任何支付给生产、销售和行政人员的工资成本。这是我们的基本案例——代表中等的经济条件（既不会高涨也不会破产）。

现在我们来看看这两家处在商业周期的低谷或破产状态的公司（表 B-2）。

表 B-2　　处在商业周期低谷或破产状态的无杠杆公司和杠杆公司

	无杠杆公司	杠杆公司
收入	70.0	70.0
固定折旧费	0.0	−65.0
可变营业费	−59.5	−10.5
营业利润	10.5	−5.5
税前利润	10.5	−5.5
税	−3.2	+1.6
净利润	7.3	−3.9

无杠杆公司的成本与收入是成比例下降的，因此经营的利润率在此情况下是相同的。然而，作为杠杆公司，即使可变成本的降低与收入的减少是成比例的，但是折旧的成本保持固定不变，这就造成了亏损，而小额税收收益只能带来轻微的改善。

因此，显然地，在商业周期低谷的条件下，盈利能力通过经营杠杆的假设受到损害。我们来看看这两家公司在高峰条件下发生了什么事情（见表 B–3）。[①]

表 B–3　　高峰条件下无杠杆公司和杠杆公司的情况

	无杠杆公司	杠杆公司
收入	130.0	130.0
固定折旧费	0.0	–65.0
可变营业费	–110.5	–19.5
营业利润	19.5	45.5
税前利润	19.5	45.5
税	–5.9	–13.6
净利润	13.6	31.9

显然，在高峰时期拥有杠杆是一件美妙的事情。在消除了折旧的固定成本这一障碍后，每个额外生产的小部件可使公司产生利润，并且完全受可变成本控制。在低迷时期，无杠杆公司的状态会更好，但在更好的经济条件下，其盈利能力会落后于杠杆公司。

当考虑公司的估值时，我们必须记住经营杠杆对经营有巨大的影响。当商业周期处于高峰期和低谷期，金融市场通常会低估经营杠杆的作用。在高峰期，分析师习惯推断出高利润率，却忽视了杠杆之剑既可能上摆也可能下摆。在低谷期，分析师过于悲观，忘记了需求方面的一个小改善会对财务业绩产生非常大的影响。

经营杠杆既不好也不坏——仅仅是一项战略性的业务选择，且在商业周期的不同阶段和不同的收入条件下有不同的含义。聪明的投资者明白这一事实，并乐于在市场上的其他人已经淡忘的时候进行投资。

财务杠杆作用

财务杠杆涉及对固定的财务成本的接受，如通过贷款或租赁合同为企业提供资

① 问题是根据定义的解释，低潮与顶峰相随。通常情况下，就像大型收购的时机一样，公司决定在经济条件达到顶峰时，花费大量资金来打造新的生产能力；而随着经济开始崩溃和衰退，工厂则转入线上业务。

金。考虑到建立工厂的费用，通常是经营杠杆和财务杠杆同时发生，但要想了解财务杠杆本身，我们所观察的两公司除了资产负债表上的债务金额不同外，其收入和利润率完全相同。我们的基本案例表明，无杠杆公司将产生较高的绝对利润，这是因为它没有固定的融资成本（见表 B-4）。

表 B-4　　无杠杆公司和杠杆公司净利润对比

	无杠杆公司	杠杆公司
收入	100.0	100.0
固定折旧费	−80.0	−80.0
可变营业费	20.0	20.0
营业利润	0.0	−15.0
税前利润	20.0	5.0
税	−6.0	−1.5
净利润	14.0	3.5

现在我们把两家公司的收入增加 50%，看看会发生什么事情，如表 B-5 所示。

表 B-5　　无杠杆公司和杠杆公司收入增加 50% 后的净利润对比

	无杠杆公司	杠杆公司
收入	150.0	150.0
固定折旧费	−120.0	−120.0
可变营业费	30.0	30.0
营业利润	0.0	−15.0
税前利润	30.0	15.0
税	−9.0	−4.5
净利润	21.0	11.5

无杠杆公司的绝对利润仍然更高，但从第一个案例到第个二案例的百分比变化显示出很大的差异。因收入增长 50%，无杠杆公司的利润增加了 50%（从 14.0 到 21.0）。然而，杠杆公司的利润随着收入同样增长 50%，净利润则惊人地增加了 229%（从 3.5 到 11.5）。

在这里，我们看到的例子是关于金融和投资杠杆的定义性特征；就是这些杠杆分类影响了百分率的计算，但从绝对值来看，对于固定水平的风险敞口，非杠杆化交易总是会产生更多的百分率。我们在第 8 章讨论投资杠杆时，非常详细地探讨了这个概念。

为了看清杠杆这把双刃剑危险的一面，我们来看一个收入从原来的基线下降 50% 的案例（见表 B-6）。

表 B-6　　收入下降 50% 的无杠杆公司和杠杆公司对比

	无杠杆公司	杠杆公司
收入	50.0	50.0
固定折旧费	-40.0	-40.0
可变营业费	10.0	10.0
营业利润	0.0	-15.0
税前利润	10.0	-5.0
税	-3.0	+1.5
净利润	7.0	-3.5

在这里，我们看到，由于财务费用固定，杠杆公司即使有税收收益，也仍处于亏损状态，而无杠杆公司则一直实现盈利。在最坏的情形下，固定财务成本可以超过业务的现金收入，导致债务违约，进而破产。

从投资角度，思考一下在最好的情况和最糟糕的情况下，你可以看到为什么有些权益投资者实际上更喜欢高杠杆公司：当时机好的时候，杠杆越高，股权持有人的利润增量就越大。对于从困境向佳境过渡的杠杆公司而言——无论是由于在商业周期中遇到经济好转，还是因公司的具体情况，如引进新产品线提升萎靡不振的传统业务——商业条件的小幅改善使股东们所获利润大幅提升。另一方面是当企业情况下滑时——从好向坏过渡时——杠杆公司从盈利变为亏损是很突然的，其股价下跌可能甚至更糟糕。事实上，在经营杠杆的情况下，财务杠杆状态不好或者糟糕——是简单的战略性商业选择，在不同的情况下就有着不同的含义。

附录 C

THE INTELLIGENT OPTION INVESTOR
APPLYING VALUE INVESTING
TO
THE WORLD OF OPTIONS

买卖权等价

在 BSM 模型出现之前，没有办法直接计算期权的价值，但是只要一个人有三种数据，就有办法确定看跌期权和看涨期权的价格：

1. 股票价格；
2. 无风险利率；
3. 看涨期权的价格来计算看跌期权的公平价格，反之亦然。

换句话说，如果你知道看跌期权或看涨期权的价格，你只要指导股票的价格和无风险利率，你就可以计算出其他期权的价格。这四个价格都通过称为看跌–看涨期权平价的特定规则互相联系起来。

由于看跌–看涨期权平价只适用于欧式期权，所以很多时候对股票期权投资者来说并不是特别重要。在考虑为获得股票股息是否提前行权时，该规则就变得有用了——而且该讨论具备较多的技术性。我会立刻深入研究这些技术细节，但让我们先看看下面的图。用一下本书中的聪明的期权投资者所用的图形表，该总体概要就显得荒谬不堪了。

请注意看，图 C–1 和图 C–2 的区别是什么呢？

如果你说“什么都没有”，你实际上是正确的，但在技术上却是错误的。图 C–1 实际上是以 50 美元执行价格买入看涨期权，以 50 美元执行价格卖出看跌期权的风险回报率图。图 C-2 是以每股 50 美元进行股票交易的风险回报图。

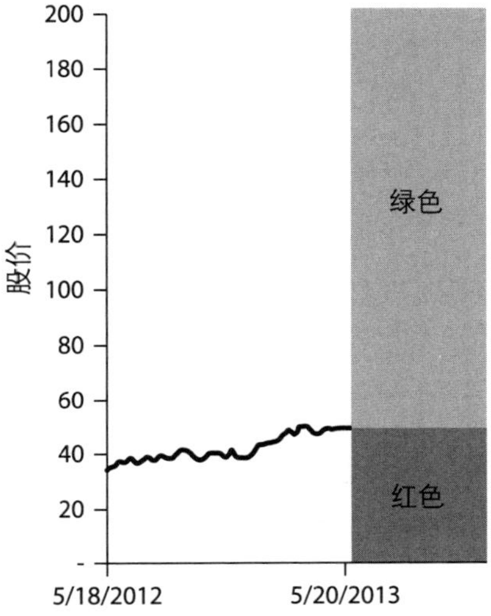

图 C-1

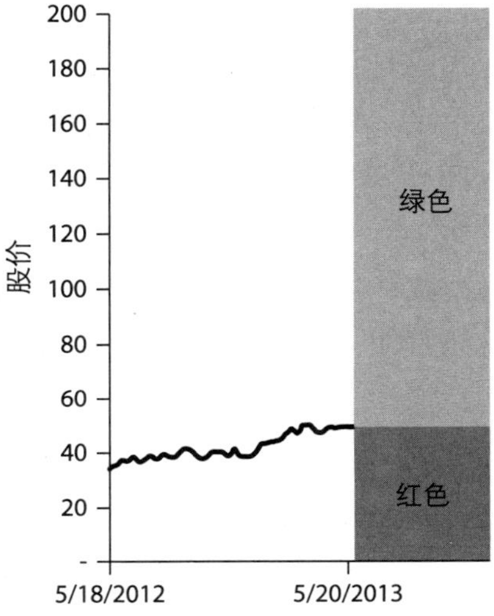

图 C-2

这种简单的比较是看跌看涨期权平价的本质。看跌看涨期权平价的平价部分仅意味着通过卖出看跌期权接受下行敞口，同时通过买入看涨期权获得上行敞口，这与通过买入一只股票接受下行敞口与获得上行敞口基本上是一样的。

我说什么了？是有点可笑。现在让我们深入细节，弄清楚看跌看涨期权平价如何用于决定是否行使看涨期权（或你卖出的看涨期权是否有可能行使）。

股息套利与买卖权等价

任何时候你看到套利这个词，脑海中首先浮现的应该是“细微差异”。套利是观察两个应该相同但又不同的价格之间的细微差异的科学（比如纽约证券交易所交易的 IBM 的价格和在费城交易的 IBM 的价格）。一位套利者一旦发现细微差异，他或她就会卖出更贵的股票，并买入比较便宜的股票，在不接受任何风险的情况下获利。

因为我们要研究股息套利，即使像我这样的大人物也不得不陷入困境，因为我们要努力发现的差异很小。我正涉足的领域与数学有关，我有些担心，但不会畏惧——我们只有一个小代数可用。我们将在讨论中使用这些变量：

K = 执行价格
C_K = 执行价格上的看涨期权
P_K = 执行价格上的看跌期权
Int = 无风险工具的利率
Div = 股利分配
S = 股票价格

因为我们在谈论套利，所以有必要看两件事，其价值应该是相同的。我们将仔细地看前面的图，这意味着我们将把由期权组成的平仓与股票组成的平仓进行比较。

假设我们正在看的要建立平仓的股票以每股 50 美元的价格进行交易，且该股票的期权正好在一年内到期。让我们进一步假设，这个股票预计将产生 0.25 美元的股息，并且该公司将在期权到期的那一天支付这些股息。

让我们用在图 C–1 和图 C–2 采用的方式来比较这两个仓位。正如我们在那两个图中看到的，作为股票，一个长期看涨期权和一个短期看跌期权是相同的。在数学上，我们会用下列方式来表示：

$$C_K - P_K = S_K$$

虽然这是简单的，并且我们认为它是正确的，但在技术上并不是这样。

前面的等式在技术上是不正确的，因为我们知道股票是一种无杠杆工具，而期权是杠杆工具。

在前面的方程中，我们可以看到等式的左边是有杠杆的（因为它只包含期权，期权是杠杆工具），而右边是无杠杆的。很显然，这两个不是完全一样的。

我们可以通过前面等式左侧去杠杆的方式来解决这个问题。无论何时卖出看跌期权，我们和我们的经纪人都必须把现金存入保证金账户里。完全付保证金的短期看跌期权是无杠杆工具，所以对短期看跌期权支付保证金应该使整个期权平仓去杠杆化。让我们在左边增加一个保证金账户并把以千为单位的美元放在里面：

$$C_K - P_K + K = S$$

这个等式简单地表达了在买入看涨期权时，如果你用以千为单位的美元的执行价格卖出看跌期权，并将以千为单位的美元的保证金放在其后，那么你会享有同样的风险、回报和杠杆率，好比你买了一个股票——就像在我们的大图中一样。

但如果一个人正在处理一些细微的差异，那这就不是完全正确的了。首先，让我们假设你说服经纪人使用将在未来一年内支付固定利益额的无风险债券基金，为保证金账户提供资金。为向保证金账户提供资金，你告诉你的经纪人从现在起未来一年，你将购买足够的债券帐户，在看跌期权到期时，保证金账户的价值将与执行价格完全一样。这样，甚至在你的原来保证金账户里存入比执行价格更少的现金，如果看跌期权在价内（ITM），你将能够履行以执行价格购买股票的承诺。放在原来保证金账户里的金额将是执行价格减去你将从无风险债券中获得的利息。在数学上，前面的等式为：

$$C_K - P_K + (K - \text{Int}) = S$$

现在所有都是对的。对于非派息股票，这充分表明了看跌–看涨期权平价的技术性定义。

然而，因为我们谈论的是股息套利，所以我们就不得不考虑如何调整我们的方程式，以使其包括股息。我们知道，派息股票的看涨期权价值较少，因为股息在BSM模型中充当“负漂移”术语。在支付股息时，理论上说股票价格应该按照股息的数额下降。因为价格下跌对看涨期权持有者来说是很糟糕的，所以看涨期权的价格比预期分红便宜。

因此，针对派息股票，要建立与股票投资组合特点完全相同的基于期权的平仓，我们必须让我们的保证金账户保持预期的股息金额。[①]放入期权平仓的现金将弥补付给股票持有人的股息。这是如何用等式呈现：

$$C_K - P_K + (K - \text{Int}) + \text{Div} = S$$

包含股息支付，我们的等式是完整的。

现在是使用一些代数的时候了。让我们重新排列前面的等式，看看涨期权的价值是什么：

$$C_K = P_K + \text{Int} - \text{Div} + (S - K)$$

① 节省一分等于挣到一分。我们可以考虑选择比股息金额更便宜的期权，所以我们将节省的本利之和投放在看涨期权当作储蓄。

看这个等式，你注意到上最后一个术语（$S-K$）了吗？股票价格减去看涨期权的执行价格是内在价值。而且我们知道看涨期权的价值由内在价值和时间价值组成。这意味着

$$C_K = \underbrace{P_K + \text{Int} - \text{Div}}_{\text{时间价值}} + \underbrace{(S-K)}_{\text{内在价值}}$$

所以假设时间飞逝，现在是年底，股票正在以 70 美元进行交易——50 美元执行价格的看涨期权的高度价内（ITM）。在到期前，只要期权是高度价内（ITM），时间价值将非常接近零。根据前面的方程，我们可以用下列数学方程式来表示高度价内（ITM）的时间价值规则：

$$P_K + \text{Int} - \text{Div} \approx 0$$

如果时间价值一直降到 0 以下，则该看涨期权的价值将小于内在价值。当然，没有人愿意持有负时间价值的期权。在数学术语中，这种情况看起来是这样的：

$$P_K + \text{Int} - \text{Div} < 0$$

从这个等式得出：

$$P_K + \text{Int} < \text{Div}$$

你的看涨期权具有负的隐含时间价值，而且你应该出售期权以收取股息。

这就是分红套利的意思。但是，没有看到实际案例，很难体会这一点。表 C-1 显示了 2014 年 1 月 9 日甲骨文公司股票和期权的收盘价，这时他们的收盘价为 37.72 美元。期权的到期日为未来的 373 天——与我可以找到的一年期限比较接近——一年的无风险利率为 0.14%，该公司预计在期权到期前支付价值 0.24 美元的股息。

表 C-1

看涨期权				看跌期权		
卖价	买价	Δ	执行价格	卖价	买价	Δ
19.55	19.85	0.94	18	0.08	0.13	−0.02
17.60	17.80	0.94	20	0.13	0.15	−0.03
14.65	14.85	0.92	23	0.25	0.28	−0.05
12.75	12.95	0.91	25	0.36	0.39	−0.07

续前表

看涨期权				看跌期权		
卖价	买价	Δ	执行价格	卖价	买价	Δ
10.00	10.25	0.86	28	0.66	0.69	−0.12
8.30	8.60	0.81	30	0.97	1.00	−0.17
6.70	6.95	0.76	32	1.40	1.43	−0.23
4.70	4.80	0.65	35	2.33	2.37	−0.34
3.55	3.65	0.56	37	3.15	3.25	−0.43
2.22	2.26	0.42	40	4.80	4.90	−0.57
1.55	1.59	0.33	42	6.15	6.25	−0.65
0.87	0.90	0.22	45	8.25	8.65	−0.75
0.31	0.34	0.10	50	12.65	13.05	−0.87

在理论期权组合中，我们是短期看跌期权，所以如果我们试图通过回购它来调整价位，其价值对我们来说就是我们必须支付的数额——卖价。相反，我们是长期看涨期权，所以其价值对我们而言就是我们可以将其卖出的价格——买价。

如果就要进行股息分配，那么让我们利用这些数据找出我们可能要提前行使的看涨期权（见表 C–2）。

表 C–2

执行价格	看涨期权	看跌期权（a）	利率[①]（b）	看跌期权＋利率（a＋b）	股息	$P+I-D$	注释
18	19.55	0.13	0.03	0.16	0.24	(0.08)	$P+I<D$，套利
20	17.60	0.15	0.03	0.18	0.24	(0.06)	$P+I<D$，套利
23	14.65	0.28	0.03	0.31	0.24	0.07	无套利
25	12.75	0.39	0.04	0.43	0.24	0.19	无套利
28	10.00	0.69	0.04	0.73	0.24	0.49	无套利

① 这是使用以下公式的计算结果：利息 ＝ 本金 × r ×1 年的百分比。在执行价格为 18 美元的情况下，利息 = 18 × 0.14% ×（373 天 / 每年 365 天）= 0.03 美元。

续前表

执行价格	看涨期权	看跌期权（a）	利率①（b）	看跌期权 + 利率（a+b）	股息	$P+I-D$	注释
30	8.30	1.00	0.04	1.04	0.24	0.80	无套利
32	6.70	1.43	0.05	1.48	0.24	1.24	无套利
35	4.70	2.37	0.05	2.42	0.24	2.18	无套利
37	3.55	3.25	0.05	3.30	0.24	3.06	无套利
40	2.22	4.90	0.06	4.96	0.24	4.72	无套利
42	1.55	6.25	0.06	6.31	0.24	6.07	无套利
45	0.87	8.65	0.06	8.71	0.24	8.47	无套利
50	0.31	13.05	0.07	13.12	0.24	12.88	无套利

只有两个执行价格可能用于股息套利——两个远期价内（ITM）看涨期权。为了实现套利机会，你将等到除息日的前一天行使股票期权、获得股息；如果你不想继续持有股票，就卖掉获得利润。

THE INTELLIGENT OPTION INVESTOR
APPLYING VALUE INVESTING TO THE WORLD OF OPTIONS

译者后记

由美国投资大师埃里克·所罗门纂写的《聪明的期权投资者》一书的中译本付梓在即，本人作为译者首先要感谢出版社的编辑老师，她们非常敬业且耐心细致，在当今浮躁的社会里实属难得。在这里，我要打一个不恰当的比喻，假如中文版这本书是个婴儿，那么翻译过程就是这个婴儿的孕育过程，其中必然充满了波折与坚持，焦虑与期待，而编辑老师就是护佑这个婴孩平安面世的助产士。

《聪明的期权投资者》是那种令译者感觉欣欣然的佳作，因为这本书不同于以往那些高冷傲慢的投资理财指南，它具有很强的可读性、知识性和实操性，更不用说作者巧妙地利用大量日常事例和直观图形对各种期权策略给予令人信服的讲评。众所周知，股票与期权具有紧密的关联性，我国成立期权市场则是完善金融市场的大势所趋。本人能与中国人民大学出版社合作翻译此书，深感荣幸，同时也期待广大股民和金融产品投资者能够从本书中学习到实用的投资策略和思维模式。

在翻译过程中，我尽量保持了原书作者的语言风格，在此，我特别提醒读者朋友们要注意作者埃里克·所罗门敢于突破窠臼，博古通今，善于用普通市场上浅显易懂的例子来解释期权与股票的联动关系，希望大家能够像我一样感受到他的博识、睿智和对投资者的殷切关怀。不可否认，翻译的过程也是很好的学习过程。作为一名从业 30 余年的职业译者，我在将源语言转化为目标语言的过程中，更是比其他受众先行一步领略了书中奥妙，这绝对是一项近水楼台先得月的特权，这也是当一名译者最幸福的事情！

顺便说一下，作为一名职业译者，我喜欢为每本书找一个关键词，那么在《聪明的期权投资者》一书中，我认定的关键词为 VALUATION（估值），希望读者朋友们在读过本书后，能够赞同我的观点。都说市场如战场，那么，我的感悟就是，投资市场更是当今和平年代里与我们日常生活息息相关的顶级战场，只有掌握了真正的投资技战术和策略方可立于不败之地。

我同时也担任翻译培训师，在课堂上我最喜欢谈及的名言是：笔译难以称心。其实，在 30 余年的翻译实践中，我越来越深刻地体会到这一点，但是这也正是翻译事业吸引我的地方，让我永远不停地追求更高层次的翻译境界。每当一个人独对屏幕，将一行行英文转变成中文时，犹如准妈妈在怀胎十月过程中，憧憬自己的宝宝的从胚胎变成胎儿，再长成即将出生的婴儿那种状态。宝宝出生前，会有许多幻想，认为这个孩子应当俊若太阳王子或美如月亮公主，然而，待宝宝呱呱坠地时，激动之余，心中难免有一丝失落，甚至还会遗憾孩子的头发不够乌黑，皮肤不够白嫩，当初怀孕时若能多吃些水果多补些钙片该多好！在此，希望高明的读者朋友在翻阅这本译作时，能够体会到我的内心感受，并请指出翻译当中的谬误之处。

最后，这篇后记以感谢开头，也将以感谢结束，我还要衷心感谢几位亲密的合作伙伴：徐程、安鹏、郁芊、晏年，你们的热忱支持有力地推动了这本书的翻译工作画上了圆满的句号。

贺炜

Erik Kobayashi-Solomon

The Intelligent Option Investor：Applying Value Investing to the World of Options.

ISBN: 978-0-07-183365-3

图书在版编目（CIP）数据

聪明的期权投资者：期权交易中的价值投资策略 /（美）埃里克·所罗门著；贺炜译．— 北京：中国人民大学出版社，2019.1

书名原文：The Intelligent Option Investor：Applying Value Investing to the World of Options

ISBN 978-7-300-26444-8

Ⅰ．①聪… Ⅱ．①埃… ②贺… Ⅲ．①期权交易—研究 Ⅳ．① F830.91

中国版本图书馆 CIP 数据核字（2018）第 265634 号

聪明的期权投资者：期权交易中的价值投资策略

［美］埃里克·所罗门　著

贺炜　译

Congming De Qiquan Touzizhe : Qiquan Jiaoyi Zhong De Jiazhi Touzi Celüe

出版发行	中国人民大学出版社		
社　　址	北京中关村大街 31 号	**邮政编码**	100080
电　　话	010-62511242（总编室）		010-62511770（质管部）
	010-82501766（邮购部）		010-62514148（门市部）
	010-62515195（发行公司）		010-62515275（盗版举报）
网　　址	http：//www.crup.com.cn		
	http：//www.ttrnet.com（人大教研网）		
经　　销	新华书店		
印　　刷	天津中印联印务有限公司		
规　　格	170mm×230mm　16 开本	**版　　次**	2019 年 1 月第 1 版
印　　张	17.25　插页 1	**印　　次**	2021 年 4 月第 2 次印刷
字　　数	296 000	**定　　价**	75.00 元